BANQUES CONGOLAISES ET DÉFI DE LA PERFORMANCE

Spécificités et modélisation des déterminants

Bob David Nzoimbengene Luyindula

BANQUES CONGOLAISES ET DÉFI DE LA PERFORMANCE

Spécificités et modélisation des déterminants

Préface du Pr Seblon Mpereboye Mpere

L'Harmattan

5-7, rue de l'École polytechnique, 75005 Paris

http://www.harmattan.fr
diffusion.harmattan@wanadoo.fr

ISBN : 978-2-336-45192-3
EAN : 9782336451923

Liste des acronymes

ACB :	Association Congolaise des Banques
BCC :	Banque Centrale du Congo
BCDC :	Banque Commerciale du Congo SA
BCEAO :	Banque Centrale des Etats de l'Afrique de l'Ouest
BGFI :	BGFIBANK RDC SA
BIAC :	Banque Internationale pour l'Afrique au Congo SA
BM :	Banque Mondiale
BOA :	Bank Of Africa RDC SA
CAC :	Commissaire Aux Comptes
CDF :	Congo Democratic Franc (Franc Congolais)
CEMAC :	Communauté Economique et Monétaire de l'Afrique Centrale
CPACAI :	Comité de Pilotage pour l'Amélioration du Climat des Affaires et des Investissements
FBN :	First Bank of Nigeria RDC SA
FMI :	Fonds Monétaire International
GCEC :	Guide Comptable des Etablissements de Crédit
IMF :	Institution de microfinance
MPME :	Micros, Petites et Moyennes Entreprises
NA :	Non Applicable
ND :	Non Disponible
OHADA :	Organisation pour l'Harmonisation en Afrique du Droit des Affaires
PAS :	Programme d'Ajustement Structurel
PME :	Petite et Moyenne Entreprise
PNB :	Produit Net Bancaire
RDC :	République Démocratique du Congo

ROA :	Return On Asset (Rentabilité économique)
ROE :	Return On Equity (Rentabilité financière)
SOFIBANQUE :	Société Financière de Banque SA
TMB :	Trust Merchant Bank SA
UBA :	United Bank for Africa RDC SA
UEMOA :	Union Economique et Monétaire Ouest Africain
VAR :	Vecteur Auto Régressif

Liste des tableaux

Liste des graphiques

Liste des figures

Dédicace

A mes, si chers,

- ✓ David-Alexandre Luyindula Badika, Dan-Emmanuel Luyindula Nkembo et Darren-Yohan Luyindula Apala, mes fils ;
- ✓ Dalhia-Maria Luyindula Putshu, ma fille.

Bob David Nzoimbengene L.

Remerciements

La réalisation de ce travail n'aurait pas été possible, sans le concours de plusieurs efforts. Ils sont nombreux ceux et celles envers qui je me sens redevable.

En premier lieu, je rends grâce au Seigneur Dieu, lui le maître des temps et des circonstances, inspirateur de toute intelligence et moteur de toute recherche utile à l'homme et à la société. Je remercie Dieu en particulier pour la force spirituelle, intellectuelle, morale et physique, qui a permis l'aboutissement de ce projet de recherche et la réalisation de cet ouvrage, extrait de ma thèse de doctorat qui a été défendue publiquement en 2021.

Je tiens à remercier, en second lieu le Professeur Seblon Mpereboye Mpere, qui, en dépit de ses multiples charges et occupations, a accepté de préfacer cet ouvrage et d'assurer la direction et l'orientation de différentes recherches menées produire cette œuvre. Il m'a littéralement poussé à aller jusqu'au bout de la course.

Mes remerciements les plus cordiaux s'adressent aussi aux Professeurs Adolphe Ilashi Unshengo et Henri Muayila Kabibu pour leur soutien permanent et leurs judicieux conseils.

Je m'en voudrais de ne pas citer, en ce lieu, les enseignants, les chercheurs et les doctorants, les experts du secteur bancaire et les cadres de la supervision bancaire dont les échanges et les discussions ont beaucoup apporté à la nuance et à la précision de ce travail. La liste de ces personnes de qualité est longue, et je souhaite que chacune d'elles se reconnaisse dans cet hommage appuyé.

À l'endroit de mon épouse Gisèle Lutundula Putshu, j'exprime, avec émotion, une gratitude infinie. Qu'il me soit permis d'appuyer ma reconnaissance, entière et immense, à son égard : elle a joué à la fois le rôle de père et de mère, pendant mes « réclusions académiques et scientifiques ». Elle a su être présente dans les moments difficiles et critiques, tout au long de mes recherches. Cette œuvre scientifique est, à maints égards, la sienne. Je lui dois une fière et double chandelle.

Je voudrais aussi exprimer mes vifs remerciements à l'endroit de mon frère aîné, Philippe Nzoimbengene Fuadingani (membre de la compagnie de Jésus) qui, par ailleurs, fait figure de Père spirituel dans mon cheminement humain. Sans sa proximité, son amitié et son humanité, cet ouvrage aurait manqué un supplément d'âme, et ma démarche intellectuelle aurait, en quelque chose, manqué un souffle. Par l'aboutissement de ce travail, je tiens à lui manifester toute ma reconnaissance. À toute la famille Nzoimbengene, et plus spécialement à ma mère Mathilde Diasonama Mukanda, et à mon défunt père Philippe Nzoimbengene Vetu (+2012), j'adresse mon profond et intime merci.

Je pense également à l'ensemble des membres et du personnel de l'ASBL « BNL Pour l'Amélioration du Climat des Affaires et des Investissements » (BNL-PACAI), particulièrement à Venance Mboyo et à Yanick Mpia Lessay.

Enfin, que toute personne ayant contribué, d'une manière ou d'une autre, à la conception ou à la réalisation de ce travail trouve dans cette page la signature de mes sincères remerciements.

Préface

Le secteur bancaire a un rôle à jouer dans l'économie de chaque nation. Par leurs activités, les banques assurent, entre autres, l'intermédiation entre les agents économiques en capacité de financement et ceux en besoin de financement, la facilitation des opérations de paiement entre les agents économiques locaux et internationaux et la création de la monnaie.

Les acteurs du secteur bancaire en RDC étaient presque tous touchés par la crise politique, économique et sociale, qui avait frappé la République Démocratique du Congo, durant les années 80-90.

Face à cette crise, les banques de droit congolais étaient confrontées aux difficultés relatives à la tension de trésorerie, à l'accumulation des soldes déficitaires de gestion, à l'effritement du Produit Net Bancaire, à la détérioration du portefeuille « Crédits », à la performance, à la résilience et à l'adéquation des fonds propres.

Devant cette situation asphyxiante, les banques ne pouvaient plus assurer leur rôle d'intermédiaires financiers, compromettant ainsi le processus général de croissance et de développement économique.

Pour répondre à cette situation, le gouvernement congolais, avec l'appui des partenaires internationaux, avait pris un certain nombre de mesures portant notamment sur la restructuration des banques, la réforme de la loi et réglementation bancaires et la liquidation forcée de certaines institutions.

Au fil des années, grâce à ces différentes réformes, il a été observé l'implantation de plusieurs nouvelles banques, dont principalement les banques panafricaines et celles créées par certains opérateurs économiques résidents en RDC, et ce, à côté de certaines banques restructurées, à la suite des réformes initiées par les autorités compétentes.

Malgré cette situation marquée par la prolifération des acteurs bancaires au pays, la question de leur performance et de leur solidité reste d'actualité.

Cependant, les auteurs, chercheurs et analystes, ne se sont pas encore suffisamment penchés sur cette problématique de la performance des banques en RDC, avec une explication plus ou moins exhaustive et plausible.

Cet ouvrage du Professeur Bob David NZOIMBENGENE LUYINDULA, riche dans la revue de la littérature, dans les données qualitatives et quantitatives présentées et dans ses analyses, vient en effet combler ce vide scientifique, en répondant aux questions de la performance des banques, prises individuellement, par catégories et dans son ensemble.

A travers les lignes de son ouvrage, l'auteur, qui est également expert dans le domaine bancaire, recense et présente, de manière holistique, les innovations légales et réglementaires apportées par le législateur et l'autorité de régulation du secteur bancaire durant les 20 dernières années, les spécificités du secteur bancaire congolais, le paysage bancaire de la RDC, l'examen descriptif et analytique de ses agrégats.

Concernant la performance, l'auteur, à travers une analyse économétrique approfondie et solide, a identifié les facteurs déterminants de la performance des banques établies en RDC. Il s'agit notamment du coefficient d'exploitation, de la pression fiscale, du ratio de la qualité du portefeuille des crédits, du ratio de capitalisation et de l'opinion modifiée ou l'opinion non modifiée du commissaire aux comptes, avec observations à impact sur la qualité de l'information financière. Cela lui a permis de proposer un modèle économétrique de la performance des banques de droit congolais.

De ce qui précède, je note que ce livre de Bob David NZOIMBENGENE LUYINDULA permet aux lecteurs de comprendre les spécificités, les facteurs explicatifs de la performance et l'état des lieux du secteur bancaire de la RDC.

Je recommande ainsi à tous ceux qui s'intéressent à l'activité et à la profession bancaire en général et spécialement aux : scientifiques, chercheurs, professeurs, experts comptables et commissaires aux comptes, banquiers, inspecteurs chargés de la supervision bancaire et experts en matière fiscale, la lecture minutieuse et attentive de cette œuvre scientifique, pertinente, riche et qui propose une analyse économétrique assez solide des variables explicatives de la performance des banques.

Cet ouvrage est un apport, de très grande valeur ajoutée à la littérature scientifique et empirique des facteurs endogènes de la performance des banques en République Démocratique du Congo.

Professeur Seblon Mpereboye Mpere

Introduction générale

Le texte que je donne à lire a pour matrice Banques congolaises et défi de la performance : spécificités et modélisation des déterminants

Certaines raisons justifient ces pages. En effet, la revue des écrits sur la question de la performance bancaire révèle que, les études visent, le plus souvent, à évaluer l'efficacité des banques après des périodes de restructuration ou de changements importants survenus dans les systèmes. Cette évaluation de l'efficacité consiste, en fait, à déterminer dans quelles mesures les banques fournissent une combinaison optimale des services financiers à partir d'un ensemble d'inputs donnés. Ainsi, pour certains auteurs (Kablan, S. (2007) ; Barneto, P. et Gregorio, G. (2011) ; El Kharti, (2014)), la performance peut être appréhendée par la notion de rentabilité financière (ROE), qui renvoie directement à la mesure des fonds propres ou des capitaux propres.

Kablan (2007) étudie l'efficacité des banques de l'Union Economique et Monétaire Ouest Africaine (UEMOA) et ses déterminants après la restructuration du système bancaire effectuée de 1993 à 1996. Recourant à plusieurs méthodes pour appréhender l'efficacité technique et l'efficacité-coût, Kablan note des évolutions semblables de deux types d'efficacités pour tous les pays de la Zone, sauf pour la Côte d'Ivoire et le Burkina Faso. Son analyse montre que les banques locales sont les plus efficaces, suivies des banques étrangères et des banques étatiques.

Kablan observe également que malgré les changements technologiques qu'a connus le système bancaire, la progression de l'efficacité technique est davantage le fait des économies d'échelle que de l'incorporation des innovations technologiques au sein des banques. En somme, l'analyste conclut que l'efficacité des banques de l'UEMOA est sensible aux variables telles que la santé financière des banques elles-mêmes, le taux de créances irrécouvrables par pays, la concentration bancaire, et le revenu par tête.

Cependant, Barneto, P. et Gregorio, G. (2011) ont abordé la question relative aux implications de la notion de la juste valeur dans la mesure de la performance au regard des investisseurs, en particulier pour les établissements financiers. Ces deux auteurs voulaient savoir si l'application d'un nouveau principe comptable pourrait modifier durablement et de manière conséquente la mesure de la performance financière d'une firme, en général, et d'une banque en particulier. En fait, ils se sont interrogés sur les déterminants de la performance financière des établissements financiers en normes IFRS, normes qui prônent une vision économique et financière des comptes à travers la généralisation de la juste valeur.

Comme le soutiennent ces deux chercheurs, la notion de performance peut être appréhendée en termes de rentabilité financière (ROE), qui permet d'apprécier la capacité à dégager des profits des seuls capitaux apportés par les actionnaires. Cependant, dans le secteur bancaire, les fonds propres sont plus appréhendés d'un point de vue réglementaire ou prudentiel et non d'un point de vue comptable. Les banques sont tenues de respecter un certain montant de fonds propres pour renforcer leur solidité.

En effet, les réglementations bancaires de divers pays imposent aux banques de disposer des fonds propres équivalents à un niveau quelconque du total des crédits et des créances individuelles. Ces fonds propres dits prudentiels sont calculés à deux niveaux, à savoir :

- les fonds propres de base ;
- les fonds propres complémentaires.

Par conséquent, afin d'éviter les pénalités ou des coûts externes et internes dus aux ratios prudentiels insuffisants, les établissements de crédit sont incités à relever ce ratio de capital. Plus ce ratio sera élevé, plus il permettra de relier le niveau des risques au niveau de capitalisation, et donc de garantir la stabilité du système économique en général et du système bancaire en particulier. Dans cette optique, si les actionnaires sont pénalisés sur le plan de la performance à court terme, la réglementation, qui peut être en réalité conçue comme une contrainte, incite, en définitive, les banques à assumer leur solvabilité dans le temps, et à réduire, concomitamment, leur coût du capital à long terme.

En outre, Barneto, P. et Gregorio, G. (2011) voulaient savoir si le concept de juste valeur explique une part importante de la performance (positive ou négative). L'une des questions phares retenues dans leur étude est de savoir si l'on doit considérer les banques comme n'importe quelle catégorie de firmes, pour appréhender les implications des normes IFRS sur les mesures de performance ; et donc faire ainsi abstraction de l'aspect réglementaire, ou si l'on doit plutôt prendre en compte les aspects particuliers de la réglementation des fonds propres, et donc de leurs comportements envers les risques, pour mieux déterminer la notion de la performance.

La conclusion à laquelle ces deux analystes sont parvenus est que la performance financière du secteur bancaire est le résultat de différentes actions menées, et que l'activité commerciale et les marges opérationnelles sont deux facteurs qui contribuent le plus à la performance des banques, bien que la notion de performance financière soit beaucoup plus difficile à appréhender et à mesurer dans le secteur bancaire, en raison des contraintes réglementaires qui pèsent sur ce secteur d'activité. Le fait que le régulateur impose différents montants de fonds propres, crée ou infère une situation contraignante, laquelle a tendance à réduire la rentabilité.

Aussi, Barneto, P. et Gregorio, G. (2011) ont-ils montré, à travers leur étude, que le changement de principes comptables, avec l'application de la juste valeur, a un impact sur la performance des banques, bien que le poids de cet impact soit faible.

Dans son étude portant sur « les déterminants de la performance financière des institutions de microfinance (IMF) au Maroc », El Kharti, L. (2014), a conclu que le portefeuille à risque et l'âge de l'institution sont les principaux déterminants de la performance des institutions de microfinance.

Bien que ces indicateurs soient retenus dans sa conclusion comme déterminants, avec impact positif sur la performance financière des institutions de microfinance, El Kharti note néanmoins une absence d'influence de la productivité du personnel sur la performance financière des IMF.

Contrairement aux mesures traditionnelles de la performance des institutions bancaires mettant l'accent sur la profitabilité des actifs (ROE, ROA), la littérature économique récente identifie, actuellement d'autres orientations fondées sur la technologie bancaire. Nous citons notamment : l'efficacité technique ou productive, l'efficacité allocative, et l'efficacité collective ou efficacité parétienne[1] (Djimasra, N. 2009).

Cependant, il convient de remarquer que toutes ces recherches et analyses se sont focalisées sur les banques et les institutions de microfinance des pays occidentaux, du Maghreb et de l'UEMOA. Peu nombreux sont, en effet, des travaux qui abordent spécifiquement la question de la performance du système bancaire de la RDC, dans sa globalité et avec ses particularités.

Parmi les rares travaux sur la RDC, il y a celui de Nzoimbengene B. (2017) qui a analysé la performance du système bancaire congolais dans un contexte post-restructuration et celui de la firme d'audit Deloitte RDC (2018) qui a réalisé une étude sur le secteur bancaire en RDC.

---

[1] L'efficacité technique consiste à utiliser le moins d'inputs (facteurs de production) possible pour tout niveau donné de la production. En d'autres termes, il s'agit de réaliser le plus d'outputs possible, pour tout niveau donné de facteurs de production. L'efficacité allocative réfère à la capacité de la firme, de choisir, sur le plan de la production, la combinaison d'inputs qui minimise le coût. Ces deux formes d'efficacité relèvent, évidemment, des décisions managériales. L'efficacité collective suppose l'efficacité technique et l'efficacité allocative. Ce critère est habituellement utilisé pour apprécier un état économique dans son ensemble.

Dans son approche de la question bancaire congolaise (Nzoimbengene, B. 2017), il ressort que : primo, le secteur bancaire congolais est en plein essor ; avec comme caractéristique majeure la forte croissance de son activité, à l'image de la progression de son PNB. Secundo, le secteur reste dominé par les banques locales et ce malgré la présence des banques internationales et panafricaines. Néanmoins, malgré cette progression de l'activité bancaire, la problématique de la performance globale du système bancaire congolais est toujours au cœur des débats, quelques années après sa restructuration et l'implantation d'une dizaine de nouvelles banques, essentiellement panafricaines.

De nos jours, le secteur financier joue un rôle décisif dans le processus de croissance économique des nations et de développement intégral des peuples. Par le biais du secteur dit financier, il s'agit, fondamentalement, pour les groupes sociaux comme pour les acteurs individuels, de « [...] parvenir à une plus grande efficacité économique car il oriente les fonds des agents en capacité de financement vers ceux en besoin de financement. Des marchés financiers qui fonctionnent bien sont un facteur clé pour réaliser une croissance économique élevée, alors que des marchés financiers inefficaces sont une des raisons pour lesquelles des nombreux pays dans le monde restent désespérément pauvres » (Mishkin, F. 2007).

Compte tenu du rôle que jouent les institutions financières dans le développement économique d'une société, l'évaluation de leur efficacité, l'évolution de leur productivité ainsi que l'analyse des déterminants de leur performance demeurent essentielles.

Assurément, la question de la performance des institutions financières revêt un intérêt de premier ordre. L'évaluation de leur efficacité est utile, voire cruciale, pour identifier les unités les plus performantes *(best practice)* et les moins performantes *(worst practice)* ; et c'est l'industrie bancaire qui fixe les prix des titres financiers, les valorise et gère les risques y afférents (Benzai, Y. 2016). Dans un Etat, ces institutions financières constituent par conséquent les principaux circuits d'intermédiation entre l'épargne et l'investissement ; et les systèmes financiers qui fonctionnent le mieux limitent, quantifient, regroupent et négocient tous les risques liés à une opération. A terme, un système financier sain et viable, incitent psychologiquement les épargnants à investir, parce qu'il assure, en amont, une rémunération mesurée, au regard et en fonction de l'ampleur des risques encourus par l'épargnant.

Cependant, l'intermédiation implique la nécessité de trouver des fonds pour pouvoir ensuite les prêter[2]. Bien souvent, cette intermédiation est réduite

[2] Le niveau de l'intermédiation traduit, assez souvent, en termes de performance, celui du développement d'un système financier, lequel se doit d'être efficace, infaillible et solide. La

au crédit. Et un intermédiaire financier joue à la fois le rôle de prêteur et celui d'emprunteur, entre les agents en capacité de financement et ceux en besoin de financement. Ce financement indirect se justifie par l'incompatibilité des préférences et des contraintes entre ces deux agents économiques. Les offreurs des fonds veulent de la liquidité, de la sécurité et du rendement, alors que les demandeurs ont besoin de financements stables, peu coûteux et assortis de peu de risques.

Dans un système financier efficace, les intermédiaires financiers mobilisent l'épargne venant de sources très diverses, pour l'affecter à des usages plus productifs. *In fine,* ce processus s'avère bénéfique non seulement aux investisseurs et aux bénéficiaires des investissements, mais également à l'économie dans son ensemble.

De manière générale, en Afrique subsaharienne, et particulièrement en RDC, les banques représentent l'essentiel du secteur financier. « [...] les avoirs globaux des banques congolaises, estimés à 3,6 milliards de dollars US, représentent environ 95 % des avoirs globaux du système financier » (FMI, 2014). Les banques peuvent être considérées, à juste titre, comme les principaux intermédiaires financiers chargés de collecter les dépôts auprès des agents en capacité de financement, pour les prêter à ceux qui sont en quête de financement.

De ce qui précède, il convient de noter le fait que les banques jouent un rôle économique important dans leur mission de collecter les fonds et de les reverser dans le circuit économique ; elles sont, pour ainsi dire, des agents intermédiaires dont l'une des activités principales est l'octroi des crédits, pour financer l'économie. La présence et l'activité des banques constituent une nécessité vitale dans la sphère d'une économie moderne. Elles assoient le bon fonctionnement de l'appareil économique et assurent la solidité du système financier.

Il est important de noter également qu'un système bancaire qui canalise de manière efficace les ressources disponibles vers des utilisations productives est un mécanisme puissant pour la croissance économique, qui est considérée comme un des facteurs clés du changement social et un préalable au développement économique.

De nos recherches et de nos observations, il ressort que les banques de l'Afrique subsaharienne ont été profondément touchées par la grande crise économique qu'ont connue les Etats au milieu des années 80. Cette faillite bancaire qualifiée de systémique par certains auteurs (Edward Kane, J. et Tara Rice, 2001) était tributaire des causes multiples, en l'occurrence : les erreurs de gestion (Mathis, J. 1992), le manque de rigueur dans le contrôle interne, la

---

solidité d'un système financier se traduit, fondamentalement, par sa capacité de prévenir les crises, de les gérer et de les juguler.

maîtrise insuffisante des frais généraux (résultant principalement des structures surdimensionnées et du personnel pléthorique), les difficultés conjoncturelles (caractérisées essentiellement par le recul de l'activité économique nationale et l'hyperinflation, l'instabilité monétaire, la diversité des taux de change), l'interventionnisme de l'État dans la gestion de certaines institutions bancaires (désignation des dirigeants non professionnels, dirigisme dans l'octroi des crédits de notoriété, clientélisme politique dans le chef des dirigeants de certaines banques), l'inefficacité de la supervision bancaire (manque d'un personnel qualifié et des outils appropriés).

Cette crise se caractérisait par une forte tension de trésorerie, l'accumulation des soldes déficitaires de gestion, la dégradation des fonds propres des banques, l'effritement du Produit Net Bancaire, la détérioration du portefeuille « Crédits », la non-profitabilité et la non-rentabilité des institutions bancaires. Plus de la moitié des banques étaient en état de faillite réelle (Sandretto et Tiani, 1993), même les banques de développement créées pour assurer la gestion des fonds venant de l'extérieur et destinés au financement des projets nécessaires au développement économique n'ont pas résisté au désastre. Elles se sont presque toutes retrouvées en situation de totale illiquidité.

Devant cette situation asphyxiante, les banques ne pouvaient plus assurer leur rôle d'intermédiaires financiers, compromettant ainsi le processus général de croissance et de développement économique.

Pour éradiquer cette crise financière, les bailleurs des fonds internationaux, la Banque Mondiale (BM) et le Fonds Monétaire International (FMI), en collaboration avec la Banque des Etats de l'Afrique Centrale (BEAC), ont, dans le cadre des Programmes d'Ajustement Structurel (PAS), enrichi leur thérapie habituelle par les reformes bancaires. Ces réformes ont consisté à donner au système bancaire une nouvelle organisation sur le plan technique. Cette nouvelle organisation se traduisait principalement par le désengagement des pouvoirs publics du capital des banques, au profit des intérêts privés ; par une redéfinition des règles de surveillance ; et par la libéralisation du taux d'intérêt et des conditions d'accès au secteur.[3]

La RDC qui jouit pourtant d'énormes potentialités en ressources naturelles n'était pas épargnée de cette crise phénoménale. Du fait de cette crise, le pays a connu plusieurs déséquilibres sur le plan économique, financier et politique. L'on peut rappeler que pendant les années 90, jusqu'en 1998, la crise économique et financière, l'instabilité monétaire et la crise politique caractérisée par diverses formes de guerres de libération, ont eu un impact

[3] Dans le but de favoriser cette performance des systèmes financiers, différentes politiques de restructuration ont été mises sur pied dans les pays dits en voie de développement.

négatif sur la situation des institutions bancaires établies en RDC (ex-Zaïre)[4]. Face à cette situation complexe et inquiétante à plusieurs titres, et à l'instar d'autres pays de la région, le gouvernement congolais, appuyé par ses différents partenaires en développement, s'était aussi engagé, en 1998, dans un programme d'assainissement de l'espace économique, financier et monétaire, en vue de restructurer le système bancaire.

Cette restructuration du système bancaire congolais, réalisée dans l'optique de liquider les banques insolvables et irrémédiablement compromises, pour assainir le système, visait également à restaurer de manière durable la solvabilité, la liquidité et la rentabilité des banques récupérables, en vue d'assurer la solidité et la sécurité du système bancaire national. Ainsi, dans le cadre du programme triennal 2002-2005, le Gouvernement avait réitéré, auprès des Institutions de Bretton-Woods, son engagement à restructurer le système bancaire.

Et, comme indiqué dans l'un des rapports de la Troïka stratégique du Gouvernement de la RDC (2014), ces différentes actions ont débouché sur certaines mesures, notamment, l'admission au régime spécial de restructuration des seules banques jugées viables et présentant un plan de restructuration crédible[5], à l'issue des audits organisationnels et financiers menés par les Cabinets d'audit internationaux sur l'ensemble des banques en activité. De fait, à l'issue des actions notamment de recapitalisation, de dimensionnement, de modernisation et de réduction des effectifs, les anciennes banques admises au régime spécial de restructuration ont été restructurées et ont retrouvé leur équilibre, tant organisationnel que financier.

Parmi d'autres mesures prises, il nous paraît significatif d'évoquer la mise en liquidation des banques, en déséquilibre[6], ayant soumis des plans de restructuration jugés non crédibles par la Banque Centrale du Congo, conformément aux prérogatives légales lui dévolues.

---

[4] En mai 1997, lors du changement de régime, avec la prise du pouvoir par Monsieur Laurent-Désiré Kabila, le pays, qui s'appelait Zaïre depuis 1971, reprit son ancienne appellation de République Démocratique du Congo.

[5] Il s'agit de la Banque Commerciale du Congo SA (BCDC) ; la Banque Internationale de Crédit (BIC) actuellement désignée FBN Bank RDC SA ; l'Union des Banques Congolaises (UBC) ; la Banque Internationale pour l'Afrique au Congo (BIAC SA) ; la Banque Congolaise (BC). A cette liste s'ajoutent, deux autres banques, Citigroup Congo SA et Stanbic Bank Congo, qui s'étaient restructurées en interne.

[6] Il s'agit de la Compagnie bancaire de commerce et de crédit (COBAC); la Banque de Crédit Agricole (BCA); l'African Trade Bank (ATB) ; la Banque à Confiance d'Or (BANCOR) ; la Banque Congolaise de Commerce Extérieur (BCCE);la Nouvelle Banque de Kinshasa (NBK) ; la Banque de Commerce et de Développement (BCD) ; la First Bank Congo Corporation (FBCC).

Par ailleurs, parallèlement aux mesures indiquées ci-dessus, il a été question de remédier aux insuffisances du cadre légal de l'activité bancaire en renforçant notamment le pouvoir de la Banque Centrale du Congo (BCC). A cet effet, après adoption par l'Assemblée Constituante et Législative au Parlement de Transition, le Président de la République, a promulgué la loi n° 003/2002 du 02 février 2002 relative à l'activité et au contrôle des Etablissements de Crédit[7] ; la loi n°004/016 du 19 juillet 2004 relative à la lutte contre le blanchiment de capitaux et le financement du terrorisme[8] ; et la loi n°005/2002 du 07 mai 2002 relative à la constitution, à l'organisation et au fonctionnement de la Banque Centrale du Congo[9].

En ce qui la concerne, en tant que régulateur de l'activité bancaire, la Banque Centrale du Congo a procédé à la révision et à l'élaboration des instructions applicables aux banques établies en RDC. Dans la foulée, elle a élaboré et publié un Guide Comptable sectoriel des Etablissements de Crédit (GCEC).

Dans l'ensemble, au terme de ce long processus de restructuration du système bancaire congolais entreprise par le Gouvernement Congolais, dans le cadre du programme d'assainissement de l'espace économique, financier et monétaire, le système bancaire congolais affiche aujourd'hui une reprise avec dix-sept banques opérationnelles, dont cinq anciennes (redressées) issues de ladite restructuration, quatre créées entre 2001 et 2005, et huit autres implantées durant les dix dernières années, soit depuis 2008.

Comme indiqué ci-dessus, l'Union des Banques Congolaises Sarl (UBC Sarl) et la Banque Congolaise Sarl (BC Sarl), avaient été redressées après la restructuration. Néanmoins, elles font partie de cinq banques qui ont été mises en liquidation par la Banque Centrale du Congo, durant ces dix dernières années.

Les trois autres banques liquidées sont la Cruche Banque Sarl, Mining Bank Sarl et First International Bank Sa (Fibank DRC Sa). La Cruche Banque Sarl n'était implantée qu'à l'Est du pays, avec des fonds propres inadéquats et non conformes à la loi bancaire en vigueur. Quant à la Mining Bank Sarl, elle est restée sans activité depuis son agrément par la Banque Centrale du Congo jusqu'à la décision du retrait dudit agrément par cette dernière.

---

[7] Cette loi est remplacée depuis 2023 par la loi n°22/069 du 27 décembre 2022 relative à l'activité et au contrôle des établissements de crédit.

[8] Cette loi est remplacée depuis 2023 par la loi n°22/068 du 27 décembre 2022 portant lutte contre le blanchiment de capitaux et le financement du terrorisme et de la prolifération des armes de destruction massive.

[9] Cette loi est remplacée depuis 2019 par la loi organique n°18/027 du 13 décembre 2018 portant organisation et fonctionnement de la BCC.

La First International Bank Sa (Fibank DRC Sa) est un cas assez particulier et riche en renseignements. Elle est parmi les huit banques implantées en RDC, durant ces dix dernières années (2008-2017). Pourtant, elle est, à ce jour, la première et l'unique banque parmi les huit, à avoir été dissoute. En effet, elle ne disposait plus des fonds propres suffisants et ses indicateurs prudentiels n'étaient plus conformes aux instructions du régulateur.

Cependant, même si différents rapports de la BCC et de la Troïka stratégique du Gouvernement de la RDC jugeaient solvables, rentables et liquides, la quasi-totalité des banques établies au pays, voire le secteur dans son ensemble, il nous paraît utile et scientifiquement souhaitable, de prêter attention à certaines études, qui apportent un bémol à ce jugement.

Je voudrais citer, pour la cause, les études de Deloitte (Deloitte RDC, 2018) et de la Banque Mondiale et du Fonds Monétaire international (FMI, 2014 et BM, 2015). Ces études notent l'effet réel et positif de la restructuration réalisée, laquelle a permis, entre autres, d'assainir le système bancaire congolais. Mais, ces études relèvent également l'inquiétude suscitée par les agrégats affichés dans les états financiers de certaines banques prises individuellement ou par catégories.

L'on note que le coefficient d'exploitation de plusieurs banques est en augmentation, induisant ainsi, d'année en année, une hausse du ratio du secteur. En outre, bien que l'ensemble du secteur, y compris les banques locales, affiche globalement des résultats nets positifs, la plupart des banques panafricaines et internationales réalisent des résultats déficitaires. De même, le secteur bancaire congolais affiche une rentabilité faible des fonds propres : En effet, cette rentabilité est négative pour la majorité des banques panafricaines et internationales, mais positive pour la plupart des banques locales.

De ce qui précède, et à ce stade de notre entrée en matière, il y a lieu de reconnaître que, quelques années après sa restructuration et l'implantation d'une dizaine de nouvelles banques, essentiellement panafricaines, la problématique de la performance du système bancaire congolais reste d'actualité[10].

Comme objectif, le présent travail se focalise spécifiquement sur les déterminants de la performance des banques établies en RDC, dans une perspective à la fois théorique et pratique, pour fournir une explication

[10] La République Démocratique du Congo (RDC) dispose d'un système bancaire encore embryonnaire. Les banques sont très dollarisées et largement tributaires du financement des dépôts à vue.

scientifique, pertinente et adéquate, à propos de la relative performance des banques locales en rapport avec les autres catégories.

Ainsi, dans le champ de vision de la présente dissertation, comme dans ses perspectives d'approche, notre question principale consiste à identifier et à analyser les déterminants de la performance des banques établies en RDC. A travers et par-delà l'analyse critique de ces déterminants, notre étude voudrait détecter le soubassement réel et les aléas de la performance des banques établies en RDC, qu'elles soient locales, panafricaines ou internationales.

Etant donné l'importance du secteur bancaire dans une économie, notre question principale consiste, en effet, d'enrichir, par une approche comparative, l'analyse des déterminants de la performance des acteurs du secteur bancaire congolais : il s'agit, en clair, de mettre en regard les différentes banques opérant en RDC. La tranche périodique qui servira de miroir, de plage de comparaison et d'analyse est la séquence 2008-2017.

Cette période est particulièrement caractérisée par l'implantation de nouvelles banques en RDC.

Autre objectif, pour sortir de la crise qu'a connue le système financier de la RDC en général et son système bancaire en particulier, les autorités gouvernementales et réglementaires avaient arrêté plusieurs mesures de restructuration du système bancaire congolais.

Actuellement, grâce à ces mesures et à la faveur des efforts fournis par l'autorité de régulation, le système bancaire congolais compte dix-sept banques opérationnelles, dont une sous administration provisoire de la Banque Centrale du Congo. Dans le cadre de notre travail, nous scindons ces banques en trois catégories :

- banques panafricaines ;
- banques internationales ;
- banques locales.

Il ressort de nos recherches, que les travaux scientifiques sur la performance de l'ensemble des banques établies en RDC, c'est-à-dire portant sur toutes les catégories (banques locales, banques panafricaines et banques internationales), sont presque inexistants.

En visitant une bonne partie des études et analyses réalisées sur le secteur bancaire (BCC, 2012 ; Deloitte RDC, 2018 ; Nzoimbengene, 2017) sur le secteur bancaire congolais, nous avons pu remarquer que la plupart, y compris celles de la Banque Centrale du Congo, arrivent à la conclusion selon laquelle les banques locales sont plus performantes que les autres, et que ces banques locales contrôlent une large partie de la part du marché. Mais, les auteurs, chercheurs et analystes, ne se sont pas encore suffisamment penchés sur cette problématique avec une explication plus ou moins exhaustive et plausible.

Pourtant, la question relative à la performance des banques locales, comparée à celle des banques panafricaines et internationales, plane dans l'esprit de beaucoup d'observateurs qui s'intéressent au secteur bancaire congolais. D'où la première motivation de cette étude, qui vise principalement à enrichir qualitativement la littérature[11] sur les méandres et les ressorts de la performance des banques établies en RDC en général et celles dites locales en particulier.

Une seconde motivation alimente, en mode mineur, la réalisation de ce travail. Nous portons l'ambition scientifique d'évaluer, le plus objectivement possible, les effets et l'impact de la révision de la loi bancaire et des mesures réglementaires prises par la Banque centrale du Congo à travers diverses instructions, sur le secteur bancaire de la RDC.

Sur fond de nos motivations scientifiques et psychologiques, l'objectif de la présente étude est d'identifier les déterminants de la performance du système bancaire congolais dans son ensemble, au regard de différentes mesures de restructuration implémentées par l'autorité gouvernementale et par l'instance de régulation. Plus spécifiquement, il s'agit de :

(i) déceler les caractéristiques et apprécier l'évolution du système bancaire congolais en fonction de ses résultats globaux dans le temps et en fonction de la contribution de chacune des banques ;

(ii) vérifier les facteurs de variance de la performance des banques congolaises, qu'elles soient d'essence locale, panafricaine ou internationale ;

(iii) analyser empiriquement la performance, tout en introduisant des variables qualitatives, telles que le niveau du pouvoir décisionnel et l'opinion du commissaire aux comptes.

Ainsi, la problématique de cette étude se décline, de manière spécifique, en quatre questions formulées ci-dessous :

- La prolifération des banques observée durant la récente décennie (2008-2017) consécutive au renforcement des mesures réglementaires, a-t-elle eu un impact positif sur le secteur bancaire congolais, en termes de ses indicateurs quantitatifs ?
- Comment la rentabilité des banques établies en RDC réagit-elle à ses principaux déterminants quantitatifs tels que : la taille de la

[11] Une littérature quasi absente ou, quand elle existe, fort parcimonieuse.

banque, l'âge de la banque, l'intermédiation bancaire, la qualité du portefeuille des crédits, le coefficient d'exploitation, la pression fiscale et le ratio de capitalisation ?

- Dans quelles mesures les paramètres qualitatifs, notamment le niveau du pouvoir décisionnel et l'opinion du commissaire aux comptes affectent-ils la rentabilité des banques en RDC ?
- Parmi les banques opérant sur le marché congolais, lesquelles présentent des meilleures caractéristiques financières en termes de performance ?

Telles sont les questions spécifiques qui guident cette étude dans l'exploration des réponses adéquates à la question principale de la performance bancaire en RDC, comme l'indique son titre.

Aussi, toute démarche de réflexion ou d'analyse, tout projet de recherche présuppose un « point de départ », une sorte de starting-block, bref un angle de vue ou un point de vue qui propulse et donne un certain élan. Ce point de vue de départ constitue ce que l'on appelle l'hypothèse du travail. Celle-ci se définit comme une affirmation anticipée sur un sujet de recherche (Shomba S., 2006).

Pour notre part, ce point de vue, cette vue ou cette « lampe » de départ, pourrions-nous dire, permet un premier, et donc un important, éclairage de la route que nous empruntons pour aller à la découverte de la vérité scientifique et de l'explication adéquate du phénomène qui nous mobilise.

Dans cette optique épistémologique, et en rapport avec la thématique qui nous occupe (paramètres et ressorts de la performance des banques en RDC), nous formulons et assumons les hypothèses suivantes :

- Année après année, la taille du secteur bancaire congolais s'accroît. On peut inférer que la prolifération des acteurs observée et le renforcement des mesures réglementaires affectent les indicateurs et caractéristiques du secteur bancaire congolais, tels que le total bilan, la capacité de la création de la richesse, la création de la monnaie scripturale, la profitabilité et la rentabilité du secteur ;
- Les indicateurs quantitatifs tels que : la taille de la banque, l'âge de la banque, l'intermédiation bancaire et le ratio de capitalisation ont une relation positive et significative avec la performance des banques. En revanche, le coefficient d'exploitation, la qualité du portefeuille des crédits (crédits douteux/crédits bruts) et la pression fiscale ont une relation négative et significative avec cette performance. Toutefois, le coefficient d'exploitation peut avoir une corrélation positive avec la rentabilité des banques, si son augmentation permet d'améliorer la

qualité du portefeuille des crédits et de réduire les pertes exceptionnelles ;

- Les règles et politiques assez rigoureuses « de la maison mère ou du groupe » des banques internationales et de certaines banques panafricaines justifient le fait que la concentration du pouvoir décisionnel en local, en matière de prise de risque, soit faible ou moyenne, ce qui produit un impact négatif sur le rôle d'intermédiation de ces banques, et, de surcroît, sur leur performance.

  L'opinion du commissaire aux comptes est un facteur qualitatif assez important dans la relation entre les banques commerciales et leurs clients personnes morales, en général, et leurs clients filiales des sociétés multinationales, en particulier. En effet, nous estimons que lorsque le commissaire aux comptes émet une opinion modifiée ou une opinion non modifiée mais avec des observations à impact sur la qualité de l'information financière, ce rapport du commissaire aux comptes a, dans une large mesure, un impact négatif sur l'activité de la banque, et, de facto, sur sa performance.

- Parmi les banques opérant sur le marché bancaire congolais, ce sont les banques locales qui présentent des meilleures caractéristiques financières, et se révèlent donc plus performantes que les banques internationales et panafricaines.

La grande démarcation de cette étude par rapport à d'autres se situe-t-elle à trois niveaux : méthodologique, théorique et pratique. D'abord, du point de vue méthodologique, elle se propose de faire référence à une approche peu commune en matière d'analyse de la performance du système bancaire ou de l'ensemble des acteurs d'un système bancaire.

A partir de l'examen approfondi de la littérature théorique et empirique relative à l'analyse de la performance du système financier en général, et d'une institution bancaire en particulier, cette étude tente de définir un ensemble des paramètres à retenir dans l'analyse de la performance des acteurs du système bancaire congolais en général et par catégories des banques en particulier. Elle se distingue alors de la plupart des études qui ne le font qu'à partir d'une banque ou de quelques banques. Cette étude, présente, en effet, une nouvelle manière de procéder, pour apprécier la performance des banques, en intégrant certains paramètres (variables explicatives) liés au contexte, tels que l'opinion du commissaire aux comptes et le niveau de la concentration du pouvoir décisionnel (local ou au niveau des organes de l'actionnaire majoritaire ou de référence).

Ensuite, du point de vue théorique, il s'agit de montrer comment évaluer la performance d'un système bancaire et par quelles modalités en expliquer les déterminants. Notre étude vise, par ailleurs, à combler le vide causé par la quasi-absence des travaux théoriques, soutenus par des données homogènes et correctement retraitées, se rapportant à ce sujet dans notre pays. A l'issue de ce travail, nous avons mis en place un modèle qui pourrait être utilisé, comme repère pour les études et recherches ultérieures dans ce domaine.

Et enfin, dans la pratique, le choix de ce thème est lié à la forte récurrence de la problématique de performance du secteur bancaire congolais. Les différents agents économiques se posent des questions sur l'apport effectif des banques panafricaines dans le système bancaire congolais ; de même, les professionnels et les chercheurs s'interrogent sur l'efficacité de certaines dispositions réglementaires applicables aux banques, telles que les normes prudentielles.

A cet égard, la présente étude voudrait suggérer les éléments de base, susceptibles de contribuer au diagnostic des maux réels qui entachent le système bancaire congolais, sur le plan spécifique et concret de la performance. Aussi, les conclusions de cette étude constituent un guide utile pour les investisseurs présents ou potentiels dans le secteur bancaire de la RDC, les dirigeants, et les administrateurs des banques établies en RDC. Ils peuvent recourir à ce travail pour prendre certaines décisions stratégiques et de gestion.

Dans la foulée des points évoqués dans les lignes précédentes, il serait un vrai plaisir scientifique, si nous parvenions à fournir, tant soit peu, des informations utiles aux managers, afin d'améliorer les performances managériales d'une banque ou d'un groupe bancaire. En construisant une frontière de Benchmark, les banques se situant sur la frontière efficiente ou à proximité « best-practice » peuvent partager certaines similitudes dans leurs pratiques managériales.

Les banques situées loin de la frontière efficiente sont considérées comme des « worst practice ». En identifiant les similitudes et les différences à travers les meilleures banques et les pires, les managers ont tendance à adopter les meilleures pratiques et utilisent les pires pratiques comme repère afin d'éviter de prendre des mauvaises décisions.

La crise du système financier et bancaire se vérifie aussi ailleurs dans plusieurs pays, singulièrement en Afrique. Ces pages se focalisent spécifiquement sur les déterminants de la performance des banques établies en RDC, dans une perspective à la fois théorique et pratique. Telle est la limite géographique de ma réflexion. Je suis bien conscient que mes cogitations peuvent s'appliquer ailleurs. Ce travail porte sur la période allant de 2008 à 2017. Aussi, je n'ai pas la prétention d'épuiser le débat et la réflexion sur cette question. Les apports des autres chercheurs sont souhaitables pour enrichir ces pages.

Dans le cadre de la présente étude, nous avons recouru essentiellement à la technique documentaire et à la technique d'interview.

La technique documentaire nous a permis d'obtenir les données ou indicateurs financiers ainsi que des informations théoriques, nécessaires pour notre réflexion et nos analyses. Nous nous sommes donc appuyés sur cette technique pour pouvoir rassembler les données chiffrées et d'autres informations relatives au système bancaire de la RDC.

Soucieux d'être plus éclairé sur le fonctionnement du secteur bancaire en RDC, nous avons organisé des entretiens avec les experts travaillant dans ce secteur (Directeurs Généraux, Directeurs Financiers et Commerciaux, Trésoriers, Commissaires aux comptes et autres) et avec les experts de la supervision bancaire (Banque centrale du Congo). Ces interviews ont beaucoup aidé : elles nous ont permis d'obtenir des précisions utiles, relatives aux données chiffrées tirées des états financiers certifiés, au mode d'administration et de contrôle des banques établies en RDC, aux objectifs de certaines mesures réglementaires et à la politique de gestion de certaines institutions, surtout en matière d'octroi des crédits.

Quant aux méthodes de recherche, nous avons opté pour une approche intégrative et holistique, mettant aux prises des méthodes différentes et variées, en vue de parvenir à des résultats plus affinés et plus nuancés. La démarche de cette étude aura ainsi bénéficié, concomitamment ou successivement, des méthodes analytique et historique (perspective qualitative) ainsi que des approches statistique et économétrique.

La méthode analytique nous a permis d'expliquer les variations de certaines variables durant la période cible de notre étude.

Sur base d'un traitement chronologique des données, la méthode historique, nous a offert, quant à elle, certaines clés d'interprétation pour une juste lecture de l'évolution de l'activité économique et de l'évolution du secteur bancaire de la RDC.

Le présent travail a fait évidemment recours, à la méthode statistique, pour quantifier et chiffrer les données et les résultats de notre recherche et, ainsi pouvoir les visualiser par le biais des tableaux et graphiques. Dans la mise en œuvre de cette méthode statistique, nous avons d'abord procédé à l'analyse exploratoire des données, qui a consisté en l'étude de l'évolution, surtout graphique, des indicateurs financiers cités ci-dessus (cf. la problématique). Cette exploration nous ouvre alors à une analyse mesurée et pondérée de différentes caractéristiques de ces indicateurs et de leurs composantes, pour l'ensemble du secteur, par groupe de banques et par contribution de groupes de banques dans l'ensemble du secteur, durant la période sous étude.

Enfin, nous avons réservé également une place de choix à l'approche économétrique. Celle-ci nous a permis d'analyser et d'estimer les déterminants de la performance des banques établies en RDC.

L'analyse empirique a été effectuée sur dix-huit banques, c'est-à-dire toutes opérationnelles en RDC, durant la période retenue dans cette étude, soit de 2008 à 2017. Il s'agit en effet, de 5 banques locales, 4 banques internationales et 9 banques panafricaines,

Empiriquement, nous avons utilisé un modèle de panel cylindré (balanced pannel).

Quant au canevas du travail, en vue de mener à bon port cette dissertation, outre l'introduction et la conclusion générales, je l'ai organisée en cinq chapitres.

Dans le premier chapitre, j'ai abordé la revue de la littérature sur la performance, tout en relevant de manière succincte les notions générales sur la banque.

Le deuxième chapitre, quant à lui, traite des questions relatives au système bancaire congolais, à travers ses spécificités structurelles et réglementaires, ses caractéristiques particulières et son évolution socio-historique.

Dans le troisième chapitre, j'ai présenté mon approche méthodologique, en décrivant les différentes méthodes, techniques et approches utilisées dans la présente étude. Ce chapitre inclut également la présentation du cadre conceptuel de notre étude sur la question des déterminants de la performance des banques et son opérationnalisation sous forme d'un modèle économétrique.

Le quatrième chapitre présente essentiellement les résultats de mes analyses descriptive et analytique, du secteur bancaire congolais dans l'ensemble, par banque prise individuellement et par catégories des banques.

Dans le cinquième et dernier chapitre de ma réflexion, j'ai analysé et discuté des résultats obtenus sur les déterminants de la performance des banques établies en RDC, avant d'exposer et d'étayer nos suggestions, en termes de conseils techniques et de recommandations pratiques.

Premier chapitre
Revue de la littérature sur la performance bancaire

Ce chapitre a pour pierre de touche la revue de la littérature sur la performance bancaire. Ainsi, j'ai défini la banque, avant d'aborder les notions de la performance, ses indicateurs, puis j'ai mis en exergue les travaux empiriques sur la question de la performance des banques.

I.1 notions de banque

Ce point s'articule autour de la définition de la banque et ses caractéristiques.

I.1.1 Définition de la banque

Les chercheurs et auteurs (Echaudemaison, D. et al. 1993 ; Mishkin, F. 2007 et Ogien, D. 2009) sont unanimes qu'il n'est pas aisé de donner une définition universelle à la « Banque », définition qui soit claire, exacte et complète, car il est presque impossible de résumer les diverses opérations de banque, surtout que ces opérations diffèrent d'un pays à un autre, suivant le régime dans lequel s'exerce l'activité. Cette notion aussi, s'étend à mesure qu'évolue la sphère économique dans laquelle les banques gravitent.

Et s'il faut mettre en dénominateur commun les différentes définitions des banques parcourues, nous pouvons déduire que par banques, il faut entendre les institutions financières qui acceptent les dépôts du public, en vue de les fructifier en octroyant des crédits aux personnes en besoin de financement. Cette définition générale qui considère la banque comme un acteur économique se distinguant par une activité relativement homogène de collecte de dépôts et d'octroi de crédits, n'est plus d'actualité. Aujourd'hui, dans la plupart des pays, les banques qui font partie des établissements de crédit, sont définies en fonction de leurs activités, activités conditionnées par l'obtention d'un agrément préalable, délivré par les autorités compétentes.

En France, par exemple, l'article L.511-1 du Code Monétaire et Financier (Sardi, A. 2012), définit les établissements de crédit comme des personnes morales qui effectuent à titre de profession habituelle des opérations de banque et des opérations connexes à leurs activités. Les opérations de banque comprennent la réception des fonds du public, les opérations de crédit ainsi que les services bancaires de paiement. Quant aux opérations connexes, elles comprennent entre autres les opérations de change, le conseil et l'assistance en matière de gestion de patrimoine, le conseil et l'assistance en matière de gestion financière, les opérations de location simple des biens mobiliers ou immobiliers, etc.

La définition française de l'établissement de crédit se rapproche de celle de la RDC. En effet, conformément à la Loi n° 003/2002 du 02 février 2002, relative à l'Activité et au Contrôle des établissements de crédit[12] (loi bancaire congolaise), les établissements de Crédit sont des personnes morales qui effectuent à titre de profession habituelle des opérations de banque ci-après :

- la réception et la collecte des fonds du public ;
- les opérations de crédit ;
- les opérations de paiement et la gestion des moyens de paiement.

Sont considérés comme fonds du public, les fonds qu'une personne recueille d'un tiers, notamment sous forme de dépôt, avec le droit d'en disposer pour son propre compte, mais à charge pour elle de les restituer (Article 6 de la loi bancaire congolaise). Les dépôts représentés par les personnes physiques et morales, sont généralement effectués ou comptabilisés sous deux formes, à savoir :

- les dépôts à vue (comptes chèques, comptes courants et les comptes sur livrets d'épargne, etc.) ;
- les dépôts à terme (comptes à terme, bons de caisse, etc.).

Les dépôts des fonds facilitent à la clientèle ses opérations de règlement et constituent d'autre part le moyen de consentir des crédits. Dans la mesure où l'on définit la fonction bancaire par la création de la monnaie, la réception des dépôts et l'octroi des crédits constituent les deux faces d'une seule activité. Toutefois, suivant l'article 6 de la loi bancaire précitée, ne sont pas considérés comme fonds reçus du public :

1) les fonds reçus ou laissés en compte par les associés en nom ou les commanditaires d'une société des personnes, les associés ou actionnaires détenant au moins 5 pour 100 du capital social, les administrateurs, les membres du comité de gestion et du conseil de surveillance ou les gérants, ainsi que les fonds provenant de prêts participatifs ;
2) les fonds qu'une entreprise reçoit de ses salariés sous réserve que le montant n'excède pas 10 pour cent de ses capitaux propres.

Quant à l'opération de crédit, il faut entendre tout acte par lequel une personne agissant à titre onéreux met ou promet de mettre des fonds à la disposition d'une autre personne ou prend dans l'intérêt de celle-ci un

[12] Cette loi est remplacée depuis 2023 par la loi n°22/069 du 27 décembre 2022 relative à l'activité et au contrôle des établissements de crédit.

engagement par signature tel qu'un aval, un cautionnement ou une garantie (Article 7 de la loi bancaire congolaise).

Il ressort de cette définition, que les banques peuvent octroyer deux principaux types de crédit, à savoir le crédit de décaissement et le crédit par signature. La première forme se matérialise par le décaissement des fonds, reçus essentiellement du public, alors que la deuxième forme ne donne pas lieu à un décaissement, mais il s'agit d'engagement pris au profit de son client. Par ailleurs, il sied de souligner que certaines opérations comme le crédit-bail et, de manière générale, toute opération de location assortie d'une option d'achat, sont assimilés aux opérations de crédit.

Comme indiqué ci-haut, les fonds recueillis par la banque auprès de ses clients déposants sous forme de dépôt à vue (mouvants) ou à terme (stables) constituent des ressources importantes, de fois rémunérées (charges financières), dont la gestion occasionne aussi des coûts additionnels (Assurance séjours des fonds, Frais de sécurité, Frais de contrôle de la Banque Centrale du Congo, etc…). Par conséquent, ces fonds ne doivent pas rester dormants (non productifs) dans les caisses et auprès des correspondants. La loi autorise ainsi les banques de les utiliser en partie sous leur entière responsabilité, pour accorder des crédits dans les limites légales (Instruction 14 de la banque Centrale du Congo), aux agents économiques dignes de confiance qui ont besoin de capitaux pour investir, produire et consommer.

Comme troisième opération de banque, nous avions listé les opérations de paiement, définies comme tous les instruments qui, quel que soit le support ou le procédé technique utilisé, permettent à toute personne de transférer des fonds. Parlant des opérations de banque, hormis les opérations identifiées dans les lignes précédentes, les banques établies en RDC, peuvent aussi effectuer les opérations connexes à leurs activités, telles que :

- les opérations de change ;
- les opérations sur or, métaux précieux et pièces ;
- le placement, l'achat, la gestion, la garde et la vente des valeurs mobilières et de tout produit financier ;
- les prises de participation dans les limites fixées par la Banque centrale;
- le conseil et l'assistance en matière de gestion de patrimoine ;
- le conseil et l'assistance en matière de gestion financière, l'ingénierie financière et, d'une manière générale, tous les services destinés à faciliter la création et le développement des entreprises, sous réserve des dispositions relatives à l'exercice illégal de certaines professions ;

- les opérations de location simple de biens mobiliers ou immobiliers pour les entreprises habilitées à effectuer des opérations de crédit-bail.

En général, les activités bancaires connexes sont nombreuses et variées mais généralement complémentaires les unes des autres. Parmi ces opérations, il est opportun de souligner que les banques établies en RDC excellent plus dans les opérations de change. A ce jour, elles ne réalisent pas assez d'opérations relatives aux prises de participation, aux conseils et à l'assistance en matière de gestion de patrimoine, au conseil et à l'assistance en matière de gestion financière, de l'ingénierie financière.

Le compte de résultat des banques de droit congolais est bourré essentiellement des revenus issus des opérations de crédit, des opérations de paiement et des opérations de change.

Que dire sur les caractéristiques des banques ? Telle est la matrice du point suivant.

I.1.2 Catégories des banques

Comme indiqué dans les lignes précédentes, la Loi n° 003/2002 du 02 février 2002[13], relative à l'activité et au contrôle des établissements de crédit (loi bancaire congolaise) ne définit pas la banque de manière isolée mais définit les établissements de Crédit de manière générale. Selon cette loi, nous distinguons cinq catégories d'établissements de Crédit auxquelles s'appliquent les réglementations spécifiques, à savoir :

1. les banques;
2. les coopératives d'épargne et de crédit;
3. les caisses d'épargne ;
4. les sociétés financières ;
5. les institutions financières spécialisées.

De tous ces établissements de crédit, seules les banques sont autorisées à la fois et d'une façon générale, à recevoir du public les dépôts et à effectuer toutes les autres opérations de banque, listées dans la section précédente.

Quant aux coopératives d'épargne et de crédit ainsi que les caisses d'épargne, elles peuvent, dans les limites des textes législatifs et

[13] Cette loi est remplacée depuis 2023 par la loi n°22/069 du 27 décembre 2022 relative à l'activité et au contrôle des établissements de crédit, qui définit de manière spécifique la « banque » et intègre les sociétés de microfinance comme sous-catégorie d'établissement de crédit.

réglementaires qui les régissent, collecter l'épargne du public sous forme des dépôts à vue, à terme ou avec préavis.

En revanche, les sociétés financières ne sont pas autorisées à collecter les dépôts du public. Cependant, elles peuvent collecter des fonds à vue ou à moins d'un an, si elles sont autorisées à titre accessoire, par la Banque Centrale du Congo. Concernant les autres opérations de banque, elles ne peuvent les réaliser que sous deux conditions, ci-après :

- ✓ si elles sont prévues dans la décision d'agrément obtenue de la Banque Centrale du Congo;
- ✓ si elles sont prévues dans les dispositions légales et réglementaires propres à leur catégorie.

La dernière catégorie, les institutions financières spécialisées, sont des établissements de crédit qui ont une mission d'intérêt public de l'Etat. Elles peuvent comme les sociétés financières, collecter des fonds à vue ou à moins d'un an, si elles sont autorisées à titre accessoire, par la Banque Centrale du Congo. Au sujet des autres opérations de banque, elles ne peuvent réaliser que celles afférentes à leur mission d'intérêt public, sauf à titre accessoire.

Partant de ce qui est dit dans l'introduction, notre présente étude s'intéresse essentiellement aux banques. Ainsi, nous avons jugé utile de catégoriser les banques qui opèrent en RDC. En effet, les banques peuvent être catégorisées suivant plusieurs critères dont notamment la taille de la banque, le contrôle de la banque par l'Etat ou les privés, le contrôle de la banque par les résidents ou non-résidents et la nature des activités de la banque.

Dans le cadre de cet ouvrage, nous retenons les critères utilisés dans le rapport sur la supervision des intermédiaires financiers (BCC, 2012) et les études de la firme internationale d'audit Deloitte (Deloitte RDC, 2018).

La Banque Centrale du Congo distingue les banques suivant les critères ci-dessous (BCC, 2012) :

- ✓ Catégorie 1 : banques dont le total du bilan est supérieur à USD 200 millions ;
- ✓ Catégorie 2 : banques dont le total du bilan est compris entre USD 100 millions et USD 200 millions ;
- ✓ Catégorie 3 : banques dont le total du bilan est inférieur à USD 10 millions.

Suivant ces critères de la BCC, nous distinguons trois catégories des banques, à savoir :

1. Les grandes banques (catégorie 1) ;
2. Les banques moyennes (Catégorie 2) ;
3. Et les petites banques (catégorie 3).

Quant à la firme internationale d'audit Deloitte, elle distingue les banques suivant les critères ci-dessous (Deloitte RDC, 2018) :

- ✓ Catégorie 1 : banques détenues (actionnariat) à plus de 50% par les personnes morales ou physiques résidentes en RDC ;
- ✓ Catégorie 2 : banques détenues (actionnariat) à plus de 50% par les banques ou institutions internationales ;
- ✓ Catégorie 3 : banques détenues (actionnariat) à plus de 50% par les banques panafricaines.

Suivant ces critères, nous distinguons trois catégories des banques, à savoir :

1. Les banques locales (catégorie 1) ;
2. Les banques panafricaines (Catégorie 2) ;
3. Et les banques internationales (catégorie 3).

Dans les lignes qui suivent, il me semble utile de définir la notion de la performance.

I.2 Notions de la performance

Après avoir défini la performance, j'en donne les mesures.

I.2.1 Définition de la performance

La performance[14], ou encore la profitabilité, est le but ultime recherché par les sociétés commerciales en général et institutions bancaires en particulier ; elle occupe une place capitale dans leur vie. De manière générale, il existe une multitude de définitions pour ce concept de performance, ces définitions varient selon le domaine traité. Dans le domaine financier, la performance d'une banque est définie comme le taux de rendement ou de rentabilité qu'elle atteint.

[14] C'est une notion très complexe qui peut être à la fois synonyme d'efficacité, de rentabilité, de productivité et de compétitivité. L'efficacité est la capacité d'une institution à atteindre les objectifs qu'elle s'est fixée à partir des ressources dont elle dispose. Sa compétitivité et son degré de réussite constitueront les deux dimensions permettant de l'apprécier. Par contre, l'efficience est appréciée en termes de productivité, de coûts et de rendement. Selon certains experts, les économies d'échelle constituent une source d'efficience.

La performance économique tient compte de la rentabilité financière des actionnaires. Les entreprises économiquement viables sont celles qui parviendront à générer de la valeur au profit de leurs clients. Ainsi, la rentabilité du système bancaire d'un pays est une condition nécessaire à la croissance économique car un système bancaire rentable permet de générer les fonds pour le financement du développement (Levine, R. 1997).

Dans le domaine de la gestion, la performance est définie comme le résultat et l'objectif ultime de l'ensemble des efforts d'une entreprise ou d'une organisation. Ces efforts consistent à faire les bonnes pratiques, de la meilleure façon, rapidement, au bon moment, au moindre coût, afin de produire les bons résultats répondant aux besoins et aux attentes des clients, et plus généralement des parties prenantes de l'entreprise et atteindre les objectifs fixés par l'organisation.

Il convient d'évoquer dans lignes qui suivent les mesures de la performance.

I.2.2 Mesures de la performance

Dans la littérature économique et financière, plusieurs mesures de la performance existent et ont été utilisées dans les différentes études et recherches traitant le sujet. Trois indicateurs clés ont été avancés pour mesurer la performance et la rentabilité bancaire. Il s'agit de la profitabilité des actifs, la profitabilité des capitaux investis et de la marge d'intérêt.

I.2.2.1 Rentabilité Economique (Return on Assets « ROA »)

Le ratio de la rentabilité économique (Return on Assets), appelé également coefficient de rendement ou taux de rendement sur actif investi, mesure la rentabilité de l'actif net. Il s'obtient en faisant le rapport entre le résultat avant impôt et frais financiers et l'actif économique (obtenu en faisant la somme des actifs immobilisés et du besoin en fonds de roulement).

L'actif économique appelé aussi actif opérationnel ou capitaux employés correspond ainsi à la somme des « encours » nets engagés par l'entreprise, qu'ils soient liés au cycle d'exploitation ou au cycle d'investissement.

A. Besoin en fonds roulement d'une banque

Le besoin en fonds de roulement d'une banque est dégagé à partir de la différence entre, d'une part ; la somme des créances sur clientèle (opérations avec la clientèle constitués entre autres des crédits à la clientèle, des valeurs non imputées débitées et des créances rattachées) et les comptes actifs des tiers et de régularisation (constitués essentiellement des avances faites aux fournisseurs, des chèques et effets à l'encaissement, des avances au personnel, des créances sur l'Etat, des créances sur actionnaires, des compte de liaison débiteurs, des débiteurs divers, des comptes de régularisation, des charges payées ou comptabilisées d'avance, des produits à recevoir, des loyers de crédit-bail à recevoir, des stocks) et d'autre part ; la somme les dépôts reçus de la clientèle (sous formes de dépôts ordinaires en comptes courants, en comptes chèques et en comptes sur livrets, sous forme de provisions sur crédits documentaires, dépôts à terme, dépôts à régime spécial, dispositions à payer) et les soldes créditeurs des tiers et de régularisation (constitués essentiellement des dettes envers les fournisseurs, l'Etat, les actionnaires et le personnel, des compte de liaison créditeurs, des créditeurs divers, des comptes de régularisation passifs, des produits perçus ou comptabilisés d'avance, des charges à payer). Le tableau ci-dessous synthétise le calcul du Besoin en Fonds de roulement d'une banque.

Tableau 1 : Tableau de calcul du Besoin en Fonds de roulement

#	Description	Montant
I.	**Créances sur la clientèle**	
1	Crédits à la clientèle	
2	Valeurs non imputées débitées	
3	Créances en souffrance	
4	Créances rattachées	
	Sous total créances sur la clientèle	**A**
II.	**Comptes actifs des tiers et régularisation**	
5	Fournisseurs débiteurs	
	Chèques et effets à l'encaissement	
7	Personnel	
8	Etat	
9	Actionnaires et Associés	
10	Comptes de liaison	
11	Débiteurs divers	
12	Comptes de régularisation actifs	
	Sous total comptes actifs des tiers et régularisation	**B**
III.	**Dépôts de la clientèle**	
13	Dépôts ordinaires	

#	Description	Montant
14	Provisions sur crédits documentaires	
15	Dépôts à terme	
16	Dépôts à régime spécial	
17	Autres comptes créditeurs	
18	Autres comptes de la clientèle	
19	Valeurs non imputées	
20	Dettes rattachées	
	Sous total dépôts de la clientèle	**C**
IV.	**Comptes passifs des tiers et régularisation**	
21	Dettes-fournisseurs	
22	Dettes-personnel	
23	Dettes-Etat	
24	Dettes-actionnaires	
25	Comptes de liaison	
26	Créditeurs divers	
	Sous total comptes passifs des tiers et régularisation	**D**
V.	**Besoin en Fonds de roulement**	**A+B-C-D**

Source : Nous-même, à partir des dispositions du GCEC.

Le financement de l'actif économique est réalisé soit par les capitaux propres, soit par l'endettement net.

B. Fonds propres d'une banque

Les capitaux propres sont constitués des fonds apportés par les actionnaires sous formes d'apports en capitaux représentés par les actions, des fonds laissés par les actionnaires à la disposition de la société sous forme de bénéfices mis en réserve ou non distribués, des plus-values tirées de la réévaluation des immobilisations.

Selon le Guide Comptable des établissements de crédit (référentiel comptable applicable aux banques établies en RDC), les fonds propres d'une banque sont constitués des éléments repris dans le tableau ci-après :

Tableau 2 : Tableau de calcul de fonds propres suivant le GCEC

	Eléments de Fonds propres
1	Capital social
2	Primes liées au capital social
3	Réserves
4	Reports à nouveau
5	Résultat en instance d'approbation ou d'affectation
6	Résultat de l'exercice en cours (bénéfice) ;
7	Provisions réglementées (les provisions réglementées n'incluent pas les provisions générales pour pertes, risques et charges)
8	Plus-values de réévaluation des immobilisations
9	Provisions pour reconstitution du capital
10	Amortissements dérogatoires
11	Subventions d'équipement
12	Fonds en instance d'incorporation au capital

Source : Nous-même, à partir des dispositions du GCEC.

A la lecture de ce tableau, nous avons identifié deux composantes spécifiques des fonds propres dans le secteur bancaire, à savoir les provisions pour reconstitution du capital social et les fonds en instance d'incorporation au capital. Il est ainsi important de clarifier ces deux notions dans les lignes qui suivent.

B.1. Provisions pour reconstitution du capital

Conformément aux dispositions de la loi bancaire n° 003/2002 du 02 février 2002[15] relative à l'activité et au contrôle des Etablissements de Crédit[16] et aux dispositions de l'instruction n° 14 de la Banque Centrale du Congo, relative aux normes prudentielles de gestion, modification n° 7, du 08 février 2019, le capital minimum des banques est fixé en Dollars américains, soit l'équivalent en CDF d'un montant de USD 30 millions.[17] Aussi, suivant le GCEC, la comptabilité des banques est tenue en français et en monnaie

[15] Cette loi est remplacée depuis 2023 par la loi n°22/069 du 27 décembre 2022 relative à l'activité et au contrôle des établissements de crédit.

[16] Cette loi est remplacée depuis 2023 par la loi n°22/069 du 27 décembre 2022 relative à l'activité et au contrôle des établissements de crédit.

[17] En 2023, le capital minimum est fixé à l'équivalent en CDF de USD 35 000 000. Il est passé à USD 40 000 000 en 2024. A partir de 2025, il sera à USD 50 000 000.

nationale, le Franc Congolais. Ce qui revient à dire bien que le capital minimum soit fixé en USD, il est comptabilisé en CDF, au taux du jour de la libération dudit capital.

La comptabilisation du capital social des banques en monnaie nationale, le Franc Congolais, expose celui-ci à l'érosion monétaire, consécutive à la dépréciation permanente du Franc Congolais. En vue de permettre aux banques de reconstituer leur capital social libéré et libellé en USD, le décret présidentiel n° 04/049 du 20 mai 2004 complétant l'Ordonnance n° 77-332 du 30 Novembre 1977 fixant les modalités d'application obligatoire du plan comptable général congolais, autorise les banques à constituer une provision pour reconstitution du capital social, et ce en vue de préserver leurs fonds propres.

Cette provision est comptabilisée dans le compte 144 « Provision pour reconstitution du capital social ». La dotation au titre de la provision pour reconstitution du capital représente la différence négative entre la contrevaleur du capital social exprimé en monnaie étrangère au taux de change de clôture et celle à l'ouverture, après prise en compte de la plus-value de réévaluation dégagée pendant l'exercice comptable.

Bien qu'étant une solution réglementaire pour reconstituer le capital social des banques en USD, afin de préserver leurs fonds propres, la comptabilisation de cette dotation au titre de la provision pour reconstitution du capital impacte négativement le résultat net et la performance des banques, en ce sens qu'elle vient diminuer le résultat net de la période, destiné aux actionnaires, bien qu'en cas de résultat déficitaire, il est recommandé de comptabiliser cette dotation par le débit du compte report à nouveau, c'est à dire sans impacter le résultat net de la période.

B.2. Fonds en instance d'incorporation au capital

La loi bancaire n° 003/2002 du 02 février 2002[18] relative à l'activité et au contrôle des Etablissements de Crédit et l'instruction n° 18 relatives aux conditions d'agrément des établissements de crédit, de leurs dirigeants et commissaires aux comptes ainsi que de modification de leurs situations statutaires, disposent que toute modification des statuts d'une banque soit soumise à l'autorisation préalable de la Banque Centrale du Congo. A cette fin, la décision d'augmentation du capital par apport des capitaux frais des actionnaires est soumise à l'autorisation préalable de la Banque Centrale du Congo.

Dans certains cas, pour répondre soit à une exigence règlementaire, soit à un besoin de l'activité, les actionnaires libèrent les fonds liés à

[18] Cette loi est remplacée à ce jour par la loi n°22/069 du 27/12/2022 relative à l'activité et au contrôle des Etablissements de Crédit

l'augmentation du capital avant l'autorisation de la Banque Centrale du Congo. Ce qui ne permet pas à l'institution de constater l'augmentation du capital dans leurs livres.

Néanmoins, en vue de permettre aux banques de prendre en compte ces fonds destinés à l'augmentation du capital, dans le calcul du noyau dur de leurs fonds propres, la Banque Centrale du Congo a, dans sa correspondance référencée Gouv/141/n° 000377 du 07 mars 2007, autorisé les banques à comptabiliser les fonds destinés à l'augmentation du capital dans les fonds propres, dans un compte spécifique appelé « Fonds en instance d'incorporation au capital », en attendant l'aboutissement des formalités légales et réglementaires relatives aux opérations d'augmentation du capital social.

C. Endettement net

L'endettement net est la différence entre l'endettement brut de l'entreprise constitué des ressources d'emprunt quelle que soit leur échéance (différents emprunts à plus d'un an qui ne sont pas encore remboursés et à court terme) et les disponibles (comptes caisse, correspondants et des placements financiers). Les modalités de calcul de l'endettement net d'une banque sont détaillées dans le tableau ci-dessous.

Tableau 3 : Tableau de calcul de l'endettement net des banques suivant le GCEC

#	Description	Montant
I.	**Autres capitaux permanents**	
1	Emprunts et dettes à LMT	
2	Emprunts obligataires	
3	Autres ressources permanentes	
4	Fonds de garantie mutuels	
5	Provisions générales pour pertes, risques et charges	
	Sous total des autres capitaux permanents	**A**
II.	**Ressources de trésorerie à court terme**	
#	**Description**	**Montant**
6	Ressources de trésorerie	
7	Ressources des opérations interbancaires	

	Sous total des ressources de trésorerie à court terme	**B**
III.	**Endettement brut**	**C= A+B**
IV.	Emplois en trésorerie à court terme	
8	Marché monétaire	
9	Prêts interbancaires	
10	Placements à court terme	
11	Compte à la Banque Centrale	
12	Comptes de dépôts à vue chez les correspondants.	
	Sous total des emplois en trésorerie à court terme	**D**
V.	**Endettement net**	**C-D**

Source : Nous-même, à partir des dispositions du GCEC.

Outre la rentabilité économique, il faut en outre aborder la rentabilité financière.

I.2.2.2 Rentabilité financière (Return on Equity « ROE »)

La rentabilité financière (Return on Equity) est le rapport entre le résultat net après impôt et les fonds propres. Ce ratio, appelé également coefficient de rentabilité, mesure la rentabilité des capitaux investis par les actionnaires.

Le ROE est important pour les actionnaires car il leur permet de suivre le rendement de leur investissement. Pour les dirigeants, il est utile car c'est un indicateur de la part qu'ils doivent assurer aux actionnaires.

Les lignes suivantes traitent de la marge d'intérêt.

I.2.2.3 Marge d'intérêt

La marge d'intérêt est le rapport entre le Produit Net Bancaire et le total actif.

Que retenir sur les déterminants de la performance ?

I.2.3 Déterminants de la performance

Il existe pratiquement plusieurs facteurs ou déterminants qui agissent sur les indicateurs de performance d'une banque. Ces facteurs peuvent être regroupés en trois catégories, à savoir :

- les déterminants managériaux de la performance ;
- les déterminants macro-financiers de la performance ;
- les déterminants macroéconomiques de la performance.

I.2.3.1 Déterminants managériaux de la performance

Les facteurs organisationnels ou managériaux susceptibles d'expliquer la rentabilité des banques sont constitués des charges d'exploitation bancaire, des capitaux propres, des crédits bancaires et de la taille de la banque.

J'évoque les déterminants macro-financiers de la performance au point suivant.

I.2.3.2 Déterminants macro-financiers de la performance

Les facteurs macro-financiers incluent :

- la taille du secteur bancaire (total actifs du secteur bancaire/PIB) ;
- la taille du marché des capitaux (capitalisation boursière/PIB);
- la concentration bancaire ;
- la taille relative du secteur bancaire par rapport au marché des capitaux.

Il y a aussi les déterminants macro-économiques de la performance à signaler.

I.2.3.3 Déterminants macro-économiques de la performance

Souvent, deux variables exogènes d'ordre macro-économique sont sélectionnées comme déterminants potentiels de la rentabilité des actifs. Il s'agit de :

- la croissance économique ;
- l'inflation.

Que retenir sur le modèle théorique de la performance des banques ?

I.3 Modèle théorique de la performance des banques

Comme indiqué dans les lignes précédentes, la notion de la performance peut renvoyer à plusieurs concepts, dont notamment le résultat réalisé, la rémunération des ressources investies, la réalisation ou la finalisation d'un produit.

La performance financière, quant à elle, peut être appréhendée comme la capacité pour une société ou entreprise, à créer de la valeur à distribuer entre les différents acteurs de la société (actionnaires, bailleurs, Etat, etc.), grace aux ressources ou moyens mis à sa disposition par ces derniers.

Dans la littérature financière, certains auteurs (Tanimoune, N. 2003 ; Cousin, S. 2011 et El Mostafa, A. 2006) assimilent la notion de la performance des banques à celle du rendement, de l'efficience, de l'efficacité ou de la compétitivité. Ainsi, pour l'évaluer, bon nombre de ces auteurs recourent souvent la détermination de certains ratios et indicateurs financiers tels que la solvabilité (rapport entre les capitaux propres et la somme des risques pondérés enregistrés au bilan, afin de s'assurer que la banque est capable de faire face à une baisse de valeur de ses actifs ou à des demandes de retrait de fonds de la part de ses clients), la liquidité (considérée généralement comme étant la capacité à faire face à ses obligations de trésorerie suivant leur échéance), le Produit Net Bancaire (différence entre les produits issus de l'activité bancaire et les charges engendrées par cette même activité), la rentabilité financière et la rentabilité économique.

Il ressort de nos recherches que l'évolution du système bancaire mondial a nécessité une certaine ingéniosité dans la gestion prudentielle et la mise en place des méthodes de gestion de risques, afin de garantir la stabilité du système bancaire (F.Abddennour et S. Houhou, 2008). C'est dans cette optique que le comité de Bale élabore de normes prudentielles dans le but de préserver cette stabilité.

C'est dans ce cadre que ces dernières années, les autorités de supervision bancaire de plusieurs pays ont développé divers modèles d'alertes précoces ou d'indicateurs avancés des difficultés bancaires (Early Warning Systems), afin de leur permettre d'identifier rapidement et de manière prudentielle, les établissements bancaires dont la situation financière apparaît préoccupante.

Il s'agit en fait de réaliser une analyse prudentielle de la santé financière des banques, dans le seul but d'identifier celles qui feront face à des difficultés, afin que les autorités de supervision puissent agir rapidement en prenant des mesures adéquates pour éviter leur faillite.

Parmi ces différents modèles d'alerte, nous pouvons citer :

- Le système Américain CAMELS ;
- Le système belge RAT ;
- Le système italien PATROL ;
- Le Système français SAABA.

Nous présentons dans les lignes qui suivent deux de ces modèles, qui ont attiré notre attention, à savoir CAMELS et PATROL.

I.3.1 Système Américain « CAMELS »

Le système Américain « CAMELS » est une approche d'évaluation de la santé financière des banques, qui est utilisée par les autorités de supervision américaines notamment la Banque Centrale des Etats Unis d'Amérique (The Federal Reserve). En effet, le système CAMELS consiste à évaluer chaque banque à partir de six critères, en attribuant une note par rapport à l'analyse effectuée sur chacune de ces composantes, puis par la suite attribuer une note globale à la banque.

Les six critères retenus dans cette méthode sont les suivants :

1. La solvabilité (Capital adequacy) ;
2. La qualité des actifs (Asset quality) ;
3. La qualité de gestion (Management quality) ;
4. L'aptitude à réaliser des profits (Earning ability) ;
5. La trésorerie ou la liquidité (Liquidity position) ;
6. La sensibilité au risque de marché (Sensitivity to market risk).

Ce modèle a été conçu pour fournir un aperçu d'ensemble sur l'état de la banque et sur les principaux résultats des inspections sur place pour les organes de contrôle bancaire.

La note globale attribuée à la banque correspond souvent à la moyenne arithmétique des notes des six composantes individuelles du modèle, mais l'inspecteur peut attribuer une pondération plus grande à un ou plusieurs facteurs s'il l'estime nécessaire. Une étude du Federal Reserve System conclut que CAMELS offre une meilleure prédiction sur l'avenir de la banque que les agences de notation ou les marchés financiers quand l'inspection est récente (notamment sur la qualité des actifs).

Les pondérations ainsi que les échelles de notation de chaque composante retenue dans le système CAMELS sont présentées dans le tableau n°4 ci-dessous. Quant aux ratings finals retenus dans le système CAMELS, en fonction des résultats de chaque composante, ils sont présentés dans le tableau n° 5 ci-dessous.

Tableau 4 : Tableau d'échelle de notation du système CAMELS

Composante	Ratio	Pondération	Echelle de notation (Rating)				
			1	2	3	4	5
Capital adequacy	Equity Capital/Total Assets	20%	>11%	8%-11%	4%-8%	1%-4%	<1%
Asset quality	Non-Performing Loans/ Total Loans	20%	<1,5%	1,5% - 3,5%	3,5%-7%	7%-9,5%	>9,5 %
Management quality	Personnel Expenses/Average Assets	25%	<25%	30%-26%	38%-31%	45%-39%	>45 %
Earning ability	Return on Assets	15%	>1,50 %	1,25 %-1,50 %	1,01%-1,25%	0,75%-1,00%	<0,75%
	Return on Equity		>22%	17%-21,99 %	10%-16,99 %	7%-9,99%	<6,99%
Liquidity position	Net Loans/ Deposit and Short Term Funding	10%	<60%	60%-65%	65% - 70%	70% - 80%	> 80%
	Liquid Assets/ Deposit and Short Term Funding		<60%	60%-65%	65% - 70%	70% - 80%	> 80%
Sensibilité au risque de marché	Compliance Score Sheet	10%	>80%	70%-80%	65% - 70%	60% - 65%	60%

Source : Nous-même, à partir de la revue de la littérature sur le CAMELS.

La classification en fonction de la note globale obtenue et les caractéristiques relatives à chaque note sont décrites dans le tableau ci-dessous :

Tableau 5 : Composite range of CAMELS rating

Rating	Composite range	Description	Meaning
1	1,00-1,49	Strong	Basically sound in every respect
			Findings are of minor nature and can be handled routinely
			Resistant to external economic and financial disturbances
			No cause for supervisory concern
2	1,5-2,49	Satisfactory	Fundamentally sound
			Finding are of minor nature and can be handled routinely
			Stable and can withstand business fluctuations well
			Supervisory concerns are limited to extent that findings are corrected
3	2,50-3,49	Fair	Financial, operational or compliance weaknesses ranging from moderately severe to unsatisfactory
			Vulnerable to the onset of adverse business conditions
			Easily deteriorate if actions are not effective in correcting weaknesses
			Supervisory concern and more than normal supervision to address deficiencies
4	3,50-4,49	Marginal	Immoderate volume of serious financial weaknesses
			Unsafe and unsafe conditions may exist which are not being satisfactory addressed

			Without corrections, these conditions could develop further and impair future viability
			High potential for failure
			Close supervision surveillance and a definite plan for correcting deficiencies
5	4,50-5,00	Unsatisfactory	High immediate or near term probability failure
			Severity of weaknesses is so critical that urgent aid from stockholders or other financial sources is necessary
			Without immediate corrective actions, will likely require liquidations, merger or acquisition

Source: *Omar Masood, Shahid Mohammad Khan Ghauri and Bora Aktan* (2016.)

Les lignes suivantes portent sur le système italien PATROL.

I.3.2 Système italien « PATROL »

Le système italien PATROL a été mis sur pied en s'inspirant du modèle CAMELS. Sur les six facteurs retenus dans le modèle CAMELS, le système italien PATROL en a retenu cinq, à savoir :

1. Adéquation des fonds propres (PATrimonio) ;
2. Profitabilité (Reddività) ;
3. Risque de crédit (Rischiosità) ;
4. Organisation (Organizza) ;
5. Liquidité (Liquidità).

L'adéquation des fonds propres, la profitabilité et la liquidité sont évalués suivant les mêmes critères que le système CAMELS, alors que l'évaluation du risque de crédit se fait en fonction de trois facteurs ci-après :

- Prêts douteux rectifiés / Total des prêts (en fonction des informations recueillies dans la déclaration des crédits douteux à la centrale des risques) ;

- Flux de nouveaux Prêts douteux rectifiés / Prêts sains ;
- Concentration des risques.

La combinaison de ces trois facteurs selon une grille de notation prédéfinie aboutit à une note (de 1 à 5) pour le risque de crédit. L'organisation quant à elle, prend en compte la composition de l'actionnariat et les spécificités de la banque.

Il est important de rappeler la revue de la littérature empirique.

I.4 Revue de la littérature empirique

La théorie économique et les études empiriques existantes divergent souvent sur l'impact de certains facteurs organisationnels sur la rentabilité de l'actif économique et la rentabilité des fonds propres.

Alors que, par exemple, la théorie économique insiste sur l'effet négatif des frais d'exploitation bancaire sur la profitabilité, certaines études empiriques soutiennent plutôt que l'impact peut être positif, dans la mesure où les frais d'exploitation boostent la productivité des banques et par là leur rentabilité.

Dans le souci de la maximisation du profit, les banques tendent à engager des dépenses d'exploitation additionnelles, justifiant ainsi la variation dans le même sens entre les frais bancaires généraux et la rentabilité des actifs et la rentabilité financière. D'autres auteurs (Guru et al, 2002) estiment que la réalisation de profits ne peut se faire sans engager des dépenses, mais les banques doivent éviter d'engager des dépenses oisives.

Aussi, existe-il certaines divergences entre les auteurs au niveau de l'impact des capitaux propres sur la rentabilité des actifs bancaires. Plusieurs études empiriques ont révélé que les capitaux propres exercent un effet stimulant sur la profitabilité des banques (Ben Naceur, 2003) ; mais l'excès du ratio de capital est considéré comme nuisible à la rentabilité des actifs puisque, en élevant ce ratio, les banques tendent à réaliser une fructification minime des capitaux disponibles.

En revanche, on constate une quasi-unanimité des économistes sur l'impact positif des crédits bancaires et de la taille de la banque sur la rentabilité des actifs, corroborant ainsi les prédictions de la théorie économique. Le renforcement de la politique de crédit élève les profits bancaires. Autrement dit, plus la banque octroie des crédits, plus les revenus augmentent et par conséquent les profits (Ben Naceur, 2003).

Néanmoins, la politique de crédit peut parfois entraver la profitabilité bancaire, en particulier lorsqu'une politique expansionniste de crédit est incompatible avec la stratégie poursuivie en matière de recherche de ressources financières. Le renforcement de cette politique doit être conduit en symbiose avec une stratégie efficiente de drainage de ressources additionnelles. Ainsi, la maîtrise de la politique de dépôts devrait normalement aider la banque à augmenter ses profits. Une meilleure compréhension des politiques bancaires nécessite en fait une connaissance approfondie des déterminants de la rentabilité des banques.

Cependant, le consensus est loin d'être pleinement réuni autour de la question de l'impact de certaines variables sur la rentabilité bancaire. Alors que l'effet prédit de certains facteurs a trouvé une certaine unanimité au sein du cercle des économistes, des controverses demeurent au niveau de l'impact attendu d'autres variables. Il est en conséquence légitime de considérer que l'issue à la polémique théorique ne serait qu'empirique.

De nombreux travaux empiriques existants ne sont, pour la plupart, fondés sur aucun modèle théorique y afférent. Force est de constater que beaucoup d'études empiriques ne se limitent pas seulement aux questions de performance bancaire ; elles élargissent leur champ d'analyse jusqu'à montrer qu'un système financier performant est susceptible d'avoir des effets positifs sur l'activité économique en général. Et les modèles de croissance endogène précisent que le développement du système financier a un effet positif sur la croissance économique parce qu'il permet d'allouer une plus grande quantité d'épargne aux investissements[19].

Mesurer l'activité des banques en tant qu'acteurs de premier plan de la croissance économique, comprendre leurs comportements et l'impact de ceux-ci sur les variations de la rentabilité des institutions bancaires ainsi que ses répercussions sur l'ensemble de l'économie nationale est aussi d'une importance capitale.

Dans les sciences économiques, les effets du développement des marchés financiers, sur la croissance économique ont toujours été une question importante. La contribution potentielle du développement financier à la croissance économique est considérable, mais elle dépend du développement des structures institutionnelles appropriées. « Le rapport sur le développement dans le monde de 1989 publié par la Banque Mondiale présentait déjà une étude approfondie du lien entre finance et croissance en insistant sur le développement du secteur financier dans les pays en développement pour renforcer la croissance économique. Les crises financières qui ont secoué successivement ces dernières années les différentes zones du monde renforcent la thèse du rôle prééminent de ce secteur et la

[19] A long terme, une croissance économique durable dépend notamment de la capacité d'accumulation du capital physique et humain, d'une utilisation efficace des actifs résultant de la production et des possibilités d'accès de l'ensemble de la population à ces actifs. Le développement financier prend en charge le processus d'investissement en mobilisant l'épargne afin d'assurer le financement des entreprises.

nécessité d'organiser le mieux possible son fonctionnement » (Deisting, F., Makhlouf, F. et Naamane, A. 2012)

Deisting, F., Makhlouf, F. et Naamane, A. (2012) ont analysé le rôle éventuel que peut jouer le développement financier dans les économies en développement d'une manière générale et l'économie marocaine en particulier. En fait, ils ont analysé la relation empirique entre le développement financier mesuré par les crédits et la croissance économique au Maroc, ainsi que les canaux de transmission entre les deux variables. Ils trouvent, en utilisant un modèle VAR pour des données annuelles (1975-2010), qu'un choc positif du développement financier favorise la croissance économique.

Doursia, F. (2005) a tenté d'examiner les différents aspects théoriques et empiriques de la relation entre le système financier et la croissance économique de la CEMAC. Utilisant les techniques économétriques des données de Panel avec un échantillon de six pays de ladite zone économique, sur la période 1985-2003, elle démontre clairement que, à travers la vérification de ses hypothèses, pour un pays donné, le développement financier est susceptible d'accroître la croissance. L'utilisation des données de Panel sur la période, lui a permis d'estimer le modèle sans effets, le modèle à effets fixes et le modèle à effets aléatoires. Et au terme de ces estimations, le modèle à effets fixes apparaît plus robuste.

Globalement, elle aboutit aux résultats suivants lesquels le système financier a un impact positif sur la croissance de la CEMAC mais sa contribution est modeste, son coefficient est une élasticité égale à 0,56 ; ce qui signifie qu'une augmentation de 10 % des dépôts bancaires (indicateur du développement financier) induit seulement une augmentation de 5,6 % de la production réelle par tête ; le crédit intérieur a plutôt une incidence négative sur la croissance ; l'investissement domestique a une influence positive sur la croissance mais sa contribution est très faible, son coefficient est une élasticité égale à 0,11 ; signifiant qu'une hausse de 10 % du taux d'investissement entraîne une hausse seulement de 1,1 % de la production ; la libéralisation financière n'a pas un effet sur la croissance, son coefficient n'est pas statistiquement significatif. Ces différents résultats lui ont permis de formuler des recommandations aux politiques en vue d'assainir l'environnement macroéconomique, judiciaire et financier.

Djimasra Nodjitidjé, et al. (2013) ont mis en évidence l'influence du crédit bancaire sur la performance des Petites et Moyennes Entreprises (PME) au Tchad à partir des données primaires collectées auprès des unités de production dans cinq régions du pays. Plus spécifiquement, il s'agissait d'une analyse respective des effets du crédit bancaire sur la performance économique et sociale des entreprises tchadiennes dans un environnement pétrolier. L'étude utilise à la fois une approche descriptive et économétrique pour mettre en évidence les effets du crédit bancaire sur les indicateurs de la performance. Les résultats obtenus des régressions montrent que le crédit bancaire contribue positivement et significativement à la performance économique et sociale des entreprises du pays. Un accroissement de 1 % du montant de crédit augmente le chiffre d'affaires de 0,705 % et l'effectif des employés de 0,54 %.

Selon Moez Ouni (2011), la problématique de la relation entre le système financier, et de ses effets, et la croissance économique reste une question controversée. Elle est sujet d'un débat animé entre les différentes tendances économiques. Il apporte, dans son travail, des éclairages sur la nature de ladite relation. Il utilise un modèle de croissance économique à la Solow augmenté du capital humain, tout en considérant un système financier composé du système bancaire, y compris la banque centrale, et de la bourse de valeurs, et la croissance économique représentée par le taux de croissance du PIB, les investissements et la productivité totale des facteurs, avec un échantillon des données de 48 pays (dont 24 de l'OCDE et 24 en développement) pour une période d'analyse allant de 1960 à 2003.

Il réalise une étude multi-méthodologique à travers diverses approches économétriques. Il a, en effet, conduit une analyse de causalité au sens de Granger, une analyse en coupe transversale, une analyse par la cointégration (étude des effets à long terme) et une analyse par la méthode GMM appliquée à un système d'équations sur des données de Panel. Les résultats obtenus confirment l'existence d'une causalité allant du système financier vers la croissance économique ; une causalité dans le sens inverse existe aussi dans le cas de certains pays.

La causalité bidirectionnelle existe mais plus rarement que les précédentes. Sur un autre plan, les résultats confirment, en partie (selon les pays et le niveau de développement du système financier), l'effet positif du système financier sur la croissance économique, les investissements et la productivité. Dans certains pays, ces effets sont négatifs et statistiquement significatifs et dans d'autres ils sont complètement absents.

Mansouri, B. et Afroukh, S. (2009) ont abordé la question de rentabilité à partir de la spécification et de l'estimation d'un modèle qui intègre des aspects mesurables à la fois organisationnels, exogènes et macro-financiers. Leur analyse en données de Panel leur a permis d'estimer les relations entre la rentabilité bancaire (mesurée par les rendements sur actifs et les marges d'intérêt) et une variété de facteurs potentiellement explicatifs classés en variables organisationnelles, macro-financières et macro-économiques, pour un échantillon cylindré de cinq banques marocaines pour une période s'étalant de 1993 à 2006.

Du côté des variables organisationnelles, d'abord, leurs résultats estimés ont donné deux effets opposés des charges générales sur la rentabilité des actifs et sur les marges nettes d'intérêt. Si les frais généraux entrainent une dégradation des profits bancaires, ces dépenses de structure permettent d'améliorer les gains des marges sur intérêt.

En outre, la politique de la maîtrise des normes internationales en matière de la solvabilité et de la liquidité, sous l'impulsion des autorités supranationales, a provoqué des effets négatifs sur la rentabilité bancaire. La surcapitalisation des banques marocaines a entraîné une situation de surliquidité qui n'a profité de ce fait, ni à la rentabilité globale ni aux marges d'intérêt bancaires.

L'analyse de l'impact des variables macro-financières sur la rentabilité bancaire au Maroc suscite deux observations fondamentales. Premièrement, l'extension de la taille du marché des capitaux et le mouvement de la libéralisation a permis aux banques de glaner des marges d'intérêt et des profits substantiels. Deuxièmement, les banques ont souffert, par la suite, d'une augmentation de la taille du marché des capitaux, plus rapide que celle de l'actif des banques, rendant ainsi le marché des capitaux et le secteur bancaire plus antinomiques que complémentaires.

Du côté des déterminants macroéconomiques, la rentabilité des banques marocaines, quelle que soit sa méthodologie de mesure, répond positivement à la croissance économique et au climat inflationniste. Le PIB affiche des effets stimulants de la rentabilité des banques marocaines, confirmant ainsi les éclairages théoriques. Ils arrivent à la conclusion selon laquelle l'inflation est à l'origine de l'augmentation des dépenses de structure mais aussi de la réalisation de marges d'intérêt et de profits bancaires élevés.

Nembot Ndeffo, L. et Ningaye, P. (2007) ont analysé l'impact des reformes financières mises en œuvre dans la zone CEMAC depuis la fin des années 80 sur la rentabilité du système bancaire des pays de cette sous - région. A travers un modèle, ils ont apprécié la privatisation du capital social des banques, le pouvoir de monopole, l'indice du risque, la libéralisation du taux d'intérêt et d'autres variables sur les ratios de rentabilité.

Les résultats de leur analyse montrent que l'indice du risque et la part des actions détenues par le secteur privé sont significatifs dans la détermination de la profitabilité des banques. Plus le capital social est détenu par les acteurs privés, plus les banques sont rentables. Cependant, le ratio de dépenses d'exploitation, le taux de dégradation des crédits sont inversement liés aux mesures de rentabilité bancaire. Leurs principales recommandations portent sur l'amélioration de la qualité du portefeuille des banques, la maîtrise des dépenses d'exploitation, et la poursuite de la privatisation dans le secteur bancaire.

Tanimoune, N. (2003) a analysé empiriquement la marge bancaire et les déterminants de la profitabilité des banques dans l'UEMOA depuis la libéralisation financière de 1989. Il calcule des taux d'intérêt apparents (ou taux d'intérêt implicites) sur la base des bilans et des comptes de résultat, et construit deux différents indicateurs de la marge bancaire couvrant les aspects de l'intermédiation effectuée par les banques de l'UEMOA. Le premier indicateur, la marge nette d'intermédiation (MNI), traduit la performance des institutions bancaires dans les opérations avec la clientèle.

Le deuxième indicateur prend en compte, par rapport au précédent, les prestations de services, il s'agit de la marge nette d'intermédiation élargie (MNIE). Ces deux indicateurs sont calculés à partir de la différence entre les rendements et les coûts. Les rendements sont étudiés sous deux catégories, à savoir :

- le rendement moyen des comptes débiteurs de la clintèle ;
- le rendement moyen des opérations avec la clientèle.

Le premier est obtenu par le rapport entre produits sur opérations avec la clientèle et les créances sur les Etats et à l'économie. Le second correspond au rapport entre les produits sur opérations avec la clientèle, majorés des produits des prestations de services et autres (commissions perçues sur la clientèle) ; et les créances sur les Etats et à l'économie.

Quant aux coûts, l'auteur en distingue deux types, le coût moyen « des comptes créditeurs vis-à-vis de la clientèle », obtenu par le rapport entre les charges sur les opérations avec la clientèle et les dépôts de l'Etat, des particuliers et entreprises ; et le coût moyen des « opérations avec la clientèle », correspondant au rapport entre les charges sur les opérations avec la clientèle plus les charges des prestations de services et autres (commissions versées à la clientèle) ; et les dépôts de l'Etat, des particuliers et Entreprises.

Il ressort de son étude que les établissements de crédit ont, en général, amélioré leurs performances. En effet, l'auteur note un retour à la solidité financière des banques de la Zone UEMOA, avec des résultats de plus en plus importants. Cette solidité s'est traduite par une marge bancaire positive et croissante sur les dix dernières années dans tous les pays de l'UEMOA. Ce succès est soutenu par une meilleure gestion des concours à l'économie avec la baisse significative des créances douteuses même s'il est vrai que cette performance peut être relativisée par le développement concomitant des opérations hors-bilan (acceptation, cautions, aval), c'est-à-dire des opérations ne donnant pas lieu à des flux de trésorerie.

Dembele, E. (2010) a appréhendé l'apport du financement bancaire à la croissance économique en Côte d'Ivoire. La finalité de son étude était de préciser la nature du lien entre le crédit à l'économie et la croissance économique d'une part, et d'autre part, renseigner les caractéristiques du crédit bancaire à l'économie.

Il ressort de son analyse que le concours bancaire au secteur privé mesuré par le crédit à l'économie, affecte positivement et significativement la croissance économique ; les dépôts bancaires ont un effet négatif et significatif sur la croissance économique ; les investissements public et privé affectent positivement mais faiblement la croissance économique ; la consommation finale agit positivement et significativement sur la croissance économique ; l'épargne des agents économiques a un effet négatif mais non significatif sur le niveau du crédit bancaire à l'économie ; le crédit intérieur agit positivement et significativement sur le niveau du crédit bancaire à l'économie ; la position nette du gouvernement agit négativement et significativement sur le niveau du crédit bancaire à l'économie.

Ainsi, en vue de donner au financement bancaire un rôle moteur dans le processus de croissance économique, gage d'un lendemain meilleur à la Côte d'Ivoire, il a abouti à des recommandations de mise en œuvre des mesures de politique économique.

Cousin, S. (2011) a voulu comprendre les différences de performance entre les banques de détail françaises, pendant la crise, de 2007 à 2009. Pour cela, il a sélectionné 153 banques, pour lesquelles il avait réuni des données sur toutes les variables qui, au regard de la recherche, pouvaient avoir un impact sur les performances. Il a été capable de dresser, à partir de ces données, un portrait de la banque de détail qui réussit malgré la crise, et à comprendre comment les variables inhérentes aux banques, telle que leur liquidité ou leur ratio de capitalisation, impactaient leurs performances.

Il a trouvé que la banque de détail affichant les meilleures performances pendant la crise est de petite taille, a un ratio de liquidité plutôt faible, ne recherche pas l'efficacité opérationnelle, et a une part de marché plutôt petite. En ce qui concerne les impacts des variables, ses résultats démontrent que la liquidité et la qualité du crédit sont deux variables importantes qui contribuent positivement aux performances.

Il en va de même pour les performances pré-crise, le niveau des dépôts bancaires ou le PIB. La taille produit des effets assez mitigés, négatifs sur le ROA mais sans effet sur les autres indicateurs de performance. Plus étonnamment, l'efficacité opérationnelle ne semble pas nécessairement conduire à la performance. Sur la diversification, son analyse et sa lecture de la littérature existante lui ont permis de conclure à un impact positif, du moins en tant de crise. D'autres variables telles que l'âge, la nationalité, la cotation ou la capitalisation ne présentent pas d'impact significatif.

El Mostafa Abkari (2006) a étudié la performance financière et opérationnelle des acquéreurs lors des fusions et acquisitions. Il a utilisé 71 acquisitions effectuées par huit banques à charte canadienne durant la période allant de janvier 1994 à décembre 2004. En analysant la performance financière, il constate en moyenne une performance financière statistiquement significative des acquéreurs durant les trois années qui suivent les dates d'acquisitions. Pour analyser la performance opérationnelle, nous calculons les médianes et les moyennes de huit indicateurs de performance avant et après les dates de transactions. Il constate que plusieurs ratios enregistrent une amélioration durant les quatre années qui ont suivi les acquisitions.

Abreu et Mendes (2002) ont estimé que la profitabilité et le ratio des emplois mesuré par le rapport crédits/dépôts entretiennent une relation positive, confirmant ainsi la complémentarité entre les politiques de crédits et de dépôts bancaires. En ce qui concerne la taille de la banque, en effectuant des régressions sur des données de Panel et en exprimant les profits en fonction d'un ensemble de facteurs internes et externes, certains auteurs (Molyneux, P. et Thornton, J. 1992) ont obtenu une relation positive et statistiquement significative entre la taille et la rentabilité des actifs. D'autres auteurs estiment cependant que la taille n'est pas une source d'économie des coûts ; ils soutiennent que les grandes banques sont sujettes à des inefficacités d'échelle.

Au niveau de l'impact de certaines variables macro-financières sur la rentabilité des actifs, il existe des divergences entre la théorie et l'empirisme. Si l'émergence des marchés de capitaux dans les pays en développement renforce l'activité bancaire comme le soutiennent des études empiriques récentes (Bashir, 2000 ; Beckmann, 2007), l'élargissement de ces marchés peut produire un effet de substitution sur l'activité des banques, ce qui contredit ainsi les prédictions théoriques (Ben Naceur, 2003).

Selon la théorie économique, la concentration bancaire et la taille du secteur bancaire impactent positivement la rentabilité des actifs bancaires. Le financement de l'économie par le secteur bancaire reflète la capacité du système à satisfaire les besoins des acteurs économiques. La taille du secteur est alors sensée profiter aux différents intervenants. Traditionnellement, les stratégies de concentration et leurs développements sont justifiés par la réalisation des économies d'échelle.

Certes, l'estimation de l'impact des variables macro-économiques, notamment la croissance économique et l'inflation, a souvent trouvé un terrain d'entente entre les économistes. Plusieurs auteurs confirment à l'unanimité l'existence d'une relation positive entre la croissance économique et la croissance des profits bancaires. A leur avis, la richesse nationale profite à toute l'activité économique du pays, affecte positivement l'évolution du secteur bancaire et incite les banques à innover et à rénover leurs techniques et technologies de gestion.

Certains auteurs estiment également que la performance du système bancaire est liée à la qualité de gestion des établissements de crédit (banques). Les banques sont appelées à assurer un financement sain de l'économie. Cette qualité de financement est appréciée par un indicateur appelé « Taux brut de dégradation du portefeuille clientèle ». En effet, un système bancaire qui accumule une masse importante de créances en souffrance ne peut jouer efficacement son rôle.

Comme dans les réglementations bancaires de plusieurs pays, les dispositions de la loi et instructions bancaires de la RDC, imposent aux banques de constituer des provisions pour les créances en souffrance, ce qui affecte négativement leur rentabilité et donc leur capacité à financer les activités productives. En cas de non-constitution de provision ou de constitution d'une provision insignifiante, les sanctions pécuniaires sont appliquées, ce qui détériore le résultat des banques et par conséquent leur rentabilité.

Dans les deux cas de figure présentés ci-haut, les mauvais crédits exercent un effet d'éviction sur le financement des investissements, ce qui aggrave le recul économique qui, à son tour, détériore l'environnement des entreprises qui empruntent. Pour faire face à ce problème de niveau de créance en souffrance, les banques peuvent également se lancer dans une course pour rechercher les meilleurs clients et assainir ainsi leur portefeuille.

Nous présentons dans le tableau 6 ci-dessous, les positions de différents auteurs exploités, sur les différentes variables empiriques retenues dans notre étude.

Tableau 6 : Variables indépendantes retenues et leurs effets sur la performance

Variables retenues	**Mesures de la variable**	**Revue de la littérature empirique**	**Effets de variables**	
			(+)	**(-)**
Age de la banque	Nombre d'années d'existence	ELKHARTI 2014	Yes	
Qualité du portefeuille des crédits	Crédits douteux/Crédits bruts	Barnhill et al., 2002 ; Vazquez et al.,2012		Yes
Ratio d'intermédiation bancaire	Crédits/Dépôts	Bashir, 2000 ; Ben Naceur, 2003	Yes	
Coefficient d'exploitation	Charges d'exploitation/Produit Net Bancaire	Ben Naceur, 2003 Bashir, 2000 Anghbazo, 1997 ; Guru et al, 2002	Yes	
Ratio de capitalisation	Capitaux propres/total bilan	Salwa Bahyaoui (2017), Berger (1995) et Demirguc-Kunt et Huizinga (1999)	Yes	
		Bashir, 2000 ; Ben Naceur, 2003		Yes
Pression fiscale	Impôt sur les bénéfices et profits/Résultat avant impôt	Alimshan Faizulayev, 2011		Yes
Variables retenues	**Mesures de la variable**	**Revue de la littérature empirique**	**Effets de variables**	
			(+)	(-)

Taille de la Banque	Logarithme du total actif	Bourke, 1989 ; Tarawneh (2006) ; Molyneux et Thornton, 1992; Appiah et Amoah, 2015	Yes	
		Al-Tamimi (2010), Alimsham Faizulayez (2011) et Kabir Hassan et al (2000)		Yes

Source : Nous-même, sur base de la revue de la littérature empirique.

Dans toutes ces études, nous avons noté qu'il n'y quasiment pas des travaux effectués sur les banques congolaises, toutes catégories confondues. Aussi, il est constaté que, ces études ne prennent pas en considérations certaines variables, telles que l'opinion du commissaire aux comptes et le niveau de la concentration du pouvoir décisionnel (local ou au niveau des organes de l'actionnaire majoritaire ou de référence). Pourtant, s'il faut tenir compte de l'environnement congolais avec ses réalités et spécificités locales, ces deux variables devraient également être retenues comme variables explicatives de la performance des banques établies en RDC.

Conclusion

Dans ce premier chapitre, j'ai d'abord défini les notions de la banque et de la performance, et ensuite présenté la revue théorique de la performance et la revue de la littérature empirique.

Concernant la revue de la littérature sur la performance bancaire, nous avons noté que la plupart des auteurs exploités dans nos recherches retiennent comme variables expliquées la rentabilité économique et la rentabilité financière et comme variables explicatives considérées comme déterminants de la performance le volume des dépôts et des crédits, le total bilan, le Produit Net Bancaire, la taille de la banque, les fonds propres, la qualité du portefeuille crédits, le coefficient d'exploitation et la qualité de gestion de ces banques. Il convient à présent de faire l'état des lieux du système bancaire congolais.

Deuxième chapitre
Etat des lieux du système bancaire congolais

Ce chapitre a pour objet l'état des lieux du système bancaire congolais. J'ai procédé à une présentation succincte de l'historique du système bancaire congolais, de la procédure l'agrément d'agrément des banques, de l'évolution de la réglementation bancaire en RDC et du cadre macro-économique du pays (RDC).

Dans la dernière partie de ce chapitre, nous avons ressorti les spécificités du secteur bancaire congolais.

II.1 Historique du système bancaire congolais

L'histoire de la banque en RDC remonte à l'Etat Indépendant du Congo du Roi Belge Léopold II.

En effet, à la cession de l'Etat Indépendant du Congo à la Belgique en 1908, il n'existait aucune banque sur l'espace économique congolais. Après cette cession, plusieurs programmes de reformes furent préconisés, au premier plan duquel une politique de rénovation économique déclenchée par une large liberté d'action garantie aux sociétés commerciales. Selon certaines considérations, la première banque serait créée pour répondre aux besoins des sociétés coloniales, dont la compagnie de chemin de fer du Congo, les sociétés minières de la Province du Katanga, etc.

D'autres analystes et opérateurs économiques soutenaient qu'une telle banque rendrait, en outre, de précieux services à l'Etat et au progrès économique du pays en assurant l'émission et la diffusion de la monnaie sur toute l'étendue du territoire national du Congo belge. Mais en cette année-là tous ces arguments ne reposaient en somme que sur des hypothèses et la plupart des hommes d'affaires estimaient qu'il n'y avait encore aucune place au Congo pour des opérations bancaires (Mukundi, N. 2013).

En dépit de ces controverses, à l'initiative des dirigeants de la Banque d'Outre-mer, des pourparlers furent engagés avec d'influentes personnalités du monde financier métropolitain, aux termes desquels fut constituée, le 11 Janvier 1909, la banque du Congo Belge, une société anonyme du droit belge. La Banque du Congo Belge va résister avec bonheur autant à la première et grande déflation de 1920 qu'à la dépression économique et financière d'après 1929.

Si, au début de la guerre, le caoutchouc, le copal, l'huile de palme et l'ivoire se vendaient mal faute des preneurs, ces mêmes produits ont aussitôt bénéficié de la raréfaction des produits concurrents sur les marchés européens et, aussi, de l'ouverture de nouveaux débouchés en Amérique et au Japon. Les cours du cuivre de l'Union minière du Haut Katanga sur le marché mondial se sont également améliorés. L'Etat a accru ses dépenses d'infrastructures, le pouvoir d'achat des populations s'est nettement amélioré, et l'industrie bancaire congolaise a profité de cette expansion économique générale pour accroitre ses firmes.

En exécution de la conversation signée le 7 juillet 1911 et approuvée par un décret du 18 juillet 1911, ce jour même, la Banque du Congo Belge se dotait de nouveaux statuts conformes à son mandat d'Institut d'Emission, et à son initiative, une autre banque, la Banque Commerciale du Congo SA, se constituait afin de reprendre les opérations auxquelles son ainée devait renoncer.

Au regard de l'élargissement du système bancaire, par l'accroissement de nombre de banques, il s'imposa dans le pays le besoin d'une réforme bancaire. La Banque du Congo Belge fonctionnait à ses côtés avec six autres banques commerciales disposant d'une multitude d'agences et de succursales sur l'étendue du territoire national. Au lendemain de l'indépendance du pays, le système bancaire congolais bénéficie de l'héritage colonial de certaines banques créées sous l'impulsion des milieux d'affaire de la métropole. De toutes ces banques, seule la vieille Banque Commerciale du Congo SA (BCDC) demeure encore opérationnelle. En outre, une vingtaine de banques ont été implantées ces dernières années au pays, et quasiment toutes celles créées dans les années 1970-1990 ne sont plus sur la liste des banques opérationnelles dans le pays.

En effet, il est important de rappeler que le système bancaire congolais a connu une crise dont les manifestations se sont apparues vers la fin des années 80, entrainant ainsi une méfiance du public vis-à-vis des banques. Les banques ne pouvaient plus jouer pleinement leur rôle de financement de l'économie. Certes, plusieurs causes ont été à la base de la dégradation du système financier congolais.

Il s'agissait, entre autres, de la dégradation de l'environnement macroéconomique caractérisée par le recul de l'activité économique nationale et de l'hyper inflation ; les insuffisances liées au fonctionnement du système monétaire ; les faiblesses dans la gestion interne des banques ; l'interventionnisme de l'État dans la gestion de certaines institutions bancaires notamment par la désignation des dirigeants non professionnels ; la dégradation de l'appareil judiciaire ; l'inadéquation du cadre légal, fiscal et réglementaire de l'activité bancaire ; et l'inefficacité de la surveillance bancaire (Rapport de la Troïka stratégique du Gouvernement de la RDC, 2014).

Il est à noter que pendant les années 90 jusqu'en 1998, la crise économique et financière, l'instabilité monétaire et la crise politique caractérisée par diverses formes de guerres de libération, ont eu un impact négatif sur la situation des institutions bancaires établies en RDC, dont les banques commerciales. Durant cette période de crise, le système bancaire congolais se trouvait dans une situation très critique car constitué des banques en déséquilibres tant financiers qu'organisationnels et ne respectant pas l'ensemble des normes prudentielles de gestion.

C'est vers 1998 que le processus de restructuration du système financier congolais a été engagé par le gouvernement par la mise en place d'un programme d'assainissement de l'espace économique, financier et monétaire incluant notamment la restructuration du système bancaire du pays. Ce programme a permis, non seulement de liquider ou mettre à l'écart les institutions financières jugées non viables et irrémédiablement compromises pour assainir le système, à restaurer également et durablement la solvabilité, la liquidité et la rentabilité des banques en activité, seul gage d'un système bancaire sain, solide et crédible ; mais aussi, de mettre un terme à la crise bancaire et financière qui sévissait à l'époque en RDC[20].

D'une manière générale, la restructuration bancaire entreprise depuis 1998 a permis d'éviter le pire d'une sous bancarisation de l'économie en consolidant certaines banques jugées viables et d'arrêter la dégradation du système bancaire[21]. Les différentes actions menées ont débouché aux mesures ci-après (Rapport de la Troïka stratégique du Gouvernement de la RDC, 2014) :

1° L'admission au régime spécial de restructuration, à l'issue des audits organisationnels et financiers de l'ensemble des banques en activité, menés par les cabinets d'audit internationaux, des seules banques jugées viables et présentant un plan de restructuration crédible. Il s'agit des banques ci-après :

- la Banque Commerciale du Congo SA (BCDC) ;
- la Banque Internationale de Crédit (BIC), actuellement FBN BANK RDC SA;

[20] Cette restructuration bancaire était perçue par la Banque Centrale du Congo (BCC) comme une opération qui a pour but, non seulement de résoudre les difficultés présentes du système bancaire mais aussi de prévenir les risques de fragilisation ultérieure.

[21] Dès la fin des années 1980, de nombreuses autorités monétaires et financières des pays en développement ont appliqué des réformes bancaires et financières (programmes de libéralisation des taux d'intérêt, de déréglementation financière, de privatisation des institutions financières et d'ouverture de leur secteur financier aux investissements étrangers) en vue d'améliorer l'efficacité du secteur et d'attirer des capitaux pour assurer le financement de leur développement et corriger les déséquilibres et les distorsions dans leurs économies, en stimulant la croissance économique.

- l'Union de Banques Congolaises (UBC), mise en liquidation par après ;
- la Banque Internationale pour l'Afrique au Congo (BIAC SA) ;
- la Banque Congolaise (BC).

A cette liste s'ajoutent, deux autres banques, Citigroup Congo SA et Stanbic Bank Congo, qui s'étaient restructurées en interne.

Les anciennes banques en activité susmentionnées, à l'exception de l'Union de Banques Congolaises, ont été restructurées et ont retrouvé leurs équilibres, tant organisationnel que financier, à l'issue des actions notamment de recapitalisation, de dimensionnement, de modernisation et de réduction des effectifs. La banque congolaise a été mise en liquidation quelques années plus tard, suite à la décision de la dissolution forcée de cette institution par la Banque Centrale du Congo, en 2011.

2° La mise en liquidation des banques ci-après, en déséquilibre, ayant soumis des plans de restructuration jugés non crédibles par la Banque Centrale du Congo, conformément aux prérogatives légales lui dévolues, il s'agit de :

- la Compagnie Bancaire de Commerce et de Crédit (COBAC) ;
- la Banque de Crédit Agricole (BCA) ;
- l'African Trade Bank (ATB) ;
- la Banque à Confiance d'Or (BANCOR) ;
- la Banque Congolaise de Commerce Extérieur (BCCE) ;
- la Nouvelle Banque de Kinshasa (NBK) ;
- la Banque de Commerce et de Développement (BCD) ;
- la First Bank Congo Corporation (FBCC).

Les principaux axes de ce processus de restructuration du système financier congolais avaient porté sur la stabilisation du cadre macroéconomique ; le réaménagement de la politique monétaire, de change et de crédit ; le renforcement de la supervision par notamment la rénovation du cadre légal et réglementaire de l'activité bancaire ; ainsi que la mise en place du cadre juridique de la restructuration. Le régime spécial de restructuration accordait aux Établissements de crédit y admis trois types d'avantages institutionnels, à savoir : la protection judiciaire ; les exonérations fiscales ; et la possibilité de réduction massive des effectifs.

Du point de vue des résultats obtenus de la restructuration, l'on constate :

- le regain de l'activité économique nationale confirmé par des taux de croissance positifs ;
- la reprise du système bancaire congolais confirmée par l'assainissement du secteur, après la liquidation des banques irrémédiablement compromises ;
- le redressement des banques admises en restructuration ;
- la création de nouvelles banques y compris celles de proximité (micro finance) ;
- la pénétration des banques panafricaines.

Ainsi, au terme de ce long processus de restructuration, le système bancaire congolais affiche aujourd'hui une reprise certaine, avec dix-sept banques opérationnelles *(Tableau 7)*, dont cinq anciennes (redressées) issues de ladite restructuration, quatre créées entre 2001 et 2005 et huit autres implantées durant les douze dernières années, soit depuis 2008.

Il importe de signaler que durant ces dix dernières années, quatre banques ont été mises en liquidation par la Banque Centrale du Congo, dont une ancienne redressée après la restructuration, à savoir :

- la Banque Congolaise, « BC » ;
- la Cruche banque (qui n'était implantée qu'à l'Est du pays avec des fonds propres inadéquats et non conformes à la loi bancaire en vigueur) ;
- la Mining Bank (qui depuis son agrément par la Banque Centrale du Congo jusqu'à la décision du retrait dudit agrément par cette dernière, n'est jamais devenue opérationnelle)
- la Fibank DRC SA (dissoute sur décision de la Banque Centrale du Congo).

Au 31 décembre 2017, le système bancaire congolais compte dix-sept banques opérationnelles détaillées dans le tableau 7 ci-dessous.

Tableau 7 : Liste des banques opérationnelles au 31/12/2017

N°	Banques
1	ACCESS BANK RDC SA
2	ADVANS BANK CONGO SA
3	AFRILAND FIRST BANK CD SA
4	BANK OF AFRIKA RDC SA
5	BANQUE COMMERCIALE DU CONGO SA
6	BGFIBANK RDC SA
7	BIAC SA
8	BYBLOS BANK RDC SA
9	CITIGROUP CONGO SA
10	ECOBANK RDC SA
11	EQUITY BANK CONGO SA
12	FBN BANK RDC SA
13	RAWBANK SA
14	SOFIBANQUE SA
15	STANDARD BANK RDC SA
16	TMB SA
17	UNITED BANK FOR AFRICA RDC SA (UBA SA)

Source : Nous-même, sur base des Rapports annuels BCC (2015, 2016 et 2017).

De ces dix-sept banques créatrices de monnaie, on compte, par taille, cinq grandes banques, cinq banques moyennes et sept petites banques ; par actionnariat, cinq banques détenues par les personnes résidentes en RDC (dites banques locales) et 12 banques détenues par les personnes non-résidentes, dont 4 banques internationales et 8 banques panafricaines.[22]

Figure 1: Catégorisation des banques établies en RDC (au 31 décembre 2017)

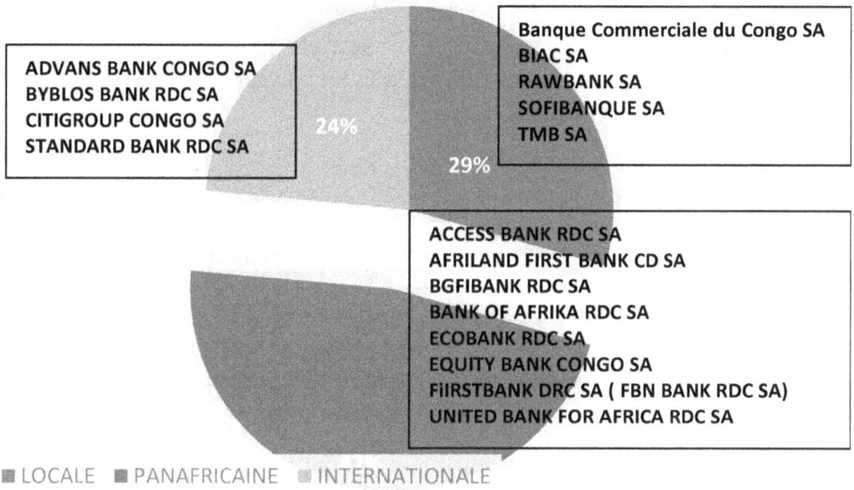

Source : Nous-même, sur base de nos recherches, dont la lecture des statuts des banques congolaises.

Il sied de signaler un faible taux de participation des hommes d'affaires congolais dans les capitaux des banques, ce qui constitue l'une des déficiences qu'accuse le système bancaire congolais. En 2006 par exemple, sur un total des dix banques viables, une seule disposait d'un actionnariat majoritairement congolais, la Banque Internationale de Crédit (actuellement FirstBank DRC SA), alors que toutes les autres étaient détenues par des étrangers. A ce jour,

[22] Cette catégorisation est établie en fonction des statuts et états financiers des banques au 31.12.2017. Actuellement (en 2023), le pays compte 15 banques en activité et non 17. Cela est expliqué par la fusion absorption de Equity Bank Congo par la BCDC, la dissolution de la BIAC et de Advans Bank Congo et l'agrément de la banque d'origine tanzanienne CRDB Bank Congo. Ainsi, il y a lieu de souligner qu'en 2023, la RDC compte trois banques locales (RawBank, Sofibanque et Solidaire Banque), deux banques internationales (Standardbank et Citibank) et 10 banques panafricaines (Access Bank, Afriland First Bank, BGFI Bank, Bank of Afrika, Ecobank, Equity BCDC, Firstbank, United Bank for Africa,Trust Merchant Bank et CRDB)

aucune banque du système bancaire congolais n'est contrôlée majoritairement par les congolais ou l'Etat Congolais.

Que retenir sur l'agrément des banques ?

II.2 Agrément des banques

Comme dans presque tous les pays africains et occidentaux, nul ne peut exercer la profession bancaire sans obtenir au préalable un agrément auprès de l'autorité compétente.

Ainsi, en RDC, conformément à la Loi n°003/2002 du 02 février 2002[23] relative à l'activité et au contrôle des établissements de crédit, les sociétés bancaires, doivent, avant d'exercer leur activité sur le territoire national, obtenir cet agrément auprès de la Banque Centrale du Congo. Son obtention est subordonnée aux conditions ci-après :

- Être constituée obligatoirement sous la forme de société anonyme, avec Conseil d'Administration ;
- Justifier d'un capital minimum libéré, équivalent à Dollars américains cinquante millions (USD 50.000.000)[24]. Au sujet du capital minimum exigé aux banques établies en RDC, il s'avère important d'attirer l'attention de nos lecteurs et particulièrement celle du Gouverneur de la Banque Centrale, qui n'arrête pas de militer pour la dédollarisation de l'économie congolaise.

  L'on se demande, pourquoi fixer le capital minimum à l'équivalent d'un montant en dollars américains, alors que nous parlons de la dédollarisation de notre économie. Il serait ainsi raisonnable et adéquat de fixer le capital minimum en Franc Congolais. Par ailleurs, il faut souligner qu'en aucun moment les fonds propres des banques, tels que définis par voie réglementaire par la Banque centrale, ne peuvent devenir inférieur au montant du capital minimum (Article 24 de la loi bancaire) ;
- Répondre à un besoin économique local ou général ;
- Annexer les documents ci-après à la demande d'agrément à introduire à la Banque Centrale du Congo :
  - un exemplaire original des statuts rédigés en français;
  - la liste des actionnaires et dirigeants;

[23] Cette loi est remplacée par la loi n°22/069 du 27/12/2022 relative à l'activité et au contrôle des établissements de crédit.

[24] La banque Centrale du Congo a retenu ce seuil à partir de 2025. Pour 2023 et 2024, le capital minimum est fixé respectivement à USD 35 000 000 et USD 40 000 000.

- les prévisions d'activités, d'implantation et d'organisation ;
- le détail des moyens techniques et financiers que la banque entend mettre en œuvre;
- tous les autres éléments susceptibles d'éclairer la décision de la Banque centrale.

- S'assurer de la crédibilité de l'institution auprès des autorités de supervision bancaire du pays d'origine, lorsque l'agrément est sollicité par une banque, filiale d'un établissement de crédit agréé dans un pays étranger ;
- S'assurer que la gestion courante de la banque est confiée à deux personnes physiques au moins, justifiant de l'honorabilité, de la compétence et de l'expérience professionnelle nécessaires à l'exercice de cette fonction.

L'exercice de la profession bancaire étant soumis à l'agrément préalable de la Banque Centrale, durant la vie de l'institution bancaire, les actes ci-après sont subordonnés à l'autorisation préalable de la Banque centrale :

- toute modification des statuts ;
- toute opération de fusion ou d'absorption intéressant ;
- toute opération de prise de participation, d'échange des titres ou toute autre opération qui aurait pour effet de concentrer directement ou indirectement au bénéfice d'une même personne physique ou morale 20 % au moins des droits de vote d'un établissement de crédit ;
- toute cession, de l'ensemble ou, dans les limites fixées par la Banque centrale, d'une partie de ses actifs, de sa clientèle ou de son activité ;
- toute acquisition des participations dans une entreprise étrangère ;
- toute opération de placement portant sur des titres émis ou garantis par un État étranger, un organisme international ou une entreprise étrangère ;
- l'ouverture, le transfert ou la fermeture d'une succursale ou d'une agence de la banque sur le territoire national ou à l'étranger ;
- toute dérogation aux principes d'organisation du dispositif de contrôle interne ;
- externalisation des fonctions de contrôle interne ;
- externalisation des autres prestations de services essentiels ;
- toute dérogation à l'organisation des comités de gouvernance ;

- toute nomination aux fonctions de responsable du contrôle de deuxième niveau de l'activité opérationnelle, de la conformité, de la gestion des risques et de l'audit interne sont soumises à l'agrément préalable de la Banque Centrale du Congo ;
- toute autre opération entraînant une modification significative de la situation de l'établissement assujetti.

De ce qui précède, nous pouvons définir la banque en RDC, comme étant une société anonyme, ayant reçu l'agrément de la Banque Centrale du Congo, pour réceptionner et collecter des fonds du public sous forme des dépôts, octroyer des crédits dans les limites réglementaires fixées par l'autorité de régulation, réaliser les opérations de paiement et la gestion des moyens de paiement, ainsi que les opérations connexes à leurs activités, listées dans la loi bancaire.

II.3 Evolution de la règlementation bancaire

Les banques sont investies de fonctions macroéconomiques essentielles, dont la contribution au financement de l'économie et la facilitation du système des paiements.

Partant, tout pays veille à ce que son système bancaire soit constitué des banques rentables, viables et solides, afin de sécuriser le financement des affaires et des investissements. Et la viabilité et la solidité des banques sont tributaires notamment de la qualité de la régulation et la supervision menée par les autorités compétentes.

La structure financière des banques est essentiellement constituée d'une part de dettes envers les tiers, des dépôts de la clientèle, des emprunts interbancaires ou encore les dettes représentées par des titres ; et d'autre part des emplois représentant des risques (des risques de perte), notamment les risques de crédit et autres associés aux activités d'intermédiation et aux opérations de marché, et un risque général de liquidité, lequel résulte de la transformation d'échéances généralement opérée par les banques ».

Il sied de souligner que les fonds déposés dans divers comptes auprès des banques établies en RDC, constituent l'essentiel de leurs ressources, qui leur permettent d'accorder des crédits aux agents économiques demandeurs des crédits.

Les dépôts des banques établies en RDC représentent environ 70 % des ressources de l'ensemble des banques, tel que décrit dans les figures ci-dessous.

Figure 2 : Ressources du système bancaire congolais en 2016

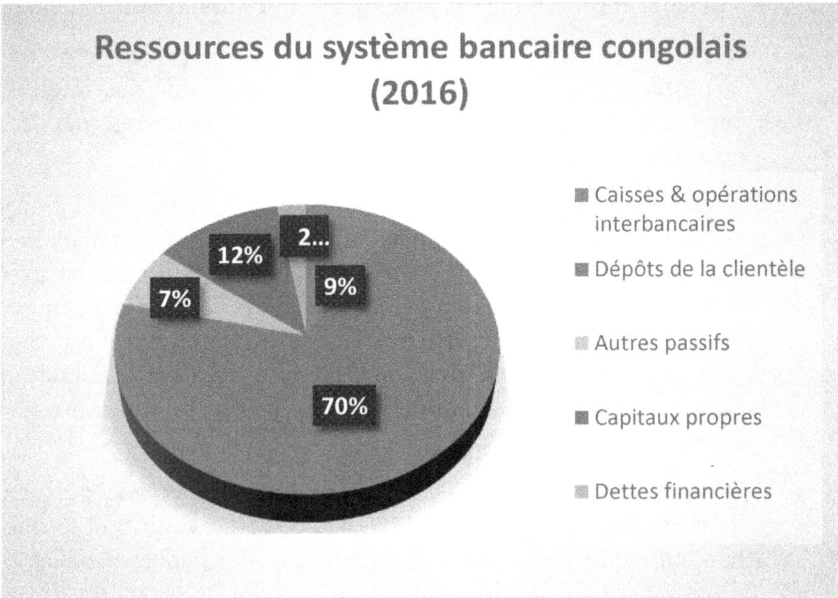

Source : Nous-même, sur base des états financiers certifiés des banques au 31/12/2016.

Figure 3 : Ressources du système bancaire congolais en 2017

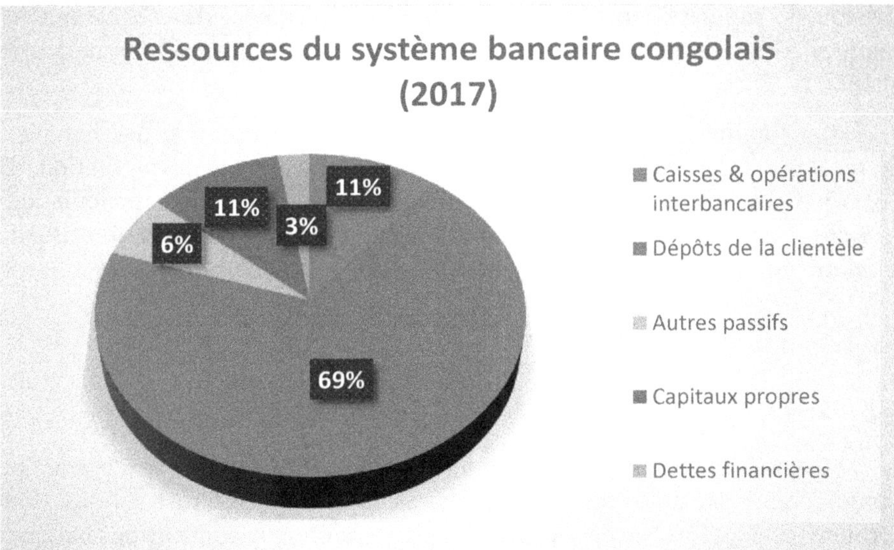

Source : Nous-même, sur base des états financiers certifiés des banques au 31/12/2017.

L'intermédiation bancaire est ainsi considérée comme une activité à risque. Il est ainsi primordial que les pouvoirs publics assurent la supervision des banques, et ce pour trois raisons ci-dessous :

- la protection des consommateurs : la sauvegarde des intérêts de ceux qui utilisent des produits et services bancaires, déposants, épargnants ou emprunteurs, est important ;
- la protection de la masse monétaire : Les banques sont créatrices de monnaie à travers leur distribution de crédit, ce qui peut être un facteur d'inflation. En cas d'une mauvaise politique de crédits consistant par exemple à recycler les dépôts vers le financement de secteurs jugés non prioritaires par le gouvernement ou vers le financement des personnes sans analyse préalable adéquate des risques, elles peuvent au contraire freiner le redémarrage de l'économie ;
- le risque systémique : les pouvoirs publics ont le souci permanent de surveiller la gestion des banques et de prévenir tout risque de contamination « systémique » de défaillances, susceptible d'entraîner un effondrement de tout le système bancaire.

De ce qui précède, en RDC, le législateur a, à travers la Loi 005/2002 relative à la constitution, à l'organisation et au fonctionnement de la Banque Centrale du Congo, confié à cette dernière, outre la mission de l'Institut d'émission consistant en la mise en œuvre d'une politique monétaire dont l'objectif principal est d'assurer la stabilité du niveau général des prix, la mission de régulation et de contrôle des établissements de crédit dont les banques, des Institutions de Micro Finance et des Autres Intermédiaires financiers.

La finalité de la mission de supervision et de contrôle des banques, exercée par la Banque Centrale du Congo est d'assurer la protection de l'épargne du public, de la stabilité financière et des consommateurs des services financiers offerts par les banques. Pour y arriver, l'autorité de régulation qu'est la Banque Centrale du Congo doit veiller à :

- la solidité et la santé financière des banques ;
- la solvabilité et liquidité des banques ;
- la gestion adéquate des risques par les banques.

C'est dans ce cadre qu'en sus de la loi bancaire, la Banque Centrale du Congo prend des mesures réglementaires, à travers ses instructions. Ces dernières années, en vue de renforcer la supervision et le contrôle des banques opérationnelles en RDC, elle a mis à jour certaines instructions et pris certaines nouvelles instructions. Ces instructions peuvent être catégorisées en deux groupes, à savoir :

- les instructions quantitatives ;
- les instructions qualitatives.

II.3.1 Instructions quantitatives

Parmi les instructions quantitatives prises par la Banque Centrale du Congo, nous avons sélectionné ci-dessous, celles qui touchent certaines variables indépendantes retenues dans notre travail :

- Instruction n° 14, modification n° 7, du 09 février 2019, relative aux normes prudentielles de gestion des banques. Cette dernière modification vise principalement la préservation des fonds propres de base, soit par la comptabilisation du capital en monnaies étrangères, soit par l'incorporation de la plus-value de réévaluation des actifs immobilisés. Elle inclut aussi le relèvement du seuil de la norme de division de risque au regard du phénomène de risking qui plombe les relations avec les correspondants bancaires ;
- Instruction n° 16, modification n° 3, du 29 novembre 2018, portant règles prudentielles relatives à la classification et au provisionnement des créances des établissements de crédit. Cette modification répond aux impératifs de rénovation du cadre réglementaire régissant le secteur bancaire congolais aux fins de l'aligner aux standards internationaux ;
- Instruction n° 9 du 19 février 2010 relative au Guide Comptable des Etablissements de crédit. Cette instruction a mis en place un référentiel comptable propre et spécifique aux établissements de crédit opérant en RDC, dont les banques. Bien qu'il y ait un projet de modification de cette instruction, pour migrer vers les normes comptables internationales (IFRS), à ce jour, cette instruction n'a pas encore connu une quelconque modification.

Les instructions n° 14 et n° 16, relatives respectivement aux normes prudentielles de gestion et à la classification et au provisionnement des créances, ont été modifiées en 2018 et 2019, en vue de la redéfinition des fonds propres suivant Bale III et de la réduction de la procyclicité au travers l'introduction de volants contracycliques, de l'approche standard pour le risque de crédit et de l'approche des indicateurs de base pour le risque opérationnel.

II.3.1.1 Normes prudentielles de gestion

En contrepartie de leur position centrale dans l'économie, et de leur privilège des opérations de banque au sens strict, les banques sont assujetties à une réglementation prudentielle spécifique veillant à leur solvabilité, ainsi qu'à la protection de l'économie et des épargnants.

La préoccupation majeure de toute autorité de régulation bancaire repose sur l'adéquation du risque sur la valeur des actifs des banques et leurs fonds propres. A une exposition élevée (volume des actifs) ou à une qualité d'actifs basse (perte potentielle par unité) doivent correspondre des fonds propres d'autant plus conséquents. C'est dans ce cadre qu'au niveau international les premiers accords internationaux ont été adoptés en 1988 (Sirine Toumi, 2016), avec pour objectif de stabiliser le système bancaire international et d'assurer une équité de traitement entre les banques des pays du G10 (principe de « levelplayingfield »).

Ces accords ont été élaborés sous l'égide du BCBS (Basel Committee of Banking Supervision, hôte de la BRI à Bâle), d'où l'expression d'accords de Bâle. Ces dispositions ont évolué avec les accords de Bâle II, en vigueur depuis 2008 et ceux de Bâle III, en vigueur en partie depuis 2013. Il sied de souligner que le principe central reste inchangé à ce jour : « Le capital (fonds propres et dettes assimilées) doit couvrir au moins un niveau donné du volume des actifs pondérés par les risques (riskweightedassets, RWA). Le ratio est usuellement appelé ratio de fonds propres ou encore ratio CAD (Capital Adequacy Directive).

Pour ne pas rester en marge de l'évolution de la réglementation bancaire au niveau international et dans le souci de définir un cadre commun de référence bancaire devant promouvoir la stabilité de la sécurité du système financier de notre pays, la Banque Centrale du Congo a édicté l'instruction 14 relative aux normes prudentielles qui s'appliquent aux banques, dont la dernière modification (n° 7) date de 2019.

Suivant cette instruction, les banques sont assujetties aux normes prudentielles ci-après, relatives au (aux, à la) :

1. capital minimum ;
2. fonds propres réglementaires ;
3. coussins des fonds propres ;
4. solvabilité ;
5. risque de levier ;
6. division des risques ;
7. surveillance de de la position de change ;
8. liquidité ;
9. transformation à moyen et long terme ;

10. limitation des participations.

Dans le cadre de la présente étude, nous avons opté de développer les normes relatives au capital minimum, aux fonds propres réglementaires et à la division des risques, qui concernent certaines variables retenues dans notre dissertation.

II.3.1.1.1 Norme relative au capital minimum

En RDC, les banques sont tenues, au moment de leur création et de la demande d'agrément auprès de la Banque Centrale du Congo, de disposer d'un capital minimum souscrit et libéré en numéraire équivalent en Franc Congolais d'un montant de USD 40.000.000.

Ce montant constitue un plancher et la Banque Centrale du Congo, au moment de l'agrément d'une banque, se réserve le droit d'exiger plus en fonction des prévisions d'activité qui lui sont soumises.

Pour se conformer aux standards internationaux, l'appréciation de la représentation du capital minimum se fait désormais en fonction des fonds propres de base. En effet, à la création d'une banque, la Banque Centrale du Congo tient à ce que le capital libéré en numéraire soit égal ou supérieur à l'équivalent en Franc Congolais de Dollars US 40.000.000.

Avec le temps, compte tenu des résultats réalisés par l'institution, la notion de la représentation du capital minimum s'apparente à celle des fonds propres de base, car le respect de la norme de représentation du capital minimum est apprécié à partir des fonds propres de base tels que définis au point suivant.

Il sied de souligner que suivant la correspondance du Gouverneur de la Banque Centrale du Congo, référencée Gouv.D.031/n°1196 du 30 Septembre 2016, relative au relèvement du niveau du capital minimum des banques et l'instruction 14, modification n° 7, les banques en activité, dont les fonds propres de base tels que définis par la Banque Centrale du Congo sont inférieurs à ce capital minimum, devraient procéder à l'augmentation desdits fonds au niveau réglementaire requis, au plus tard le 31 décembre 2017.

Au regard des chiffres présentés par la firme Deloitte RDC, dans son étude sur le secteur bancaire en RDC (2017), seuls 53 % (50 % s'il faut inclure la BIAC SA) des banques possèdent des fonds propres supérieurs aux exigences réglementaires au 31 décembre 2017. Situation expliquée non simplement par la non-injection des capitaux frais par les actionnaires des banques dont les fonds propres de base sont inférieurs au montant de USD 30 000 000, mais aussi par les résultats déficitaires enregistrés par le secteur durant cet exercice comptable.

Tableau 8: Situation des fonds propres des banques au 31/12/2017

FONDS PROPRES								
BANQUES (USD millions)	Montant					Taux de croissance		
	2013	2014	2015	2016	2017	2016-17	2015-16	Annuel Moyen (13-17)
Access	5	16	17	14	14	(4%)	(19%)	30%
Advans	11	12	13	12	9	(23%)	(6%)	(4%)
Afriland	18	20	42	41	30	(25%)	(4%)	14%
BCDC	56	54	73	82	90	10%	12%	13%
BGFI	11	23	34	34	24	(28%)	0%	23%
BOA	10	17	23	20	20	(1%)	(12%)	17%
Byblos	15	15	16	16	-	(100%)	(0%)	n/a
Citigroup	18	19	22	19	20	4%	(11%)	3%
Ecobank	33	46	60	43	30	(30%)	(28%)	(2%)
FBN	32	38	37	17	14	(18%)	(53%)	(18%)
Equity	23	24	68	45	50	10%	(34%)	21%
Rawbank	86	102	113	100	107	8%	(12%)	6%
SofiBanque	18	22	27	36	46	27%	34%	26%
Standard	17	15	18	19	42	121%	7%	26%
TMB	47	58	64	60	75	25%	(5%)	13%
UBA	14	14	14	12	13	6%	(16%)	(3%)
Total du secteur	**412**	**495**	**641**	**571**	**586**	**3%**	**(11%)**	**9%**

Source : *Deloitte RDC, Etude sur le secteur bancaire de la RDC* (2018).

Aussi, conformément à cette norme, toute banque doit justifier à tout moment que son actif excède effectivement d'un montant au moins égal au capital minimum le passif dont elle est tenue envers les tiers. Arithmétiquement, cette exigence est matérialisée par la formule suivante :

Total actif – dettes à court, moyen et long terme **≥40.000.000 USD**

Quelles ont les normes relatives aux fonds propres réglementaires ?

II.3.1.1.2 Norme relative aux fonds propres réglementaires

En matière bancaire, la norme du capital minimum est appréciée à partir des fonds propres de base, que l'on appelle « Noyau dur ». Ce dernier est une composante des fonds propres prudentiels ou réglementaires, qui sont constitués des éléments suivants :

1. Fonds propres de base de catégorie 1 appelés aussi composante dure (Tier 1 ou T1), qui visent à assurer la continuité d'exploitation de l'institution. Ils sont composés des actions ordinaires et assimilées de T1, appelées aussi composante dure et des autres éléments de T1.
2. Fonds propres complémentaires (Tier 2 ou T2), qui visent à absorber les pertes en cas de liquidation de l'institution.

De la somme des éléments ci-dessus sont déduites :

- les créances subordonnées ;
- les créances en faveur des personnes apparentées ;
- les participations dans les établissements de crédit, financiers ou d'assurance ;
- les autres éléments visés aux articles 8, 9, 10, 58 et 59 de l'instruction 14 précitée.

La composante dure des fonds propres de base des banques ne peut à aucun moment devenir inférieure au montant du capital minimum réglementaire, soit USD 40 000 000.

A. Fonds propres de base de catégorie 1 (Tier 1)

Suivant la réglementation bancaire congolaise, la composante dure est constituée :

- du capital social ;
- des primes d'émission ou de fusion ;
- de la provision pour reconstitution du capital ;
- des fonds constituant les apports des actionnaires pour augmentation du capital en attendant l'autorisation de la Banque Centrale du Congo pour leur incorporation audit capital ;
- des réserves (légales, statutaires, facultatives et autres) ;
- du report à nouveau créditeur ;
- du résultat positif du dernier exercice clos (en attente de son affectation, certifié par les commissaires aux comptes et déduction faite de la distribution de dividendes à prévoir) ;
- du résultat positif de l'exercice en cours (à condition, d'une part, d'être calculé après déduction aussi bien de toutes les charges, dotations aux comptes d'amortissement, provisions et corrections de valeurs

afférentes à la période ainsi que des impôts prévisibles, des acomptes sur dividendes ou des prévisions de dividendes et de toutes lesdites charges prévisionnelles couvrant le reste de l'exercice concerné et, d'autre part, d'avoir été certifié par les commissaires aux comptes. Aussi la prise en compte de ce résultat dans les fonds propres de base est subordonnée à l'accord préalable de la Banque Centrale du Congo).

A ces éléments, il faut déduire :

- la part non libérée du capital social ;
- les actions propres détenues par l'établissement (déduction à opérer pour leur valeur comptable) ;
- le report à nouveau débiteur ;
- les écarts d'acquisition (goodwill) et autres actifs incorporels ;
- le résultat négatif du dernier exercice clos (en attente d'approbation, certifié par les commissaires aux comptes) ;
- le résultat négatif de l'exercice en cours (en prenant en compte toutes les charges, dotations aux comptes d'amortissement, provisions et corrections de valeurs afférentes à la période) ;
- les plus-values sur actifs disponibles à la vente ;
- les actifs des fonds de pension à prestations déterminées (en termes nets) ;
- les impôts différés actifs ;
- la réserve de couverture de flux de trésorerie ;
- l'insuffisance de l'encours des provisions pour pertes attendues ;
- le montant cumulé des gains et pertes sur les passifs financiers estimés à la juste valeur (résultant de modifications du risque de crédit) ;
- les participations croisées aux fonds propres de banques, entreprises d'assurance et autres entités financières et autres Etablissements de crédit qui sortent du périmètre de la consolidation réglementaire (déduction faite des positions courtes éligibles : montant supérieur à 10 % des fonds propres de l'établissement).

Comme indiqué ci-haut, il est important de souligner que les fonds propres de base des banques ne peuvent à aucun moment être inférieurs au montant du capital minimum réglementaire.

Le calcul des fonds propres de base est synthétisé dans le tableau ci-dessous :

Tableau 9: Calcul des fonds propres de base

N°	Intitulé	Montant
	Eléments à inclure	
1	Capital	x_1
2	Primes d'émission ou de fusion	x_2
3	Provision pour reconstitution du capital	x_3
4	Fonds pour augmentation du capital en attendant l'autorisation de la BCC	x_4
5	Réserves légales, statutaires, facultatives et autres	x_5
6	Report à nouveau créditeur	x_6
7	Résultat positif du dernier exercice clos, en attente de son affectation	x_7
8	Résultat en cours (positif) aux conditions de l'article 5 de l'instruction n°14 après l'accord préalable de la BCC	x_8
A	**Sous Total**	$\sum x$
	Eléments à déduire	
1	Actionnaires, restant dû	Y_1
2	Actions propres détenues par l'établissement	Y_2
3	Report à nouveau débiteur	Y_3
4	Ecart d'acquisition (Goodwill) et autres actifs incorporelles	Y_4
5	Résultat négatif de l'exercice clos aux conditions de l'article 5 de l'instruction n°14	Y_5
6	Résultat en cours (négatif) aux conditions de l'article 5 de l'instruction n°14	Y_6
7	Plus-values sur actifs disponibles à la vente	Y_7
8	Actifs des fonds de pension à prestations déterminées, en termes nets	Y_8
9	Impôts différés actifs	Y_9
10	Reserve de couverture des flux de trésorerie	Y_{10}
11	Provisions complémentaires (insuffisance de l'encours des provisions pour pertes attendues)	Y_{11}
12	Montant cumulé des gains et pertes sur les passifs financiers estimés à la juste valeur, résultant de la modification du risque de crédit	Y_{12}
13	Participations croisées aux fonds propres de banques, entreprises d'assurance et autres entité financières	Y_{13}
14	Participations de l'Etablissement dans les banques , entreprises et autres établissements de crédit qui sortent du périmètre de la consolidation réglementaire à hauteur de 10% au plus de leurs fonds propres (montant supérieur à 10 % des propres de l'établissement)	Y_{14}
15	Participations significative de l'Etablissement aux fonds propres des banques , entreprises d'assurance et autres établissements de crédit (montant supérieure à 10% des fonds propres de l'Etablissement)	Y_{15}
B	**Sous-total des éléments à déduire des fonds propres de base de catégorie 1 avant déduction des concours et garanties**	$\sum Y$
C	**Fonds propres de base catégorie 1 avant déduction des concours et garanties aux personnes apparentés**	**C=A-B**
D	**Concours et garanties accordés aux personnes apparentées excédant 20 % des fonds propres réglementaires.**	**D**
E	**Fonds propres de base catégorie 1 après déduction des concours et garanties aux apparentés**	**E=C-D**

Source : *Nous-même, sur base des informations tirées de l'instruction n° 14 de la BCC.*

Tableau 10: Calcul des fonds propres de base (suite)

N°	Intitulé	Montant
	Fonds propres additionnels de catégorie 1 (autres éléments de T1)	
	Instruments émis conformément aux critères d'inclusion dans les autres éléments du T1 (et qui ne font pas partie des actions ordinaires et assimilées) suivant les conditions de l'article 6 de l'instruction 14	Z1
	Primes liées au capital résultant de l'émission des instruments compris dans les autres éléments de T1 ; conformément à l'article 6 de l'instruction 14	Z2
	Instruments émis par les filiales consolidées de la banque et détenus par des tiers, qui satisfont aux critères d'inclusion dans les autres éléments de T1 (, et qui ne font pas partie des actions ordinaires et assimilées, conformément à l'article 6 de l'instruction 14	Z3
F	Sous-total fonds propres additionnels de catégorie 1 (autres éléments de T1)	$\sum Z$
G	Fonds propres additionnels de catégorie 1(autres éléments de T1) acceptés	G
H	Fonds propres de base	H=E+G

Source : *Nous-même, sur base des informations tirées de l'instruction n° 14 de la BCC.*

B. Fonds propres complémentaires (Tier 2 ou T2)

Les fonds propres complémentaires, deuxième composante des fonds propres prudentiels, et qui ont pour objet de procurer une capacité d'absorption des pertes en cas de liquidation, sont constitués :

- des écarts de réévaluation sur immobilisations corporelles résultant d'opérations de réévaluation (effectuées conformément aux dispositions législatives et réglementaires en vigueur) ;
- des dettes subordonnées ;
- des subventions non affectées ;
- des provisions ou réserves pour pertes sur prêts constituées au regard de pertes futures non identifiées ;
- des instruments émis par la banque qui satisfont aux critères d'inclusion dans T2 (et qui n'entrent pas dans la composition de T1) ;
- des primes liées au capital résultant de l'émission des instruments inclus dans T2 et des instruments émis par les filiales consolidées de la banque et détenus par des tiers (qui satisfont aux critères d'inclusion dans T2 et qui n'entrent pas dans la composition de T1).

Pour les instruments émis, l'instruction 14 définit les critères de leur inclusion dans les fonds propres complémentaires.

Nous avons décrit dans le tableau ci-dessous, la synthèse des éléments à inclure dans le calcul des fonds propres complémentaires.

Tableau 11: Calcul des fonds propres complémentaires

N°	**Intitulé**	**Montant**
1	Ecarts de réévaluation résultant d'opérations de réévaluation légale des immobilisations	W1
2	Dettes subordonnées	W2
3	Subventions non affectées	W3
4	Provisions ou réserves pour pertes sur prêts constituées en regard de pertes futures non identifiées (aux conditions de l'article 7 de l'instruction 14)	W4
5	Instruments émis par la banque qui satisfont aux critères d'inclusion dans T2 suivant l'article 7 de l'Instruction 14	W5
6	Primes liées au capital résultant de l'émission des instruments inclus dans T2, suivant l'article 7 de l'Instruction 14	W6

N°	**Intitulé**	**Montant**
7	Instruments émis par les filiales consolidées de la banque et détenus par des tiers, qui satisfont aux critères d'inclusion dans T2 et qui n'entrent pas dans la composition de T1 suivant l'article 7 de l'Instruction 14	W7
L	*Fonds propres complémentaires (FPC)*	∑W
M	*Fonds propres complémentaires acceptés (FPCA)*	M

Source : Nous-même, sur base des informations tirées de l'instruction n° 14 de la BCC.

Fonds propres prudentiels ou réglementaires

Après calcul de ses deux composantes, à savoir les fonds propres de base et les fonds propres complémentaires, la détermination des fonds propres prudentiels ne consiste qu'à faire la somme de ces deux éléments, diminuée des créances subordonnées aux autres établissements de crédit, entreprises d'assurance et autres entités financières.

Tableau 12 : Calcul des fonds propres prudentiels

N°	Intitulé	Montant
A	Fonds propres de base	A
B	Fonds propres complémentaires acceptés (FPCA)	B
C	Fonds propres réglementaires avant déduction	C=A+B
	Elément à déduire de fonds propres réglementaires	
D	Créances subordonnées	D
E	Créances en faveur des personnes apparentées	E
F	Participations dans les établissements de crédit, financiers et d'assurance	F
	Fonds propres réglementaires	C-D-E-F

Source : Nous-même, sur base des informations tirées de l'instruction n° 14 de la BCC.

De toutes les normes listées ci-dessus, la norme prudentielle relative aux fonds propres réglementaires constitue le socle des normes prudentielles de gestion, car la plupart des autres normes sont appréciées en fonction des fonds propres réglementaires. Quel que soit le niveau et la nature de dépôts qu'une banque dispose, l'insuffisance des fonds propres prudentiels limite ses actions en termes d'octroi des crédits, voir même de participation dans d'autres sociétés. Ce point sera approfondi dans la section relative à la division des risques.

Aussi, pour éviter les pénalités, ou des coûts externes et internes dus aux ratios prudentiels insuffisants, les banques sont incitées à relever ce ratio de capital. Plus ce ratio sera élevé, plus il va permettre de relier le niveau des risques au niveau de capitalisation et donc de garantir la stabilité du système économique en général et du système bancaire en particulier. Dans cette optique, si les actionnaires sont pénalisés d'un point de vue de la performance à court terme, la réglementation qui peut être conçue comme une contrainte incite au final les banques à assumer leur solvabilité dans le temps et à réduire leur coût du capital à long terme.

Il convient à présent d'évoquer les normes relatives à la division des risques dans les lignes suivantes.

II.3.1.1.3 Norme relative à la division des risques

Les banques qui opèrent en RDC, sont tenues de respecter de manière permanente :

- Un rapport maximum de 25 % entre l'ensemble des risques nets encourus sur un même bénéficiaire, et le montant de leurs fonds propres réglementaires ;

  A titre exceptionnel, il est permis aux banques d'observer un rapport maximum de 30 % entre les créances ou les avoirs auprès d'un correspondant étranger et le montant de leurs fonds propres réglementaires ;

- Un rapport maximum de 800 % entre le montant total des grands risques et le montant des fonds propres réglementaires ;

  Par grand risque, il faut entendre l'ensemble des risques encourus sur les bénéficiaires dont les risques dépassent pour chacun d'entre eux 10 % des fonds propres réglementaires de l'établissement ;

- Un rapport maximum de 20 % entre l'ensemble des risques nets encourus sur une même personne apparentée et le montant de leurs fonds propres réglementaires ;

L'appréciation et les modalités de calcul de ces différents indicateurs de la division des risques sont présentées dans le tableau ci-dessous :

Tableau 13 : Détermination des indicateurs de la division des risques

Codes	Intitulé	Montant
A	Fonds Propres Réglementaires	A
B	Seuil des grands risques (10 % FPP)	A×0.1
C	Engagements nets maximum sur un même débiteur (25 % FPP)	A×0.25
D	Engagements nets maximum sur un même débiteur personne apparentée (25 % FPP)	A×0.20
E	Engagements nets maximum ensemble des grands risques (FPP x 8)	A×8

Source : Nous-même, sur base des informations tirées de l'instruction n° 14 de la BCC.

Il ressort de ces différentes limites de la division des risques, certaines notions qui nécessitent une certaine clarification, dont : même bénéficiaire, personne apparentée et risque net.

A. Même bénéficiaire

Au sens de la loi bancaire congolaise et ses différentes mesures d'application, par même bénéficiaire, il faut entendre :

- les personnes physiques ou morales qui ont des liens de capitaux tels que l'une d'entre elles exerce sur les autres, directement ou indirectement, un pouvoir de contrôle exclusif ou conjoint ou une influence notable, ou qui sont soumises à une direction de fait commune ;
- les personnes physiques ou morales qui sont liées de telle sorte que les difficultés financières rencontrées par l'une ou certaines d'entre elles entraîneraient nécessairement des difficultés financières sérieuses chez l'autre ou toutes les autres.

A titre illustratif, les personnes ci-dessous peuvent être traitées comme « même bénéficiaire » :

- les personnes physiques qui sont apparentées jusqu'au second rang ;
- les personnes morales qui sont des filiales de la même entreprise mère ;

- les personnes qui sont soumises à une direction de fait commune ;
- les personnes morales (Institutions de la République, Etablissements publics, Entreprises publiques) qui ont des liens de dépendances financières entre elles ou avec le Pouvoir Central, les Provinces ou les Entités Territoriales Décentralisées ;
- les personnes qui sont liées par les contrats des garanties croisées ou qui entretiennent entre elles des relations d'affaires prépondérantes, notamment lorsqu'elles sont liées par des contrats de sous-traitance ou de franchise.

B. Personne apparentée

Conformément aux dispositions de la loi bancaire congolaise et ses mesures d'application, sont considérées comme personnes apparentées :

- les filiales de l'établissement, des sociétés affiliées et toute partie (y compris ses filiales, sociétés affiliées et structures ad hoc) sur laquelle la banque exerce un contrôle ou qui exerce un contrôle sur elle ;
- les personnes morales dans lesquelles la banque détient des participations ;
- les actionnaires, les administrateurs, la direction générale, les cadres de direction, leurs intérêts directs ou indirects, leurs proches (ascendants et descendants au 1er degré) ainsi que les personnes correspondantes dans les établissements affiliés, et les personnes morales qu'ils contrôlent ;
- les personnes physiques ou morales non bancaires liées à la banque par des contrats de garanties croisées ou de contrat d'affaires, en l'occurrence la sous-traitance ou le contrat de franchise.

C. Risque net

Les banques sont autorisées à atténuer les risques afférents aux créances sur la clientèle, aux avoirs et créances sur les correspondants, aux créances sur l'Etat et aux engagements de financement ou de garanties donnés à la clientèle en fonction de la qualité des garanties et de celle du garant. Les garanties admises en déduction des encours des crédits ainsi que les taux de déductibilité de leur valeur sont détaillés dans le tableau 14 ci-dessous.

L'autorité de régulation fixe les règles pour qu'une garantie soit acceptable en déduction des risques. Ces conditions sont regroupées en deux catégories, à savoir les garanties bancaires et les hypothèques.

C.1. Conditions relatives aux garanties bancaires

- la durée de la garantie doit être au moins équivalente à celle du risque ;
- les contre-garanties doivent être exécutoires à la première demande ;
- la garantie doit couvrir au moins 80 % de l'encours effectif des engagements du client.

C.2. Conditions relatives aux hypothèques

- les parties doivent conclure un accord explicite dûment légalisé auprès du conservateur des titres immobiliers permettant la réalisation facile de l'hypothèque sans recourir aux procédures judiciaires ;
- la valeur du marché du bien donné en hypothèque doit faire l'objet d'une expertise indépendante et qualifiée.

Cette norme a un impact direct sur le rôle d'intermédiation entre les agents en capacité de financement et ceux à besoin de financement, que doit jouer les banques, car bien qu'ayant mobilisé des dépôts énormes, mais faute des fonds propres réglementaires importants ou suffisants, une banque peut être contrainte de freiner l'activité de crédits au profit des clients fiables et performants demandeurs, pour ne pas dépasser le rapport maximum de 25 % pour les crédits individuels ou de 800 % pour les grands risques. Ceci aura directement comme incidence le faible taux d'intermédiation de la banque.

Il y a des Règles prudentielles relatives à la classification et au provisionnement des créances à respecter.

II.3.1.2 Règles prudentielles relatives à la classification et au provisionnement des créances

Il est un fait que les banques jouent un rôle économique important dans leur mission de collecter les fonds et en suite de les reverser dans le circuit économique. Les banques sont donc des agents intermédiaires, dont l'une des activités principales est l'octroi de crédit pour financer l'économie. Leur présence constitue une nécessité vitale dans une économie moderne pour assurer le bon fonctionnement de l'appareil économique d'un pays et son système financier.

Certes, un système bancaire qui canalise de manière efficace les ressources disponibles à des utilisations productives est un mécanisme puissant pour la croissance économique, un des facteurs clés du changement social et un préalable au développement économique. Cependant, un système bancaire qui ne canalise pas de manière efficace et rationnelle les ressources disponibles (dépôts de reçus du public) constitue un frein à la croissance économique et une menace pour toute la nation.

En effet, les crédits octroyés sans une analyse documentaire et financière préalable et efficace des personnes bénéficiaires (personnes morales ou physiques), sans un suivi permanent et efficace de ces dernières sont des facteurs qui concourent à la détérioration du portefeuille-crédits, à l'érosion de ses fonds propres et à la perte de la solidité financière des banques.

Face à un portefeuille-crédits en détérioration, pour divers faits, dont ceux évoqués ci-haut, si les modalités de classification et de provisionnement ne sont pas suffisamment encadrées de manière prudentielle par l'autorité de régulation qu'est la Banque Centrale du Congo, la crise d'une banque causée par la détérioration de son portefeuille-crédits peut facilement se transformer en une crise systémique. Ce qui va pousser le public à croire que la Banque Centrale a failli dans sa mission de protection de l'épargne du public. Il est important de rappeler que la solidité d'un système financier se traduit par sa capacité de prévenir les crises, leur gestion et résolution.

Ainsi, pour répondre à cette problématique, la Banque Centrale du Congo a mis en place l'instruction n° 16, qui a été modifiée pour la troisième en novembre 2018, afin de définir les règles prudentielles relatives à la classification et au provisionnement des créances. Cette instruction impose ainsi à toute banque établie en RDC de mettre en place une politique de crédit, validée son Conseil d'Administration, indiquant les modalités, conditions et procédures de (d') :

- Octroi, d'enregistrement, de suivi et de recouvrement des crédits ;
- Analyse du portefeuille-crédit, y compris les engagements hors bilan, de manière à détecter en amont et classer les contreparties présentant, ou susceptibles de présenter, des fragilités financières ou autres de nature à compromettre sa solvabilité immédiate ou future ;
- Constitution des provisions spécifiques appropriées en couverture de ses risques de crédit ;
- Prolongation ou renouvellement des termes des crédits nécessitant la restructuration ou le rééchelonnement.

Au sens de l'instruction précitée, les créances d'une banque sont définies comme l'ensemble de risques encourus par elle sur une contrepartie (personne physique ou morale), sous diverses formes dont les crédits par caisse ou les avances en compte, le crédit-bail mobilier ou immobilier, les engagements par signature donnés de manière irrévocable (cautions, avals, engagements financiers, etc.) et les titres de créance émis par la contrepartie et détenus par la banque.

II.3.1.2.1 Classification des créances

Les créances des banques sont réparties en deux catégories, à savoir :

- les créances saines ;
- les créances en souffrance.

La catégorisation des créances se fait indépendamment des garanties qui leurs sont rattachées. Sont considérées comme créances saines, les créances dont le remboursement intégral du principal et/ou des intérêts s'effectue conformément aux dispositions contractuelles et qui sont détenues sur des contreparties dont la capacité à honorer l'intégralité de leurs engagements actuels et futurs ne soulève aucun motif d'inquiétude de la part de l'établissement assujetti (situation financière solide, actionnariat de qualité, situation et perspectives satisfaisantes du secteur d'activité, etc.).

Les valeurs escomptées et non échues (effets commerciaux, mobilisations de créances sur l'étranger, etc.), acceptées par le tiré et dont la bonne fin ne soulève aucun motif d'inquiétude sont également catégorisées dans les créances saines. Les créances en souffrance sont des créances dont les recouvrements ne s'effectuent pas conformément aux dispositions contractuelles ou qui sont détenues sur des contreparties dont la capacité à honorer l'intégralité de leurs engagements actuels et futurs soulève des motifs d'inquiétude. Elles se subdivisent en deux catégories suivantes :

- les créances à surveiller ;
- les créances non performantes.

Les créances non performantes sont réparties en trois sous-catégories, à savoir :

- les créances pré-douteuses ;
- les créances douteuses ;
- les créances compromises

Le classement d'une créance dans la catégorie « créances compromises » entraîne le transfert, dans cette catégorie, de la totalité des créances détenues sur la contrepartie concernée et les personnes qui lui sont liées.

Dans ce cas, la banque doit constituer des provisions couvrant l'encours global des créances compromises.

J'évoque dans les lignes qui suivent le provisionnement des créances et l'atténuation des risques.

II.3.1.2.2 Provisionnement des créances et atténuation des risques

Selon la catégorie dans laquelle une créance est classée, la banque est appelée à constituer des provisions. Les taux minimums de provisionnement des créances par catégories, tels que par l'autorité de régulation, dans son instruction n° 16, modification n° 3, sont présentés dans le tableau ci-dessous.

Tableau 14 : Taux de provisionnement des créances

	Créances	Proportion de provisions (en %)
Créances saines	Créances saines	1
Créances non performantes	Créances à surveiller	3
	Créances pré-douteuses	20
	Créances douteuses	50
	Créances compromises	100

Source : Tableau tiré de l'instruction n° 16, modification n° 3 de la BCC.

Il sied de rappeler ici que les intérêts non réglés sur les créances non performantes sont recensés et suivis de manière extra-comptable. Il n'est donc pas question de les comptabiliser en revenus, pour les provisionner après.

Aussi, on doit noter qu'une année au plus tard après l'inscription d'une créance dans la catégorie des créances compromises, la banque est tenue de sortir de son bilan, ladite créance compromise intégralement provisionnée et considérée comme irrécouvrable, pour la suivre en extra-comptable.

S'il s'agit d'une créance détenue sur des contreparties apparentées à l'institution bancaire, l'approbation préalable de la Banque Centrale est requise, pour sa radiation ou sa sortie du bilan. Pour effectuer le calcul des provisions en appliquant les taux indiqués ci-dessus, il faut déduire des encours de chaque catégorie de créances, les garanties éligibles, dans les limites réglementaires. Ci-dessous le tableau détaillé des garanties déductibles ainsi que le taux de déduction de leur valeur.

Tableau 15 : Taux de déduction des garanties

N°	Nature des garanties	Taux de déduction de la garantie
1	Nantissement de dépôts et/ou de compte à terme, libellés dans la même devise que les facilités qu'ils garantissent et constitués auprès de la banque prêteuse.	Garanties déductibles à hauteur de 100% de leur valeur
2	Nantissement de certificats de dépôts ou de titres assimilés, libellés dans la même devise que les facilités qu'ils garantissent, émis par la banque et déposés auprès d'elle-même.	
3	Nantissement des bons émis par la Banque Centrale (Bons BCC).	
4	Bien meuble couvert par une assurance "tout risque" faisant l'objet de crédit-bail.	
5	Nantissements de dépôts et de comptes à terme, libellés dans une devise autre que celle des facilités qu'ils garantissent et constitués auprès de la banque prêteuse.	Garanties déductibles à hauteur de 80% de leur valeur
6	Contre garanties bancaires émanant d'établissements de crédit notés de AAA à AA- (ou une note équivalente) par des agences internationales.	
7	Contre garanties bancaires émanant d'établissements de crédit nationaux	
8	Contre garanties bancaires émanant d'institutions financières internationales de coopération ou de Banques régionales de développement.	
9	Contre garanties bancaires émanant d'établissements de crédit notés de A+ à BBB- (ou une note équivalente) par des agences internationales.	Garanties déductibles à hauteur de 50% de leur valeur
10	Hypothèques de premier rang sur un immeuble résidentiel qui sera occupé ou donné en location par la contrepartie.	
11	Biens meubles assurés faisant l'objet de crédit-bail	Garanties déductibles à hauteur de 30% de leur valeur
12	Hypothèques de premier rang sur un immeuble destiné entièrement aux activités productives.	Garanties déductibles à hauteur de 25% de leur valeur
13	Biens meubles non assurés faisant l'objet de crédit-bail	Garanties déductibles à hauteur de 20% de leur valeur

Source : Nous-même, sur base des informations tirées de l'instruction n° 16, de la BCC.

Les garanties listées dans le tableau ci-haut, ne peuvent être déduites des crédits qu'elles couvrent, que si elles :

- sont formalisées par un écrit établi et enregistré dans le respect des dispositions légales et réglementaires en vigueur ;
- sont mobilisables à première demande et sans possibilité de contestation ;
- ont une échéance au moins égale à celle du crédit couvert ;
- couvrent au moins 80 % de la créance ;
- doivent être inscrites auprès du Conservateur des titres immobiliers, en cas d'hypothèques. Dans ce cas, la convention de crédit doit prévoir que la banque deviendra propriétaire de l'immeuble hypothéqué par dation en paiement conformément aux textes légaux. Cependant, la valeur desdites hypothèques doit faire l'objet d'une expertise indépendante et qualifiée.

De ce qui précède, nous notons que l'impact de la détérioration de la qualité du portefeuille-crédits sur la profitabilité d'une institution bancaire est fonction de la nature et de la qualité des garanties qui couvrent ses différents crédits octroyés. Un crédit non performant couvert par une garantie dont la déductibilité est à la hauteur de 100 % de leur valeur, ne donnera pas lieu à une provision à constituer. Par conséquent, la dégradation d'un tel crédit n'aura aucun impact sur la profitabilité de l'institution prêteuse.

Le point suivant porte sur le guide comptable des établissements de crédit.

II.3.1.3 Guide Comptable des Etablissements de crédit

En RDC, la tenue de la comptabilité est régie par l'Acte Uniforme OHADA relatif au droit comptable et à l'information financière et système comptable OHADA (SYSCOHADA). Pourtant, l'article 5 dudit Acte stipule que les banques ne sont pas assujetties au SYSCOHADA. Elles sont plutôt assujetties à un plan comptable spécifique.

C'est dans ce cadre que conformément à la loi bancaire et à cette disposition l'Acte Uniforme OHADA relatif au droit comptable et à l'information financière et système comptable OHADA (SYSCOHADA), la Banque Centrale du Congo a pris l'instruction n° 9, du 19 février 2010, relative au Guide Comptable des Etablissements de Crédit, référentiel comptable applicable aux banques établies en RDC.

Conformément à l'instruction 9 de la Banque Centrale du Congo, chaque banque est tenue de produire des états financiers périodiques qui comprennent les états financiers hebdomadaires, mensuels, trimestriels et les états financiers annuels. Les états financiers hebdomadaires, mensuels ou trimestriels regroupent les informations comptables obtenues en cumulant les soldes à la fin de la période précédente (semaine, mois ou trimestre) et l'ensemble des mouvements enregistrés sur une période donnée, par la banque. Tandis que les états financiers annuels comprennent :

- le Bilan, dit Situation active et passive ;
- le hors Bilan ;
- le Compte de résultat ;
- le tableau de flux de trésorerie ;
- l'état de variations des capitaux propres ainsi que l'annexe.

Ces états financiers regroupent les informations comptables sur une période de douze mois, appelée exercice. L'exercice coïncide avec l'année civile. La durée de l'exercice est exceptionnellement inférieure à douze mois pour le premier exercice débutant au cours du premier semestre de l'année civile. Cette durée peut être supérieure à douze mois pour le premier exercice commencé au cours du deuxième semestre de l'année.

Le Guide Comptable des Etablissements de Crédit « GCEC » fixe ou définit les règles relatives à l'organisation comptable, les principes comptables fondamentaux, les actifs, les passifs, les charges, les produits, les règles générales d'évaluation et de détermination du résultat, les règles particulières d'évaluation et méthodes de comptabilisation des opérations des Etablissements de Crédit, les règles relatives à la publicité des informations comptables, le cadre des comptes et les états financiers.

Que dire des instructions qualitatives ?

II.3.2 Instructions qualitatives

Parmi les instructions qualitatives prises par la Banque Centrale du Congo, pour renforcer la supervision des banques, nous pouvons citer :

- l'instruction n°15 aux établissements de crédit et aux sociétés financières, portant normes relatives à la lutte contre le blanchiment de capitaux et le financement du terrorisme et de la prolifération des armes de destruction massive ;
- l'instruction n° 17, modification n° 3, du 04 juillet 2023, relative aux règles prudentielles en matière de contrôle interne ;
- l'instruction n° 18, modification n° 3, du 04 juillet 2023, relative aux conditions d'agrément des établissements de crédit, de leurs dirigeants et commissaires aux comptes ainsi de modification de leurs situations statutaires.

- l'instruction n° 19, modification n°2, du 04 juillet 2023, relative à l'exercice des fonctions de commissariat aux comptes dans les établissements de crédit et les sociétés financières ;
- l'instruction n° 21, modification n°2, du 04 juillet 2023, relative au gouvernement d'entreprise dans les établissements de crédit ;
- l'instruction n° 22, modification n°2, du 04 juillet 2023, relative à la gestion des risques.

Il ressort de ces différentes instructions que les banques établies en RDC, doivent :

- déterminer la structure et le dimensionnement de leur système de contrôle interne en fonction du profil des risques, tel que déterminé par l'organe exécutif (Comité de direction) et approuvé par l'organe délibérant (Conseil d'Administration) ;
- élaborer et tenir à jour les manuels de procédures relatifs à l'ensemble de leurs activités ;
- assurer une stricte séparation des fonctions de contrôle des premier, deuxième et troisième niveaux ; tout en s'assurant qu'au sein du contrôle de deuxième niveau, une stricte séparation est observée entre les fonctions de conformité, de contrôle permanent des activités opérationnelles et de gestion des risques. Aussi s'assurer que le contrôle permanent de premier niveau n'est en aucun moment fusionné avec un autre niveau de contrôle ;
- définir le niveau de sécurité du système d'information jugé souhaitable par rapport aux exigences de leurs secteurs d'activités ;
- solliciter l'agrément préalable de la Banque Centrale du Congo pour participer au capital social d'un établissement de crédit, pour procéder à la nomination des membres de l'organe délibérant, des membres de l'organe exécutif, des responsables des fonctions de contrôle interne, des responsables des autres fonctions sensibles et des commissaires aux comptes ;
- désigner un commissaire aux comptes titulaire et un suppléant, tous tirés de la liste des commissaires aux comptes agréés par la Banque Centrale du Congo, pour une durée de trois exercices renouvelable une fois ;
- requérir l'autorisation de la Banque Centrale du Congo, avant de mettre fin au mandat d'un commissaire aux comptes. Dans ce dernier cas, le comité d'audit est consulté préalablement à toute

éventuelle révocation des commissaires aux comptes. Les seuls motifs retenus pour mettre fin au mandat des commissaires aux comptes sont l'incompétence et/ou l'immoralité ;

- s'assurer que la signature certifiant les comptes annuels ne peut être apposée que par un associé, personne physique, agréé, à titre personnel, en qualité de commissaire aux comptes par la Banque Centrale du Congo et par conséquent repris sur la liste y afférente ;

- mettre en place un organe délibérant dit « Conseil d'Administration » et un organe exécutif appelé «Direction Générale ou Comité de Direction », tout en s'assurant que le premier comprend au moins trois administrateurs indépendants (en vue de garantir l'indépendance et le professionnalisme), dont la durée du mandat est de trois (3) ans renouvelable une fois ;

  Le Conseil d'Administration se réunit au minimum une fois le trimestre, selon un calendrier prédéfini et un ordre du jour prédéterminé, et chaque fois que la situation de l'établissement le nécessite ;

- s'assurer que l'organe délibérant a mis en place cinq comités spécialisés, chargés respectivement de renforcer la gouvernance sur les fonctions d'audit, de gestion des risques, d'éthique et de conformité, de nomination de ses membres, des mandataires sociaux et des hauts cadres de la banque ainsi que de détermination de la politique de rémunération. Les comités créés à cet effet sont respectivement le comité d'audit, le comité d'éthique et de conformité, le comité des risques, le comité de nomination et le comité des rémunérations. Ces différents comités doivent être composés exclusivement d'administrateurs non-exécutifs et majoritairement d'administrateurs indépendants ;

- mettre en place un système de gestion des risques permettant d'identifier, d'analyser, de mesurer, de surveiller, d'atténuer et de maîtriser les risques de différentes natures auxquels elles sont exposées.

Il est important de rappeler bien que les dispositions réglementaires prévoient que l'organe délibérant et l'organe exécutif d'une banque, agréée en RDC en tant que filiale d'un groupe étranger, demeurent pleinement responsables de la gouvernance de ladite filiale, notamment de l'élaboration d'un processus efficace de conduite de l'activité et de gestion des risques au niveau de la filiale, le constat sur terrain est contraire dans certaines banques essentiellement panafricaines et internationale, où les pouvoirs de ces organes sont limités ou réduits devant certains organes ou certaines directions du groupe étranger. Les pouvoirs décrits dans les statuts ou dans les chartes ne sont que théoriques, étant donné que les décisions importantes de gestion ou de prise de risque au niveau de certains responsables du groupe priment sur celles prises par ces deux organes locaux.

Or les dispositions réglementaires prévues dans l'instruction n° 21 relative au gouvernement d'entreprise dans les établissements de crédit, prévoient que les organes délibérant et exécutif de la filiale agréée en RDC soient pleinement responsables de la déclinaison locale adéquate des règles du groupe d'appartenance en conformité avec la réglementation en vigueur en RDC, responsables de la mise en œuvre d'une gestion saine, des politiques définies par le groupe et de l'évaluation des risques au niveau national. Dans ce cadre, la répartition des responsabilités ne devrait ni exclure, ni limiter celles des organes délibérant et exécutif d'une banque de droit congolais, filiale d'un groupe international ou régional. Dans le présent travail, nous avons pris en compte ce facteur de « pouvoir décisionnel réel ou responsabilités des organes locaux », parmi les déterminants de la rentabilité des banques implantées en RDC.

Autre fait important noté dans le système bancaire congolais est la non-conformité de la limitation du mandat des commissaires aux comptes, aux standards internationaux. En effet, les bonnes pratiques recommandent la rotation des commissaires aux comptes en vue d'éviter la familiarité de l'équipe de ces derniers avec les membres du personnel du client (banque auditée) en général et ceux du comité de direction en particulier.

Cependant, en RDC, le mandat du commissaire aux comptes n'ayant pas été limité, certaines banques ont maintenu le même commissaire aux comptes pendant plusieurs années, voire depuis leur création, tel que présenté dans le tableau 16 ci-dessous.

C'est en 2018, que l'autorité de régulation a modifié (modification n° 1) l'instruction n° 19, en fixant la durée du mandat des commissaires aux comptes à trois exercices, renouvelable une fois. Ce qui revient à dire que les commissaires aux comptes ne peuvent plus exercer leur mandat de commissariat aux comptes pendant plus de six ans, auprès d'une même banque.

Tableau 16 : Commissaires aux comptes des banques établies en RDC

Banques	2008	2009	2010	2011	2012	2013	2014	2 015	2 016	2 017
ACCESS BANK RDC SA	KPMG	KPMG	KPMG	PP	PWC	PWC	PWC	PWC	PWC	PWC
ADVANS BANK CONGO SA	PWC	PWC	PWC	PWC	PWC	PP	PP	PP	PWC	PWC
AFRILAND FIRST BANK CD SA	PWC	PWC	PWC	PWC	PWC	PWC	PWC	PWC	PWC	PWC
BANK OF AFRIKA RDC SA	PWC	PWC	PWC	PWC	PWC	PWC	PWC	PWC	PWC	PWC
BANQUE COMMERCIALE DU CONGO SA	PWC	PWC	PWC	PWC	PWC	PWC	PWC	PWC	PWC	PWC
BGFIBANK RDC SA	PWC	PWC	PWC	PWC	PWC	PWC	PWC	PWC	PWC	PWC
BIAC SA	KPMG	KPMG	PP	PP	PP	PP	PP	PP	NKV	NKV
FBN BANK RDC SA	PWC	PWC	PWC	PWC	PWC	PWC	PWC	PWC	PWC	PWC
BYBLOS BANK RDC SA	ACGC	ACGC	PWC	PWC	PWC	PWC	PWC	PWC	PWC	-
CITIGROUP CONGO SA	KPMG	KPMG	PP	PP	PP	PP	PP	PP	Deloitte	Deloitte
ECOBANK RDC SA	PWC	PWC	PWC	PWC	PWC	PWC	PWC	PWC	PWC	PWC
FIBANK DRC SA	PWC	PWC	PWC	PWC	PWC	PWC	PWC	PWC	NA	NA
EQUITY BANK CONGO SA	PWC	PWC	PWC	PWC	PWC	PWC	PWC	PWC	PWC	PWC
RAWBANK SA	PWC	PWC	PWC	PWC	PWC	PWC	PWC	PWC	PWC	PWC
SOFIBANQUE SA	PP	PP	PP	PP	PP	PP	PP	PP	Deloitte	Deloitte
STANDARD BANK RDC SA	PWC	PWC	PWC	PWC	PWC	PWC	PWC	PWC	PWC	PWC
TMB SA	NKV	NKV	NKV	NKV	NKV	NKV	NKV	NKV	NKV	NKV
UNITED BANK FOR AFRICA RDC SA (UBA SA)	NA	NA	NA	PWC	PWC	PWC	PWC	PWC	PWC	PWC

Source : Nous-même, sur base des informations tirées de l'instruction des Statuts et des rapports annuels des commissaires aux comptes.

Légende :

PP : Personnes physiques

PWC : PriceWaterhouseCoopers RDC Sas

KPMG : KPMG RDC SA

Deloitte : Deloitte Services Sarl

NKV : Strong NKV Sarl

Il ressort de ce tableau que le cabinet d'audit PriceWaterhouseCoopers RDC Sas assure le commissariat aux comptes de plus de 75 % des banques établies en RDC et est commissaire aux comptes de ces banques depuis plus de dix ans, voir vingt ans pour certaines. Aussi, en parcourant ce tableau, nous comprenons que les organes de gouvernance (Assemblée Générale et Conseil d'Administration) de la plupart des banques établies en RDC n'ont pas opté pour la rotation et la limitation de mandat de leurs commissaires aux comptes. Aujourd'hui, avec la modification n° 1 de l'instruction 18 de la Banque Centrale du Congo, ils sont contraints de veiller à la rotation de leurs commissaires aux comptes, car le mandat est actuellement de trois ans, renouvelable une fois, soit un mandat maximum cumulé de 6 ans.

Tableau 17 : Opinions des commissaires aux comptes

Banques	2008	2009	2010	2011	2012	2013	2014	2015	2016	2017
ACCESS BANK RDC SA	A	C	A	A	C	A	A	A	A	A
ADVANS BANK CONGO SA	NA	A	A	A	A	B	A	A	A	A
AFRILAND FIRST BANK CD SA	A	C	A	A	A	A	A	A	A	B
BANK OF AFRIKA RDC SA	NA	NA	A	A	A	A	A	A	C	D
BANQUE COMMERCIALE DU CONG	A	A	A	A	A	A	A	A	A	A
BGFIBANK RDC SA	NA	NA	B	A	A	D	D	A	D	D
BIAC SA	D	D	B	B	B	A	B	D	ND	ND
FBN BANK RDC SA	A	A	A	A	A	A	A	A	A	A
BYBLOS BANK RDC SA	B	B	A	A	A	A	A	A	B	ND
CITIGROUP CONGO SA	A	A	A	A	A	A	A	A	B	A
ECOBANK RDC SA	A	A	A	A	A	A	A	A	A	B
FIBANK DRC SA	C	C	C	C	D	D	D	D	ND	ND
EQUITY BANK CONGO SA	A	A	A	A	A	A	A	A	A	A
RAWBANK SA	A	A	A	A	A	A	A	A	B	A
SOFIBANQUE SA	NA	NA	A	A	A	A	A	A	B	D
STANDARD BANK RDC SA	A	A	A	A	A	A	A	A	A	A
TMB SA	A	A	A	A	A	A	A	A	A	A
UNITED BANK FOR AFRICA RDC SA	NA	NA	NA	A	A	A	A	A	D	D

Source : Nous-même, sur base des informations tirées des Rapports des commissaires aux comptes.

Légende :

A : Opinion non modifiée, sans observations à incidence sur l'exactitude des états financiers.

B : Opinion non modifiée, avec observations à incidence sur l'exactitude des états financiers.

C : Opinion modifiée, sans observations à incidence sur l'exactitude des états financiers.

D : Opinion modifiée, avec observations à incidence sur l'exactitude des états financiers.

Il ressort de la lecture de ce tableau n° 17 que seuls les comptes de huit (8) banques sur les 18 retenues, ont été certifiés avec une opinion non modifiée et sans observations à incidence sur l'exactitude des états financiers, durant toute la période de notre étude. Il s'agit de deux banques internationales, trois banques locales et trois banques panafricaines.

Par ailleurs, nous constatons que durant la période sous étude, les opinions émises sur les comptes de la FIBANK RDC SA et la BIAC SA, respectivement banque dissoute par l'autorité de régulation et banque sous administration provisoire de cette dernière, sont généralement des opinions modifiées avec des observations à incidence sur l'exactitude des états financiers.

A notre avis, ces réserves et observations régulières devraient attirer l'attention des organes de gouvernance de ces banques et de l'autorité de régulation.

Quelles sont les spécificités du système bancaire congolais ?

II.4 spécificités du secteur bancaire congolais

Il ressort des points présentés dans les sections précédentes de ce chapitre et de la lecture de certaines études et rapports (Deloitte RDC, 2018 ; BCC, 2017), les spécificités ci-après du secteur bancaire de la RDC :

- Dépendance du secteur bancaire du Dollar américains (USD), situation expliquée par la dollarisation de l'économie congolaise. Les dépôts et les crédits du système bancaire congolais sont essentiellement constitués et octroyés en Dollar américains (USD). Le bilan des banques est, à plus de 80 %, exprimé en Dollar américain. En effet, la RDC est l'un des rares pays d'Afrique subsaharienne, qui a mis en place une réglementation de change qui autorise que les transactions sur le territoire national s'expriment et se dénouent en monnaies étrangères ;
- Forte dépendance des acteurs bancaires congolais des correspondants bancaires étrangers, dont principalement les correspondants américains, pour assurer le dénouement des transactions et opérations locales des clients ou entre deux banques, car ces transactions et opérations sont essentiellement réalisées (libellées) en Dollars américains ;
- Obligation faite aux banques de constituer une provision pour reconstitution du capital social, si ce dernier est libellé et a été libéré USD et ce en vue de préserver les fonds propres des banques ;
- Non limitation de mandat du commissaire aux comptes dans le secteur bancaire, alors que dans la quasi-totalité des pays de l'Afrique subsaharienne, ce mandat est limité dans le temps. Cependant, l'instruction BCC n°19 du 14 mai 2019, relative à l'exercice des fonctions de commissaire aux comptes dans les

établissements de crédit et institutions de microfinance, entrée en vigueur en 2019, limite désormais ce mandat à une durée de trois exercices, renouvelable une fois ;

- Non obligation du Co-commissariat aux comptes. En effet, il n'est pas fait obligation aux banques établies en RDC, de désigner obligatoirement deux commissaires aux comptes pour la certification de leurs comptes, alors que dans les autres pays de l'Afrique Centrale et de l'Afrique de l'Ouest, les banques ont l'obligation de désigner deux commissaires aux comptes pour la certification de leurs comptes ;
- Taux de bancarisation de la RDC oscille entre 5 et 7 %, alors que le taux de bancarisation moyen de l'Afrique subsaharienne est estimé à 29 %. A l'échelle mondiale, le taux de détention d'un compte bancaire a connu une augmentation de 7 points de pourcentage entre 2014 et 2017, passant de 62 % à 69 %. (Deloitte RDC, 2018) ;
- Imposition faite aux banques établies en RDC de constituer une provision de 1 % sur les crédits sains. Les dispositions réglementaires des autres pays de l'Afrique Subsaharienne ne prévoient pas une telle disposition générale. Dans ces pays, la constitution d'une provision n'est obligatoire que lorsqu'il s'agit des créances en souffrance (Provisions spécifiques).

Quel est le contexte économique de la République Démocratique du Congo ?

II.5 Contexte économique de la RDC

La situation macroéconomique de la RDC est restée relativement stable durant la période sous étude. Pour rappel, c'est en 2002 que la RDC a repris avec la croissance économique suite notamment à la mise en œuvre des politiques de redressement économique et financier ; et à un environnement extérieur plus favorable, caractérisé par la consolidation de l'activité économique dans les pays avancés. Ce qui a permis une hausse de la demande des principaux produits miniers exportés par la RDC et l'amélioration de l'investissement privé.

II.5.1 Evolution du PIB

De manière générale, comme l'illustrent le tableau n° 18 et le graphique n° 1 ci-dessous, la RDC a réalisé de bonnes performances en matière de croissance du PIB durant la période retenue dans la présente étude.

Tableau 18 : Taux Croissance du PIB

Années	Taux de croissance du PIB de la RDC (en %)	Variation des taux de croissance du PIB de la RDC (En %)	Taux de croissance du PIB de l'Afrique subsaharienne (En %)
2008	6,2	- 2	5,6
2009	2,9	- 53	2,2
2010	7,1	145	4,9
2011	6,9	- 3	5,1
2012	7,1	3	4,8
2013	8,5	20	5,3
2014	9,5	12	5,1
2015	6,9	- 27	3,4
2016	2,4	- 65	1,5
2017	3,7	54	2,8

Source : Nous-même, sur base des rapports annuels BCC (2016 et 2017).

Graphique 1 : Aperçu de l'évolution du taux de croissance du PIB en %

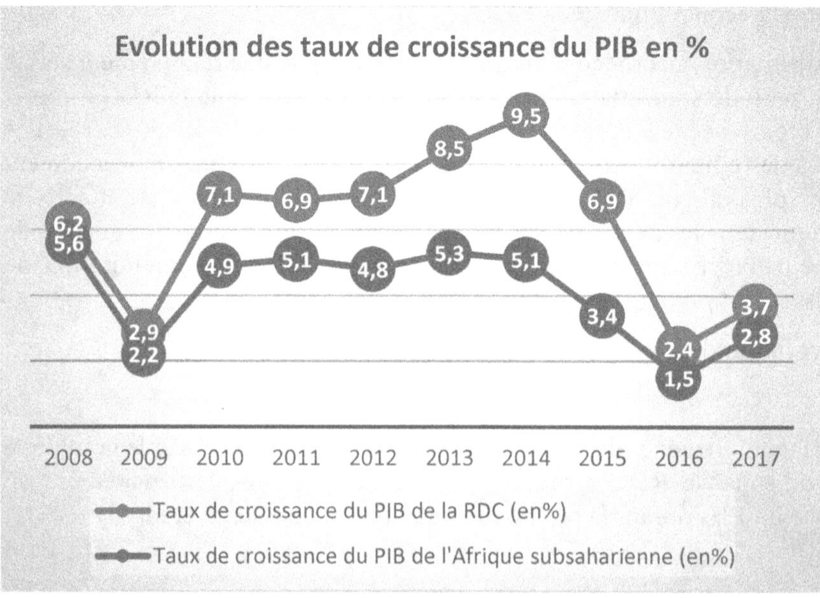

Source : Nous-même, sur base des données du tableau n° 18.

Il ressort de ce graphique que, de 2008 à 2015, hormis 2009, la RDC a réalisé des taux de croissance supérieurs à 5 %. Après avoir atteint le taux maximum de croissance de la période sous étude, soit 9,5 %, en 2014, il a chuté durant les années suivantes, pour s'établir à 6,9 % en 2015, puis à 2,4 % en 2016 et 3,7 % en 2017. La dégradation de la situation économique notée à partir de l'année 2015 est expliquée essentiellement par l'environnement économique international morose, marqué notamment par la baisse des cours de matières premières et par les incertitudes politiques.

En effet, la baisse de la croissance du PIB de 6,2 % en 2008 à 2,9 % en 2009 est justifiée principalement par le ralentissement de l'activité dans les secteurs miniers et des services (BCC, 2010). Cela n'est que la conséquence des effets pervers de la crise financière internationale sur l'économie congolaise.

Cette situation de 2009 ne concerne pas que la RDC de manière isolée, car l'Afrique subsaharienne a connu une situation similaire. Le taux de croissance de 2009 s'est situé à 2,2 % en 2009 contre 5,6 % en 2008. Situation expliquée principalement par le resserrement des opérations de crédit et la baisse des Investissements Directs Etrangers (IDE), qui ont conduit à la baisse de la production intérieure.

En somme, durant toute la période sous examen, soit 2008-2017, la RDC a réalisé un taux de croissance moyen de 6,12 %, contre 4,07 % pour l'Afrique Subsaharienne dans son ensemble. Toutefois, bien que, durant la période sous étude, le taux de croissance du PIB de la RDC soit toujours supérieur à celui de l'Afrique subsaharienne, nous observons que, de manière générale, les deux ont évolué dans le même sens.

Que retenir sur l'évolution du taux d'échange ?

II.5.2 Evolution du taux d'inflation

Durant la période sous revue, la RDC a enregistré un taux d'inflation moyen de 18, 8 %. Nous pouvons ainsi déduire que l'inflation était permanente durant ces dix années retenues dans la présente étude. Cependant, il y a eu une forte poussée inflationniste entre 2008 et 2011, puis entre 2016 et 2017.

Ces fortes pressions sur les prix au cours des années indiquées ci-haut ont été localisées principalement au niveau des fonctions « Produits alimentaires et boissons non alcoolisées » qui ont contribué à concurrence à plus de 50 % en moyenne.

Il est important de souligner qu'hormis les années 2010 et 2011, les taux d'inflation des autres années ont évolué dans le même sens que taux de dépréciation de la monnaie nationale. Nous avons ainsi observé que pendant la période de la stabilité de la monnaie nationale, les taux d'inflation sont restés stables

De l'analyse de la période sous étude, nous notons que le rythme de la formation des prix est resté stable entre 2012 et 2015, tel que présenté dans le graphique ci-dessous.

Graphique 2 : Evolution du taux d'inflation en %

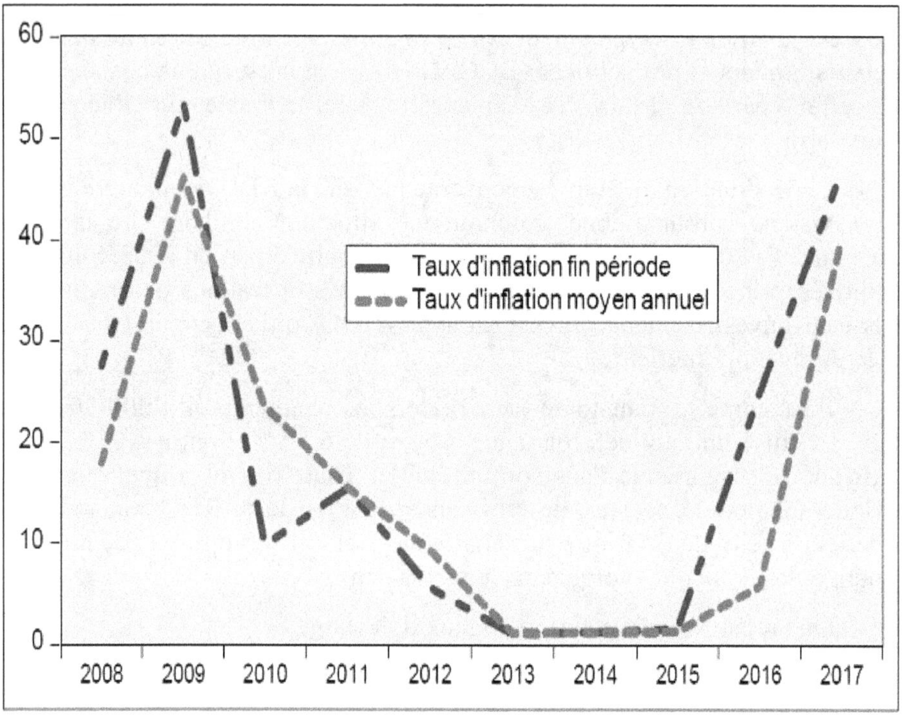

Source : Rapport annuel BCC (2017).

Conclusion

En guise de conclusion de ce deuxième chapitre, nous pouvons retenir, qu'en termes de catégorisation des banques en 2017, on compte, par taille, cinq grandes banques, cinq banques moyennes et sept petites banques ; par actionnariat, cinq banques détenues par les personnes résidentes en RDC (dites banques locales) et 12 banques détenues par les personnes non-résidentes, dont 4 banques internationales et 8 banques panafricaines.

L'on note également une évolution la réglementation des activités bancaires, avec la publication de l'instruction n° 9 du 19 février 2010 relative au Guide Comptable des Etablissements de crédit et les modifications apportées aux instructions n° 14 et n° 16, relatives respectivement aux normes prudentielles de gestion des banques et aux règles prudentielles relatives à la classification et au provisionnement des créances des établissements de crédit.

Ces modifications répondent aux impératifs de rénovation du cadre réglementaire régissant le secteur bancaire congolais aux fins de l'aligner aux standards internationaux. Elles visent principalement la préservation des fonds propres de base, le relèvement du seuil de la norme de la division de risque au regard du phénomène de risking qui plombe les relations avec les correspondants bancaires et le renforcement des règles de provisionnement des crédits en prenant en considération les garanties données par les clients.

Cependant, on observe que malgré ces révisions de la réglementation bancaire de la RDC aux fins de l'aligner aux standards internationaux, le système bancaire congolais présente encore certaines spécificités et caractéristiques propres à la RDC. Il s'agit notamment : de la dépendance du secteur bancaire congolais au Dollar américains (USD), de l'existence d'une réglementation de change autorisant la fixation des prix et de dénouement des transactions sur le territoire national en monnaies étrangères, de la dépendance des acteurs bancaires congolais aux correspondants bancaires étrangers (même pour les opérations entre deux opérateurs de droit congolais), de l'obligation faite aux banques de constituer une provision pour reconstitution du capital social, si ce dernier est libellé et a été libéré USD, de l'imposition faite aux banques établies en RDC de constituer une provision de 1 % sur les crédits sains, de la non limitation de mandat du commissaire aux comptes jusqu'en 2018[25], de la non application de la pratique du Co-commissariat aux comptes dans le secteur bancaire congolais et du faible taux de bancarisation du pays (RDC).

Quant à la réglementation relative au capital minimum des banques, nous avons noté, qu'à la date du 31 décembre 2017, seuls 53 % des banques possèdent des fonds propres supérieurs aux exigences réglementaires au 31 décembre 2017.

Concernant les indicateurs macroéconomiques, la RDC a réalisé de bonnes performances en matière de croissance du PIB durant la période sous étude.

Le chapitre suivant retrace l'approche méthodologique et le cadre conceptuel.

---

[25] Instruction n°19 de la BCC relative à l'exercice des fonctions de commissaires aux comptes dans les établissements de crédit et les sociétés financières dispose que la durée du mandat des commissaires aux comptes dans les banques est de trois (3) exercices, renouvelable une fois. Cela est d'application à partir de 2019.

Troisième chapitre
Approche méthodologique et cadre conceptuel

Ce chapitre a pour matrice l'approche méthodologique et le cadre conceptuel. Je décris les méthodes et techniques utilisées dans cette étude ainsi que le cadre conceptuel de notre approche sur les déterminants de la performance des banques établies en RDC. Ce chapitre inclut également la présentation des acteurs du secteur bancaire de la RDC et notre posture épistémologique.

III.1 Approche méthodologique

Comme indiqué dans l'introduction de ce travail, pour mener à bon port notre étude, nous avons fait recours à la (l') :

- méthode statistique ;
- méthode analytique ;
- méthode historique ;
- technique documentaire ;
- technique d'interview ;
- approche économétrique.

III.1.1 Méthode statistique

J'ai recouru à la méthode statistique pour réunir les données quantitatives et qualitatives des banques opérationnelles, durant la période retenue dans notre étude. Puis, nous avons procédé à l'analyse et à l'interprétation de ces données descriptives des caractéristiques du secteur bancaire congolais.

Cette analyse, faite pour l'ensemble du secteur bancaire de la RDC et par catégories de banques, nous a permis d'apprécier durant la période sous étude :

- ✓ les contributions de chaque catégorie (banques locales, banques panafricaines et banques internationales) et de chaque banque prise individuellement à l'ensemble du secteur bancaire congolais ;

- ✓ l'évolution des agrégats : dépôts, taux d'intérêts, crédits, Produit Net Bancaire (PNB), ratio d'intermédiation, résultat net après impôt et fonds propres et total bilan.

En somme, cette méthode nous a permis d'exposer et de visualiser des statistiques descriptives des banques établies en RDC par le biais des tableaux et des graphiques, afin de mieux cerner les indicateurs quantitatifs de différents acteurs, pris individuellement et par catégories (banques locales, banques panafricaines et banques internationales).

Que dire de la méthode analytique ?

III.1.2. Méthode analytique

Cette méthode définie comme étant une analyse systémique de toutes les informations ainsi que les données récoltées (Laubet, 2000), nous a permis d'examiner systématiquement les différentes données quantitatives et qualitatives, collectées auprès des banques de droit congolais et d'expliquer les différentes variations des indicateurs retenus dans cette étude et les observations notées, durant la période cible de notre étude.

La mise en application de cette méthode a été rendue possible grâce aux entretiens que nous avons eus avec les cadres de certaines banques, les experts de la supervision bancaire et autres experts du secteur bancaire.

Il y a aussi la démarche historique à signaler.

III.1.3 Méthode historique

L'approche historique, employée dans la présente étude, nous a permis de retracer l'évolution du système bancaire congolais. En effet, nous avons recouru à cette méthode pour déterminer scientifiquement les faits historiques ayant marqué le système bancaire congolais, en termes des problèmes rencontrés par les acteurs et le système dans son ensemble ; et de différentes mesures prises par les autorités compétentes (Parlements, Gouvernement et Banque Centrale) dans le cadre de la restructuration du système bancaire.

Grâce à cette méthode, nous avons pu présenter l'évolution de la législation et de la réglementation applicables aux banques établies en RDC et le récit d'implantation, de restructuration, de la dissolution et de contrôle externe (commissariat aux comptes) des banques de droit congolais.

La technique documentaire s'est avérée d'une importante précieuse pour cette recherche.

III.1.4 Technique documentaire

La technique documentaire nous a permis de rassembler ou d'analyser de façon consultative la documentation utile à notre thème de recherche, en réalisant une fouille systématique et soutenue des écrits, ayant une liaison avec les notions générales sur les banques, la performance des banques, la législation et la réglementation bancaire en RDC.

Elle a en effet constitué le point de départ le plus sûr et le plus commode de notre démarche scientifique.

A l'aide de cette technique, nous avons pu consulter les écrits et publications de divers auteurs et chercheurs listés dans la bibliographie de la présente étude, les lois et les réglementations auxquelles sont assujetties les banques établies en RDC.

La technique d'interview a été riche pour l'accès à l'information directe.

III.1.5 Technique d'interview

A côté de la technique documentaire, nous avons été obligés d'utiliser également la technique d'interview, qui nous a permis d'organiser les échanges avec les personnes jugées importantes dans la recherche, la compréhension et la compilation des informations et données utiles, pour mettre en marche nos différentes méthodes décrites ci-haut.

Dans le cadre de cette étude, nous avons organisé des entretiens avec des banquiers en général et les dirigeants et cadres de certaines banques, les experts de la Direction de la Supervision des Intermédiaires Financiers et les experts comptables et fiscaux qui interviennent dans le secteur bancaire en particulier, pour comprendre l' organisation et surtout les limites réelles des pouvoirs des organes de gouvernance et de contrôle (Comité de direction et conseil d'administration) sur l'octroi des crédits, l'engagement des dépenses et les décisions d'investissement.

A travers ces entretiens, nous avons pu également recueillir certaines précisions et clarifications sur les dispositions réglementaires applicables aux banques, les réserves et observations renseignées dans les rapports des commissaires aux comptes des banques établies en RDC.

Aussi, ces entretiens nous ont permis de connaitre et/ou comprendre, d'une manière approfondie, les avis et perceptions des banquiers, en général, sur fonctionnement du secteur bancaire congolais.

Que retenir sur l'approche économétrique ?

III.1.6. Approche économétrique

L'analyse empirique de ce travail se fonde sur l'économétrie des données de Panel. Les données de Panel (ou données longitudinales) sont une combinaison de séries temporelles et de données en coupes transversales[26].

---

[26] Les données de Panel peuvent être équilibrées ou non. On parle de Panel équilibré ou cylindré *(balanced Panel)* lorsqu'on dispose de toutes les observations pour tous les individus, ou

Elles sont des observations répétées sur les mêmes unités transversales d'observations au cours d'une période de temps déterminée. En effet, elles sont constituées d'un ensemble d'observations temporelles ($t = 1, \dots, T$) sur plusieurs unités statistiques ($i = 1, \dots, N$).

Autrement dit, les données de Panel sont des modèles dans lesquels les variables représentent les valeurs prises par un échantillon d'individus à intervalle de temps réguliers (Bourbonnais, 2015). L'unité statistique observée peut désigner un consommateur, une entreprise, un Etat, une région, etc. Les données de Panel sont donc des données à deux dimensions, l'indice i caractérise l'individu considéré, et l'indice t, le moment dans le temps où l'observation a été réalisée[27].

Empiriquement, nous avons estimé un modèle de Panel cylindré (balanced Panel). En plus d'être globale, cette analyse des déterminants de la performance des banques établies en RDC fait une comparaison entre les banques locales, les banques panafricaines et les banques internationales, tout en s'inspirant des travaux empiriques tels que ceux de Goddard et al (2004), Athanasoglou et al. (2008), Herrero A.G et al. (2009), Brahim Mansouri et Saïd Afroukh (2009), Ben Naceur (2003), Bashir (2000) et Abreu et Mendes (2002).

III.1.6.1. Avantages des données de Panel

Comme le notent Doucouré (2008), Goujon (2009) et Yomna Daoud (2017), les données de Panel présentent au chercheur un certain nombre d'avantages par rapport aux données transversales et aux séries temporelles, car elles permettent de (d') :

- obtenir des séries temporelles longues à moindre coût ;
- capter les effets dynamiques dans le comportement des agents ;
- contrôler l'hétérogénéité individuelle des unités d'observations ;
- obtenir beaucoup d'informations sur les populations, avec plus de variabilité, moins de colinéarité parmi les variables, plus de degrés de liberté et plus d'efficacité ;

encore lorsque le nombre d'observation est identique pour toutes les unités d'observation. Dans ce cas, le nombre total d'observation est NT. Dans le cas contraire, on parle de Panel non équilibré, déséquilibré, ou non cylindré *(unbalanced Panel)*.

27 Cette double dimension permet de tenir compte de l'influence de caractéristiques non observables des individus sur leur comportement, dès lors que celles-ci restent stables dans le temps. Il faudrait noter qu'on est face à une série temporelle lorsque $N = 1$ et T est large, et des données en coupe transversale lorsque N est large et $T = 1$.

- identifier et mesurer les effets qui ne sont pas détectables dans une analyse purement transversale ou dans une analyse basée sur les séries chronologiques ;
- utiliser l'information liée à la variabilité des données dans le temps, contrairement aux données à faible fréquence temporelle ;
- construire des modèles de comportement plus sophistiqués que ceux qu'on peut construire avec des données transversales ou chronologiques pures ;
- avoir un gain d'efficacité dans les estimations puisqu'elles sont basées sur les observations individuelles dans le temps (NxT) ;
- éliminer ou du moins de diminuer le biais résultant de l'agrégation sur les individus ou les firmes.

Leur avantage fondamental est de permettre au chercheur d'avoir une grande flexibilité dans la modélisation des différences entre les individus. Ces données prennent en compte simultanément la dynamique des comportements individuels et de leur éventuelle hétérogénéité, ce qui n'est pas possible avec les séries temporelles ou les coupes instantanées. En d'autres termes, l'intérêt de cette spécification réside dans la prise en compte d'un effet temporel et d'un effet individuel.

Cependant, les résultats économétriques sur les données de Panel peuvent se révéler fortement sensibles à la présence d'observations aberrantes ou à la sélection de l'échantillon, ceci malgré l'application de techniques économétriques censées contrôler l'hétérogénéité des unités statistiques (Butkiewicz et Yanikkaya, 2005 et 2006, De Haan, 2007, cité par Goujon, M. 2009 : 29). En disposant d'informations sur la dimension temporelle et individuelle de l'étude, le modèle de Panel peut s'écrire de la manière suivante :

$$Y_{i,t} = \beta X_{i,t} + \varepsilon_{i,t} \ , \quad \forall\, i = 1, \dots, N \ ; \text{ et } t = 1, \dots, T$$

Où

- $Y_{i,t}$: est le vecteur des variables dépendantes pour l'unité transversale i au temps t ;
- $X_{i,t}$: est le vecteur des variables explicatives pour l'unité transversale i au temps t ;
- β : est la matrice des coefficients des variables explicatives du modèle (élasticités) ;
- $\varepsilon_{i,t}$: est la série des résidus de l'estimation ou une perturbation aléatoire et centrée ; $E(\varepsilon_{i,t}) = 0 \ , \ \forall\, i, t$.

Les variables $X_{i,t}$ sont indépendantes de $\varepsilon_{i,t}$, et sont non colinéaires ; et β constituent en effet l'ensemble des paramètres (élasticités) à estimer.

Il me faut signaler les Tests de spécification : Effets fixes ou effets aléatoires.

III.1.6.2 Tests de spécification : Effets fixes ou effets aléatoires

La double dimension des données de Panel a donc pour intérêt de rendre possible la prise en compte de l'influence de ces caractéristiques inobservables individuelles et temporelles. La prise en compte de ces spécificités individuelles et temporelles peut se faire de deux manières. La première consiste à considérer que ces effets spécifiques sont « fixes », et la seconde manière de traiter ces effets spécifiques est de considérer que ces effets, même s'ils existent, ne sont plus fixes (ils n'affectent pas systématiquement et de la même façon les individus ou les années, et ne peuvent donc plus être représentés par des variables muettes). Ces effets sont alors considérés comme aléatoires et sont par conséquent compris dans le résidu (Goujon, M. 2009).

En d'autres termes, il existe deux principales approches ou schémas de variation des paramètres pour estimer des modèles de données de Panel. Ils sont connus sous les noms de modèle de Panel à effets fixes et modèle de Panel à effets aléatoires. Le choix entre la méthode des effets fixes et celle des effets aléatoires dépend de l'interprétation que l'on donne aux effets spécifiques individuels α_i et temporels λ_t.

On se demande alors si ces effets sont représentatifs de l'impact de facteurs structurels ou de l'impact d'une politique autonome. La décision est importante puisque dans la première interprétation, la politique autonome n'est mesurée que par μ_{it}, tandis que dans la deuxième, la politique est mesurée par ε_{it} (on pourrait envisager à ce niveau, si cela est justifié, que l'on puisse traiter différemment les effets spécifiques individuels et temporels).

Comme on le verra dans les lignes qui suivent, les deux méthodes ne sont pas équivalentes en ce sens que l'on ne peut pas appliquer la méthode des effets fixes, « récupérer » l'impact de ces effets fixes pour les additionner à μ_{it} pour retrouver l'élément $\alpha_i + \lambda_t + \mu_{it}$, qui semblerait alors équivalent au résidu tiré de la méthode des effets aléatoires. Le modèle de Panel à effets fixes est construit dans l'idée que les effets aléatoires sont éliminés tandis que dans le modèle à effets aléatoires, les effets fixes sont inclus dans le modèle mais ceux-ci sont indépendamment et identiquement distribués.

Le choix du modèle adéquat se fonde sur quelques tests de spécification (voir Tableau n° 55). Cependant, avant d'estimer le modèle de données de Panel, il faut vérifier si sa structure est homogène ou hétérogène. Le choix de la spécification (homogénéité, hétérogénéité) est donc très important.

Autrement dit, face aux données de Panel, la première des choses serait la vérification de la spécification homogène ou hétérogène du processus générateur des données. Econométriquement, on teste l'égalité des coefficients du modèle étudié dans la dimension individuelle. On utilise à cet effet le test de ratio de vraisemblance (ou Test de Fisher), un test proposé par Hsiao (1986).

Sur le plan économique, les tests de spécification reviennent à déterminer si l'on est en droit de supposer que le modèle théorique étudié est parfaitement identique pour toutes les unités statistiques considérées, ou au contraire s'il existe des spécifications propres à chaque unité statistique (Doucouré, 2008).

Si la structure est hétérogène, il est recommandé d'abandonner la spécification du modèle de donnée Panel et d'estimer, pour chaque groupe d'individus, un modèle de régression multiple par la méthode des moindres carrés ordinaires (MCO).

Le test de Breusch et Pagan ou test de Multiplicateur-Lagrange (LM-test) est un test qui s'effectue après estimation du modèle à effets aléatoires. Par contre, le test de Hausman est un test général qui peut être appliqué à de nombreux problèmes de spécification en économétrie. Cependant, l'application la plus répandue de ce test est la spécification des effets individuels en Panel. Le test de Hausman est un test de spécification qui permet de déterminer si les coefficients des deux estimations (fixes et aléatoires) sont statistiquement différents. Il sert donc à discriminer les effets fixes et aléatoires.

Il sied de signaler que dans le test de Fisher, l'absence d'effets fixes implique l'hétérogénéité, et la présence d'effets fixes implique l'homogénéité.

Tableu 19 : Synthèse des tests de spécification

	Test d'homogénéité ou Likelihood Ratio Test (Test de Fisher)	Test de Hausman	Test de Breusch et Pagan (LM-test)
Modèles :	Modèle 1 : $Y_{it} = \alpha + \beta X_{it} + \varepsilon_{it}$ Modèle 2 : $Y_{it} = \alpha_i + \beta X_{it} + \varepsilon_{it}$	Modèle 2 : $Y_{it} = \alpha_i + \beta X_{it} + \varepsilon_{it}$ Modèle 3 : $Y_{it} = \alpha + \beta X_{it} + \alpha_i + \lambda_t + \mu_{it}$	Modèle 1 : $Y_{it} = \alpha + \beta X_{it} + \varepsilon_{it}$ Modèle 3 : $Y_{it} = \alpha + \beta X_{it} + \alpha_i + \lambda_t + \mu_{it}$
Hypothèses :	On teste H0 : $\alpha_1 = \alpha_2 = \alpha_3 = \cdots = \alpha_n = \alpha$ *H0 : Absence d'effets fixes (Modèle 1)* *H1 : Présence d'effets fixes (Modèle 2)*	*H0 : Présence d'effets aléatoires (modèle 3)* *H1 : Présence d'effets fixes (modèle 2)*	*H0 : Absence d'effets aléatoires (Modèle 1)* *H1 : Présence d'effets aléatoires (Modèle 3)*
Statistique :	$F = \frac{nT-n-1}{n-1} \cdot \frac{R_2^2-R_1^2}{1-R_2^2}$	$H = (\hat{\beta}_{MCG} - \hat{\beta}_W)[Var(\hat{\beta}_{MCG} - \hat{\beta}_W)]^{-1}(\hat{\beta}_{MCG} - \hat{\beta}_W)$	$ROA = [ID, t] = X\beta + u[ID] + e[ID, t]$ $ROE = [ID, t] = X\beta + u[ID] + e[ID, t]$
Décision :	La statistique F suit, sous H0, une loi de Fisher à $(n-1)$ et $(nT-n-1)$ ddl. On accepte H0 si F est inférieure à la valeur critique lue sur la table de Fisher ou encore si $P\ value > 0{,}05$..	La statistique H suit, sous H0, une loi du Khi-Deux à k ddl. Si $H < \chi^2(k)$ c.-à-d. H est inférieure à la valeur critique lue sur la table du Khi-deux, on accepte H0. On choisit alors un modèle à effets aléatoires (modèle 3) ou encore si $P\ value > 0{,}05$.	On accepte l'hypothèse H1 de présence d'effets aléatoires si la probabilité du test vaut « zéro ».

Source : *Nous-même, sur base de nos recherches.*

Où :

k est le nombre de variables explicatives ;

n est le nombre d'individus ;

T est la taille de l'échantillon ;

R_1^2 est le coefficient de détermination calculé sur le modèle 1 ;

R_2^2 est le coefficient de détermination calculé sur le modèle 2.

Que dire du cadre conceptuel et définition des variables de l'étude ?

III.2 Cadre conceptuel et définition des variables de l'étude

III.2.1 Cadre conceptuel

Un grand nombre d'études (Abreu, M. et Mendes, V. 2002 ; Ben Naceur, 2003 ; Cousin, S. 2011 ; El Mostafa, A. 2006 ; Lonzo, G. et Mpiana, C. 2017 ; Mansouri, B. et Afroukh, S. 2009 ; Molyneux, P. et Thornton, J. 1992 ; Nembot, L. et Ningaye, P. 2007 et Tanimoune, N. 2003) ont été menées à travers le monde sur les facteurs influençant la rentabilité des banques ou déterminants de la performance bancaire ; il existe en effet une large revue de littérature sur cette question. Certains de ces travaux se sont focalisés sur les spécificités de chaque pays et d'autres sur un Panel de pays.

Aussi, nous avons noté que dans certains de ces travaux réalisés sur les banques établies en RDC (Lonzo, G. et Mpiana, C. 2017), les auteurs ont traité les données tirées des états financiers, sans apporter les corrections nécessaires, afin d'éliminer les irrégularités, incohérences et observations ou réserves des commissaires aux comptes.

Ainsi, compte tenu de l'importance économique du secteur bancaire congolais et des questions que se posent les professionnels, les experts et les chercheurs sur la performance des banques locales face à la contre-performance des banques internationales et panafricaines, nous avons jugé important et intéressant d'identifier et d'analyser les déterminants de la rentabilité des banques établies en RDC, tout en comparant les banques locales, panafricaines et internationales.

Les facteurs retenus, qui influencent la rentabilité des banques sont scindés en deux groupes dans la littérature : les déterminants internes et les déterminants externes. Les premiers concernent les caractéristiques financières ou facteurs spécifiques à la banque alors que les seconds sont essentiellement des facteurs spécifiques au système financier et macroéconomique. Même si les résultats des études sur cette question diffèrent significativement selon la taille de l'échantillon et des données considérées, nous pouvons identifier quelques facteurs communs qui influencent la rentabilité des banques.

Dans ce travail, nous avons traité uniquement des déterminants internes pour chaque catégorie de banques. J'ai identifié les déterminants internes de la rentabilité bancaire qui différencient les banques domestiques (locales) des autres banques panafricaines et internationales. Ainsi, nous avons retenu onze (11) variables, dont deux variables dépendantes ou expliquées, à savoir : la rentabilité économique et la rentabilité financière ; et neuf variables indépendantes ou explicatives, ci-dessous :

- la taille de la banque (total bilan);
- l'âge de la banque ;
- le niveau du pouvoir décisionnel des organes de direction et de gouvernance de la banque ;
- le ratio de la qualité du portefeuille des crédits (crédits douteux sur crédits bruts) ;
- le ratio d'intermédiation bancaire (crédits sur dépôts) ;
- le coefficient d'exploitation (charges d'exploitation sur Produit Net Bancaire) ;
- le ratio de capitalisation (capitaux propres sur total bilan) ;
- la pression fiscale (rapport entre l'impôt sur les bénéfices et profits ; le résultat avant impôt sur les bénéfices et profits) ;
- l'opinion du Commissaire aux comptes (voir tableau n° 17).

De ce qui précède, le cadre conceptuel de notre analyse sur les variables explicatives de la performance des banques établies en RDC peut être présenté comme suit :

Figure 4 : Cadre conceptuel des déterminants de la performance

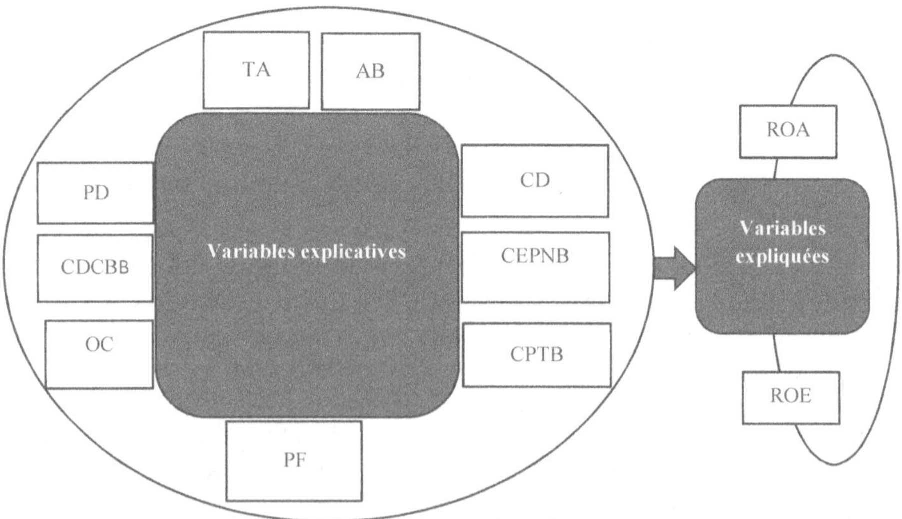

Source : *Nous-même, sur base de nos recherches.*

Où :

ROA : Rentabilité économique « *Return On Asset* »

ROE : Rentabilité financière « *Return On equity* »

TA : Taille de la banque

AB : Age de la banque

PD : Pouvoir décisionnel

CD : Ratio d'intermédiation bancaire

CDCB : Ratio de la qualité du portefeuille

CEPNB : Coefficient d'exploitation

CPTB : Ratio de capitalisation

PF : Pression fiscale

OC : Opinion du Commissaire aux comptes

La description des variables retenues et détaillées dans le cadre conceptuel ci-haut, ainsi que les signes attendus pour chacune des variables explicatives, sont présentés dans le tableau 20 ci-dessous.

Tableau 20: Description des variables

Variables	Symbole	Description	Signe
Variables dépendantes			
Rentabilité économique « *Return On Asset* (ROA) »	ROA	Résultat d'exploitation/Actif économique	
Rentabilité financière « *Return On equity* (ROE) »	ROE	Résultat net/Fonds propres	
Variables indépendantes			
Taille de la banque	Log (TA)	Logarithme du total actif	+
Age de la banque	AB	Nombre d'années d'existence	+
Pouvoir décisionnel	PD	Une variable binaire, dont le critère est basé sur le niveau de la concentration dans la prise des décisions, selon qu'il est local ou essentiellement au niveau du groupe.	+/-
Ratio d'intermédiation bancaire	CD	Crédits/Dépôts	+
Ratio de la qualité du portefeuille	CDCB	Crédits douteux/Crédits bruts	-
Coefficient d'exploitation	CEPNB	Charges d'exploitation/Produit Net Bancaire	+/-
Ratio de capitalisation	CPTB	Capitaux propres / total bilan	+
Variables	**Symbole**	**Description**	**Signe**

Variables indépendantes			
Pression fiscale	PF	Impôt sur bénéfices et profits / Résultat avant impôt	-
Opinion du Commissaire aux comptes	OC	Une variable binaire construite sur base des opinions des commissaires aux comptes selon qu'elle est une opinion non modifiée sans observations à incidence sur les états financiers ou une opinion modifiée ou une opinion non modifiée avec observations à incidence sur les états financiers.	+

Source : *Nous-même, sur base de nos recherches.*

Comment définir les variables de l'étude ?

III.2.2 Définition des variables de l'étude

Dans le but de rendre aisé la compréhension des variables retenues dans le cadre de notre dissertation, nous présentons dans les lignes qui suivent une description détaillée et succincte de ces différentes variables.

III.2.2.1 Variables dépendantes

Pour une meilleure matérialisation de notre modèle, nous avons retenu deux mesures de la performance, comme variables dépendantes, dans cette étude. Il s'agit de la rentabilité économique, c'est-à-dire la rentabilité des actifs et la rentabilité financière appelée aussi rentabilité des capitaux propres.

1. La rentabilité des actifs (Return On Assets) : est déterminée par le rapport entre le résultat d'exploitation et l'actif économique. C'est le ratio le plus utilisé. Il sert à comparer la rentabilité des banques puisqu'il indique les revenus générés par les actifs économiques de la banque. Elle est l'expression de la rentabilité des actifs de la banque. En rapportant le résultat d'exploitation à l'actif économique, il démontre en effet la capacité managériale des banques à acquérir des immobilisations et des dépôts à un coût raisonnable et de les investir dans des activités rentables.

2. La rentabilité des capitaux propres (Return On Equity) : est définie comme étant le rapport entre le résultat après impôt et les capitaux propres. Ce ratio, appelé aussi la rentabilité des actionnaires après impôt, permet d'évaluer le

rendement des fonds investis par ceux-ci dans la banque. Il s'agit d'un ratio qui mesure la rentabilité des fonds propres de la banque. En d'autres termes, c'est le résultat net rapporté aux fonds propres ou l'investissement total des actionnaires. Il exprime la capacité des capitaux investis par les actionnaires à dégager un certain niveau de profit.

Il y a aussi les variables indépendantes à signaler.

III.2.2.2 Variables indépendantes

Il ressort du cadre conceptuel de notre étude, que neuf variables indépendantes sont retenues, comme variables explicatives de la performance des banques en RDC. Ces variables sont scindées en deux catégories, dont sept (7) variables indépendantes quantitatives et deux (2) variables indépendantes qualitatives. A cet effet, nous présentons ci-dessous ces différentes variables :

1. La taille de la banque : est approximée par le logarithme de la valeur comptable du total actif à la fin de l'exercice comptable.

2. L'âge de la banque : est mesuré par le nombre d'années depuis que la banque a été agréée par la BCC (l'âge de la banque a été trouvé en faisant : 2017 moins année de l'agrément de la banque). En effet, à l'issue de nos différents entretiens, nous avons noté que beaucoup de chercheurs, professionnels, experts et cadres de la supervision bancaire de la BCC attestent qu'il est l'un des déterminants de la performance des banques en RDC. Alors, l'âge de la banque est retenu comme un des facteurs qui pourrait influencer considérablement la performance des banques établies en RDC.

J'estime que, plus une banque a beaucoup d'années d'existence, plus elle a de l'expérience et maitrise l'environnement des affaires du pays, plus son expérience dans le domaine est large et plus l'accumulation des compétences permettrait aux dirigeants de la banque et à son personnel de mieux sélectionner les projets d'investissement ou les opportunités intéressants.

3. Le ratio d'intermédiation bancaire : est le rapport entre les crédits octroyés à l'économie (crédits bruts) et le total des dépôts collectés. Dans le cadre de leur mission, les banques sont appelées à collecter les fonds auprès du public, pour ensuite les reverser dans le circuit économique à travers les crédits.

En effet, les fonds collectés auprès du public ont un coût. Ils sont de fois rémunérés (charges financières), et leur gestion nécessite des coûts additionnels dont notamment les charges salariales, les frais de sécurité, l'assurance, les frais de contrôle de la BCC et la réserve obligatoire à constituer auprès de cette dernière. De ce fait, ces fonds ne devraient pas rester dormants (non productifs) dans les coffres des banques et auprès de leurs correspondants.

4. Le ratio de la qualité du portefeuille : est l'indicateur des créances non performantes dans le portefeuille des crédits d'une banque. C'est le rapport entre les créances non performantes et le total des créances.

Les banques sont obligées de constituer les provisions (charges) sur ces créances non performantes, suivant les taux indiqués dans le tableau 14 de la présente étude.

5. Le coefficient d'exploitation : est un indicateur qui permet de mesurer la proportion de la richesse créée par la banque, absorbée par les charges d'exploitation. Il est calculé par le rapport entre les charges d'exploitation et le Produit Net Bancaire. Dans un environnement concurrentiel, la réussite dépend en grande partie de la maîtrise des coûts et de l'utilisation efficace des ressources en possession.

6. Le ratio de capitalisation : est l'indicateur d'appréciation du niveau des fonds d'une banque. C'est le rapport entre les capitaux propres et le total des actifs. Ce ratio de capitalisation a une certaine influence sur la capacité et la limite prudentielle d'octroi des crédits aux agents économiques, et ce, quel que soit le volume de dépôts mobilisés par une banque. C'est un indicateur très important dans l'activité des banques. Bien que comptable, les fonds propres constituent une composante essentielle dans le calcul des fonds propres prudentiels des banques.

7. La pression fiscale : représente la part du résultat réalisé par une banque, consacrée au paiement de l'impôt sur les Bénéfices et Profits (IBP). Suivant les dispositions fiscales applicables aux banques établies en RDC, le taux de l'IBP est fixé à 35 % (aujourd'hui 30 %). Eu égard au fait que la base de cet impôt n'est pas le résultat comptable, mais le résultat fiscal, la pression fiscale ne correspond pas toujours à 35 % (30 %).

En effet, le résultat fiscal correspond au résultat comptable majoré des charges non admises du point de vue fiscal (réintégrations), diminué des produits non imposables à l'IBP (déductions) et des pertes fiscales des exercices antérieurs. En somme, la pression fiscale se définit comme le ratio entre l'IBP et le résultat avant impôt.

8. Le pouvoir décisionnel : Une variable qualitative, dont le critère est basé sur le niveau de la concentration dans la prise des décisions, selon qu'il est local, ou au niveau du groupe. Dans le cadre de cette étude, nous pensons que les banques locales ont une rapidité dans la prise de décision que les banques panafricaines et internationales. Ceci, est la résultante de la dépendance des banques panafricaines et internationales à leurs groupes respectifs. La variable niveau du pouvoir décisionnel prend la valeur un (1) si le pouvoir est principalement local et zéro (0) lorsque le pouvoir décisionnel est au niveau régional ou essentiellement au niveau de la maison mère (international ou panafricain).

J'ai retenu ce facteur, car nous avons noté que dans plusieurs banques panafricaines et internationales, les pouvoirs des organes de direction et du conseil d'administration, bien que définis comme responsables de différentes décisions suivant les dispositions légales et réglementaires (Loi bancaire, instructions de l'autorité de régulation et Acte Uniforme OHADA relatif au droit des sociétés et du Groupement d'Intérêt Economique), sont très limitatifs. Les grandes décisions sont prises au niveau du groupe. Les organes de direction et du conseil d'administration ne sont mis en place que pour des besoins de conformité aux dispositions légales et réglementaires.

9. Opinion du Commissaire aux comptes : Une variable qualitative binaire construite sur base des opinions et observations des commissaires aux comptes. A cet effet, si d'une part, l'opinion est non modifiée et sans observations à incidence sur l'exactitude des états financiers, la variable prend la valeur un (1). Et d'autre part, si l'opinion du Commissaire aux comptes est une opinion modifiée ou une opinion non modifiée avec observations à incidence sur l'exactitude des états financiers, la variable prend la valeur zéro (0).

Les données non quantitatives utilisées dans le présent travail, telles que l'opinion du commissaire aux comptes et le niveau du pouvoir décisionnel des organes de direction et de gouvernance, sont tirées des rapports des commissaires aux comptes des banques et des entretiens que nous avons eus avec les membres de direction de différentes banques établies en RDC et certains cadres de la supervision bancaire de la Banque Centrale du Congo.

Quant aux données quantitatives utilisées, elles sont tirées des états financiers certifiés des banques pour la période sous examen, après retraitements opérés pour corriger certaines irrégularités notées dans ces différents états financiers et réserves ou observations relevées par le commissaire aux comptes. En effet, à l'issue de la lecture et analyse des états financiers des banques retenues dans notre dissertation, nous avons noté les irrégularités ci-dessous dans les états financiers de certaines banques, qui ont nécessité des retraitements et corrections, en vue d'assurer l'homogénéité et la comparabilité des données utilisées :

- non inclusion des commissions et profits de change dans le Produit Net Bancaire ;
- inclusion des provisions pour pertes, risques et charges dans les fonds propres ;
- non inclusion des provisions réglementées (provisions générales) dans les fonds propres ;
- comptabilisation des provisions spécifiques dans un compte de passif ;

- inclusion de certaines charges liées à l'activité bancaire dans les charges d'exploitations, au lieu de les inclure dans le Produit Net Bancaire ;
- non constitution des provisions sur les actifs à forte antériorité (plus de deux ans) non justifiés pendant les travaux du commissaire aux comptes ;
- sous-estimation des provisions sur les créances en souffrance, relevée par le commissaire aux comptes ;
- montant des provisions sur créances en souffrance supérieur à celui des créances en souffrances ;
- non réduction du capital non versé des fonds propres ;
- présentation erronée et incomplète de certains états financiers (absence du tableau des flux de trésorerie et du tableau de variation des fonds propres)

Comment envisager la transformation du cadre conceptuel au modèle de PANEL?

III.3 Transformation du cadre conceptuel au modèle de PANEL

Le cadre conceptuel tel que présenté et décrit dans la section précédente peut être transformé au modèle de Panel, selon qu'il s'agit du modèle de Panel à effets fixes ou modèle de Panel à effets aléatoires.

III.3.1 Modèle de Panel à effets fixes

Le modèle de Panel à effets fixes pour la rentabilité des banques congolaises est de la forme suivante, selon qu'il s'agit de la rentabilité financière ou de la rentabilité économique :

$$ROA_{it} = \alpha_i + (\beta_1 AB_{it} + \beta_2 PD_{it} + \beta_3 CDCB_{it} + \beta_4 CD_{it} + \beta_5 CEPNB_{it} + \beta_6 CPTB_{it} + \beta_7 PF_{it} + \beta_8 OC_{it} + \beta_9 log(TA)_{it}) + \varepsilon_{it}$$

$$ROE_{it} = \alpha_i + (\beta_1 AB_{it} + \beta_2 PD_{it} + \beta_3 CDCB_{it} + \beta_4 CD_{it} + \beta_5 CEPNB_{it} + \beta_6 CPTB_{it} + \beta_7 PF_{it} + \beta_8 OC_{it} + \beta_9 log(TA)_{it}) + \varepsilon_{it}$$

$$\forall i = 1, \dots, 18 \ ; \ t = 2008, \dots, 2017, \text{ soit 10 ans}$$

Où :

- ROA_{it} : Rentabilité économique de la banque i à l'instant t ;
- ROE_{it} : Rentabilité financière de la banque i à l'instant t ;
- AB_{it} : Age de la banque i à l'instant t ;
- PD_{it} : Pouvoir décisionnel de la banque i à l'instant t ;

- $CDCB_{it}$: Ratio de la qualité du portefeuille de la banque i à l'instant t ;
- CD_{it} : Ratio d'intermédiation bancaire de la banque i à l'instant t ;
- CEPNB_{it} : Coefficient d'exploitation de la banque i à l'instant t ;
- CPTB_{it} : Ratio de capitalisation de la banque i à l'instant t ;
- PF_{it} : Pression fiscale de la banque i à l'instant t ;
- OC_{it} : Opinion du Commissaire aux comptes de la banque i à l'instant t ;
- $\log{(TA)_{it}}$: Logarithme du total actif de la banque i à l'instant t ;
- α_i : Effet fixe individuel (constant dans le temps, mais propre à chaque banque). Il est appelé « effet spécifique » de la banque i ;

  Les α_i sont considérés comme des paramètres fixes à estimer avec β;
- β : Matrice des coefficients des variables explicatives du modèle ;
- ε_{it} : Terme aléatoire ou perturbations du modèle.

J'évoque le modèle de Panel à effet aléatoire dans les lignes suivantes.

III.3.2 Modèle de Panel à effets aléatoires

Le modèle de Panel à effets aléatoires est de la forme :

$$ROA_{it} = \alpha + (\beta_1 AB_{it} + \beta_2 PD_{it} + \beta_3 CDCB_{it} + \beta_4 CD_{it} + \beta_5 CEPNB_{it} + \beta_6 CPTB_{it} + \beta_7 PF_{it} + \beta_8 OC_{it} + \beta_9 log(TA)_{it}) + \varepsilon_{it}$$

$$ROE_{it} = \alpha + (\beta_1 AB_{it} + \beta_2 PD_{it} + \beta_3 CDCB_{it} + \beta_4 CD_{it} + \beta_5 CEPNB_{it} + \beta_6 CPTB_{it} + \beta_7 PF_{it} + \beta_8 OC_{it} + \beta_9 log(TA)_{it}) + \varepsilon_{it}$$

$\forall i = 1, \ldots, 18 \; ; t = 2008, \ldots, 2017$, soit 10 ans

Où :

- ROA_{it} : Rentabilité économique de la banque i à l'instant t ;
- ROE_{it} : Rentabilité de la banque i à l'instant t ;
- AB_{it} : Age de la banque de la banque i à l'instant t ;
- PD_{it} : Pouvoir décisionnel de la banque i à l'instant t ;
- $CDCB_{it}$: Ratio de la qualité du portefeuille de la banque i à l'instant t ;

- CD_{it} : Ratio d'intermédiation bancaire de la banque i à l'instant t ;
- CEPNB_{it} : Coefficient d'exploitation de la banque i à l'instant t ;
- CPTB_{it} : Ratio de capitalisation de la banque i à l'instant t ;
- PF_{it} : Pression fiscale de la banque i à l'instant t ;
- OC_{it} : Opinion du Commissaire aux comptes de la banque i à l'instant t ;
- $\log(TA)_{it}$: Logarithme du total actif de la banque i à l'instant t ;
- α : est la constante du modèle, care l'effet individuel est inclus dans le terme d'erreur (ε_{it}) ;
- β : Matrice des coefficients des variables explicatives du modèle ;
- $\varepsilon_{it} = \alpha_i + \lambda_t + \mu_{it}$, où α_i et μ_{it} sont des perturbations aléatoires non corrélées.

L'erreur se compose donc de trois parties ou effets. Le terme α_i représente un effet individuel spécifique non observable, ou le terme caractéristique de chaque individu. C'est une composante d'erreur unique pour la banque i. Le terme λ_t l'effet temporel identique pour toutes les banques. Et le terme μ_{it} est un effet résiduel. Il reflète l'interaction des sources non observées de la variation individuelle et temporelle.

L'effet spécifique individuel α_i est intégré dans le modèle explicatif de la rentabilité bancaire afin de traiter explicitement le biais d'hétérogénéité à travers les banques. Ce modèle est qualifié de modèle à « erreurs composées ». Dans ce modèle, l'effet individuel α_i est considéré comme aléatoire, il ne s'agit nullement d'une constante propre à chaque individu, mais plutôt d'une perturbation propre à chaque individu.

L'estimateur défini pour le modèle à effets aléatoires est les moindres carrés généralisés[28] (MCG).

Il faudrait signaler que la prise en compte d'effets spécifiques (individuels ou temporels) n'est pas effectuée au premier ordre. Il n'y a pas de comportement spécifique à un individu ou à une période. La prise en compte d'un effet spécifique n'est effectuée qu'au niveau du résidu. Les caractéristiques individuelles figurent dans les variables omises, supposées

[28] L'estimateur des moindres carrés généralisés est défini par : $\hat{\beta}_{MCG} = (X'\Omega^{-1}X)^{-1}X'\Omega^{-1}y$. Il est sans biais $E(\hat{\beta}_{MCG}) = b$ et sa variance est $V(\hat{\beta}_{MCG}) = (X'\Omega^{-1}X)^{-1}$. Cette variance est minimale, l'estimateur des MCG est le meilleur estimateur linéaire sans biais dans le modèle considéré.

indépendantes de X_{it}. Toutes les variables non mesurables interviennent dans la relation sous la forme d'un effet individuel spécifique figurant dans les résidus. Dans sa forme la plus générale, le modèle à erreurs composées intègre, outre l'effet individuel, un effet temporel λ_t.

D'où :

$$\varepsilon_{it} = \alpha_i + \lambda_t + \mu_{it}$$

L'effet temporel correspond à l'omission, dans la liste des variables explicatives de variables dont la valeur est identique pour tous les individus en un point donné du temps. Il peut s'agir par exemple du climat des affaires, de la variation du taux de change, etc.

Il me faut à présent présenter les banques retenues.

III.4 Présentation des banques retenues

Comme énoncé ci-dessus, dans cette étude, nous cherchons à identifier et à analyser les déterminants de la performance des banques établies en RDC, pour la période allant de 2008 à 2017. Autrement dit, ce travail recherche les principaux déterminants de la performance de ces banques.

Je recours ainsi à l'approche économétrique pour analyser les déterminants de la rentabilité de 18 banques commerciales, dont 5 banques locales (Banque Commerciale du Congo SA, BIAC SA, Rawbank SA, Sofibanque SA, TMB SA), 9 banques panafricaines (Access Bank Congo SA, Afriland First Bank CD SA, BGFIBank RDC SA, Bank Of Afrika RDC SA, Ecobank RDC SA, FBN Bank RDC SA, Fibank DRC SA, United Bank for Africa RDC SA, Equity Bank Congo SA) et 4 banques internationales (Advans Bank Congo SA, Citigroup Congo SA, Standard Bank RDC SA, Byblos Bank RDC SA).

Il n'est point besoin de justifier le choix de notre échantillon, car notre étude a porté sur toutes les banques en activité, durant la période retenue dans la présente dissertation, soit 2008 à 2017.

Dans la section suivante, nous présentons succinctement ces différentes banques.

III.4.1 Présentation des banques

Access Bank RDC S.A est la filiale du Groupe Access Bank Plc basé au Nigéria. Elle est présente en RDC depuis 2008, après le rachat d'une banque locale « Banque Privée du Congo » établie à Goma dans la Province du Nord Kivu, qui est devenue aujourd'hui l'une de ses agences. Son siège social se situe aujourd'hui, à Kinshasa, sur l'avenue de la Démocratie n° 158, dans la commune de la Gombe. Sa clientèle est diversifiée comptant parmi elle les multinationales, les entreprises locales, les comptes privés, etc...

Advans Banque Congo SA fait partie du groupe international Advans, un réseau d'institutions financières proposant des services financiers adaptés aux Micros, Petites et Moyennes Entreprises (MPME) dans les pays en développement et les économies en transition. Elle a été créée en juillet 2008, agréée par la Banque Centrale du Congo le 8 octobre 2008 et a démarré ses activités à Kinshasa en juillet 2009.

« Cette banque a été dissoute entre 2022 et 2023. Les principaux actionnaires de cette institution ont lancé en 2023 une société de microfinance.

Son siège social se situe à Kinshasa, dans la commune de la Gombe. Elle a un réseau de plus de 10 agences réparties dans la ville de Kinshasa et certaines provinces de la RDC. Sa clientèle est diversifiée comptant parmi elle les Micros, Petites et Moyennes Entreprises (MPME), les particuliers et les associations.

Afriland First Bank CD SA, est l'une des filiales du groupe camerounais Afriland First Bank, qui est déterminé à donner une autre image du continent Africain en élargissant notamment son réseau au niveau régional. Elle a été créée en 2005 et est opérationnelle depuis 2006. Son offre consiste à bâtir des solutions de financement adéquates et des services bancaires de qualité, intégrant ainsi les acteurs locaux dans le processus de développement durable et de création de la richesse, tout en facilitant l'accès aux services financiers aux entrepreneurs et autres investisseurs. Elle est actuellement sous administration provisoire de la Banque Centrale du Congo

Son siège social se situe, à Kinshasa, sur le boulevard du 30 juin, n° 767, dans la commune de la Gombe. Elle compte à ce jour, un réseau de plus de 15 agences dont 9 agences à Kinshasa et le reste dans certaines provinces de la RDC. Sa clientèle est diversifiée comptant parmi elle les multinationales, les entreprises locales, les comptes privés, etc...

BOA-RDC, Bank of Africa est une société par action ayant vu le jour en 2009. Son capital, initialement détenu à 100 % par sa maison mère le groupe BOA (filiale de la BMCE), comptera dès fin avril 2010 deux nouveaux actionnaires qui sont les institutions de coopération financière belge et française, BIO (Belgian Investments Overseas) et Proparco, par ailleurs filiale de l'Agence française de développement.

La banque fait partie d'un grand groupe africain présent dans plusieurs pays africains. Son siège social se situe, à Kinshasa, sur avenue des Aviateurs, n° 22, dans la commune de la Gombe. Elle compte à ce jour, un réseau de plus de 15 agences dont 9 agences à Kinshasa et le reste dans certaines provinces de la RDC.

Sa clientèle est diversifiée comptant parmi elle les sociétés congolaises et internationales, les acteurs institutionnels, les Petites et Moyennes Entreprises ainsi que les particuliers, agents d'entreprises et de l'Etat.

BCDC, Banque Commerciale Du Congo est la plus ancienne des banques commerciales œuvrant en RDC, et ce depuis 1909. Elle fut filiale de la Belgolaise au départ ; et est actuellement détenue majoritairement par Monsieur G.A. Forrest et sa famille, qui viennent de céder une bonne partie de leurs actions au Groupe bancaire panafricain Equity Bank.

Forte de plus d'un siècle d'expérience, implantée dans la majorité des provinces de la RDC ; avec une vingtaine d'agences, la Banque Commerciale Du Congo est indéniablement l'un des acteurs majeurs du système bancaire congolais. Son siège social se situe, à Kinshasa, sur le boulevard du 30 juin, n° 4856, dans la commune de la Gombe. La BCDC entretient et développe un réseau de plus de 25 agences réparties sur le territoire de la RDC pour accompagner ses clients dans les zones de croissance économique.

Cette banque a réalisé une opération de fusion absorption de la banque **Equity Bank Congo SA** en 2020. Ce qui lui a permis d'accroitre le nombre de ses agences à travers la République.

La banque offre des services financiers diversifiés à une clientèle diversifiée comprenant les entreprises congolaises et internationales, les acteurs institutionnels, les Petites et Moyennes Entreprises, les commerçants et professionnels actifs dans le secteur formel de l'économie, ainsi que les particuliers, agents d'entreprises et de l'Etat.

BGFIBank RDC SA est une filiale du groupe panafricain BGFIBANK, premier groupe financier de la zone CEMAC, présent dans environ dix pays en Afrique. Elle est opérationnelle en RDC depuis octobre 2010 et compte environ dix agences et guichets, établis majoritairement à Kinshasa, au grand Katanga, au grand Kivu et au Kongo-Central.

Son siège social se situe, à Kinshasa, sur le boulevard du 30 juin, n° 128, dans la commune de la Gombe. La banque propose une offre complète et cohérente de produits capables de répondre à une très large palette de besoins de grandes entreprises, Petites et Moyennes Entreprises, particuliers (salariés d'entreprises) et professionnels (indépendants, titulaires de professions libérales).

BIAC SA, Banque Internationale pour l'Afrique au Congo SA est présente en RDC depuis 1970. Ancienne filiale de la BIAO France. Détenue majoritairement par SOFIA S.A. (Société Financière Internationale pour l'Afrique) de droit luxembourgeois, elle est aujourd'hui en liquidation.

En 40 ans d'existence, la BIAC a fortement pénétré le marché congolais avec sa présence sur toute l'étendue du territoire ; comptant ainsi plus de 53 agences mais aussi des filiales à Paris et Bruxelles, dont certaines ne sont plus opérationnelles depuis sa mise sous administration de la BCC. Son siège social se situe, à Kinshasa, sur l'avenue de la douane, n° 1, immeuble Nioki, dans la commune de la Gombe. Son activité est diversifiée et sa gamme de produits s'adresse aussi bien à des sociétés publiques, aux filiales des multinationales établies en RDC, aux sociétés privées, aux particuliers ainsi qu'aux professionnels.

FBN Bank DRC SA est une filiale de la First Bank of Nigeria Limited, le premier groupe bancaire en Afrique subsaharienne (hors Afrique du Sud). Sa création remonte en 1994 à l'initiative de promoteurs congolais, dont l'homme d'affaires Pascal Kinduelo. Elle a porté la dénomination sociale « Banque Internationale de Crédit (B.I.C) » jusqu'en Septembre 2014. En Juin 2008, les promoteurs congolais ont cédé leurs actions au Groupe Thorens Limited. Puis ce dernier a cédé la majorité de ses actions au groupe panafricain nigérian FBN Bank Limited en 2011. A l'issue de l'opération de son rachat par cette dernière en 2014, elle a changé de dénomination sociale, pour porter la dénomination « FBN Bank DRC SA ».

Son siège social se situe, à Kinshasa, sur l'avenue de l'Equateur, n° 191, dans la commune de la Gombe. Elle a su développer un réseau d'agence à travers toute l'étendue de la république et a développé une politique commerciale de proximité au service des particuliers, des commerçants, des Petites et Moyennes Entreprises, ainsi que des entreprises et institutions de grande envergure. A ce jour, elle compte plus de 32 agences.

A la date de la publication de cet ouvrage, elle porte la dénomination First Bank DRC SA.

Byblos Bank RDC SA est l'ancienne Banque Solidaire Banque SARL qui fut rebaptisée ainsi après l'entrée en capital du groupe bancaire international d'origine libanaise Byblos Bank SAL, comme actionnaire de référence et majoritaire. En 2018, ce dernier s'est retiré, en cédant ses actions essentiellement à deux personnes physiques résidentes en RDC. Ainsi, depuis cette opération, elle a repris sa dénomination sociale de Solidaire Banque SA. La banque est opérationnelle en RDC depuis mars 2007.

Son siège social se situe, à Kinshasa, sur l'avenue du marché, n° 4, dans la commune de la Gombe. Elle offre ses services aux particuliers, aux sociétés commerciales et aux Petites et Moyennes Entreprises. Actuellement, elle est présente essentiellement dans la ville province de Kinshasa.

Citigroup Congo SA, est une filiale de CITIGROUP basée aux Etats unis. Elle s'est implantée en RDC (à l'époque Zaïre) en 1971 et est, par conséquent, la première banque internationale à s'installer en RDC.

L'initiative du groupe de prendre pied en Afrique centrale rentrait dans le cadre de sa stratégie d'implantation dans les marchés émergents.

Elle est actuellement présente à Kinshasa et dans la ville de Lubumbashi, avec une agence dans chacune de ces provinces. Son siège social se situe à Kinshasa, au croisement des avenues Colonel Lukusa Ngongo-Lutete, dans la commune de la Gombe. Citigroup Congo SA est un établissement bancaire tourné essentiellement vers les activités des institutions internationales et les sociétés multinationales.

Ecobank RDC S.A, est une filliale du groupe ECOBANK basé au TOGO, Société Anonyme, créée en 1985 comme holding bancaire à l'initiative de la Fédération des chambres de commerce d'Afrique de l'Ouest avec le soutien de la CEDEAO. Au début des années 80 il n'existait pratiquement aucune banque en Afrique de l'Ouest appartenant ni étant gérée par le secteur privé africain. C'est dans cette optique que fut créé le groupe ECOBANK.

En RDC, la banque œuvre depuis 2009 et possède un réseau de plus de 20 agences, présente principalement dans la ville de Kinshasa, le grand Katanga, la province du Kong-Central et le Grand-Kivu. Son siège social se situe à Kinshasa, sur le boulevard du 30 juin, n° 3642, dans la commune de la Gombe. Elle est une banque de proximité et développe une gamme de produits et services bancaires variés à une large clientèle composée d'institutions publiques, de firmes multinationales, d'institutions financières, d'entreprises locales, de Petites et Moyennes Entreprises, de microprojets, de gestionnaires de fortunes et de particuliers.

FiBank RDC SA, est une filiale du Groupe panafricain nigérian First International Bank (FIB Group Ltd, un groupe), membre du consortium HOLDING SLOK, créé en 1987. Présente en Gambie, Sierra Léone, Guinée et Liberia, elle est opérationnelle en RDC depuis avril 2009. Suite aux problèmes de non-conformité aux normes prudentielles, la banque a été mise sous administration provisoire de la Banque Centrale du Congo en 2015, puis a été dissoute sur décision de cette dernière en 2016. Elle est aujourd'hui en liquidation.

Elle comptait environ 8 agences, installées essentiellement dans la ville province de Kinshasa, le grand Katanga, la province du Kongo-Central et le grand Kivu. Son siège social se situait à Kinshasa, sur le boulevard du 30 juin, n° 118, dans la commune de la Gombe. Son activité était diversifiée et sa gamme des produits s'adressait aussi bien aux sociétés commerciales toutes tailles confondues, qu'à des particuliers, ainsi qu'aux professionnels.

Equity Bank Congo SA, qui a porté la dénomination sociale Procredit Bank Congo SA (dénomination de son ancien actionnaire majoritaire) jusqu'en septembre 2015, opère en RDC depuis 2005. Actuellement, la banque est détenue principalement par le groupe bancaire panafricain kenyan « Equity Group Holdings Limited » (présent dans plus de 6 pays d'Afrique de l'Est et Centrale).

Son réseau d'agences couvre essentiellement la ville de Kinshasa, le grand Katanga, le grand Kivu, avec un total de plus de 14 agences. La banque recourt également aux services des agents bancaires. Son siège social se situe à Kinshasa, sur l'avenue des aviateurs, n° 4b, dans la commune de la Gombe.

Elle est une banque inclusive avec un focus sur les Petites et Moyennes Entreprises, la banque de détail, la banque digitale, les clients Corporate, Private et institutionnels ainsi que l'Agrobusiness.

À la suite d'une opération de fusion, cette banque a été absorbée par la BCDC en 2020.

Rawbank SA est fondée en 2002 à l'initiative d'une famille (les RAWJI). Elle a pour actionnaire principal la RAWHOLDINGS S.A. (qui fut à la base de sa création) ainsi que la société MINZOTO HOLDING S.A. La banque a pu graduellement pénétrer le marché congolais en développant un réseau d'agences significatif, densifiant sa présence dans les grands centres urbains des grandes villes et poursuivant son installation dans les centres économiques de plusieurs provinces.

Son siège social se situe à Kinshasa, sur l'avenue Lukusa, n° 66, dans la commune de la Gombe. Bien installée à travers toute la RDC, avec un réseau de plus de 65 agences. Ses services sont axés sur les grandes entreprises, les Petites et Moyennes Entreprises, le secteur public, les organisations internationales et les clients individuels.

Sofibanque est née en 2009, de la volonté de plusieurs partenaires implantés de longue date en RDC. Elle a ouvert ses portes à Kinshasa en 2010. Elle a son siège au centre de la capitale, dans le quartier des affaires de la Gombe et possède des succursales et guichets avancés en dehors de Kinshasa.

Son siège social se situe à Kinshasa, sur l'avenue Kabasele, n° 4258, dans la commune de la Gombe. A ce jour, elle compte plus de 8 agences établies essentiellement dans la ville province de Kinshasa, dans le grand Katanga, au Kongo-Central et au Kasai. Elle recourt à un réseau unique d'agents bancaires pour servir ses clients à travers toute la République. A travers ses activités de « Retail Banking », elle offre toute une gamme de produits et services bancaires traditionnels (collecte de dépôts, distribution de crédits, mise à disposition et gestion de moyens de paiement) adaptés aux besoins de sa clientèle de particuliers, professions libérales, Organisations Non Gouvernementales et Petites et Moyennes Entreprises.

Forte d'une culture de responsabilité et de gestion rigoureuse des risques, la SofiBanque exerce également une activité de « Corporate Banking » auprès des grandes entreprises implantées en RDC. Elle accompagne sa clientèle Corporate dans ses stratégies d'investissement et de développement, et lui propose des solutions adaptées aux spécificités locales.

Standard Bank RDC SA est présente en RDC depuis 1992, date à laquelle Standard Bank group a racheté ANZ Grindlay internatiale au Zaïre, créée en 1973. Elle est filiale du plus important groupe bancaire en Afrique, de par sa valeur boursière avec un actionnariat de 20 % détenu par la plus grande banque chinoise, Industrial and Commercial Bank of China (ICBC).

Son siège social se situe à Kinshasa, sur l'avenue de la Mongala, n° 12, dans la commune de la Gombe. La banque est partenaire de nombreuses sociétés minières implantées en RDC. Elle propose des produits et services dans un réseau d'agences établies dans la ville province de Kinshasa et dans les villes de Lubumbashi, Kolwezi, Goma et Matadi. Elle travaille également avec plusieurs filiales des sociétés multinationales établies en RDC.

TMB SA, Trust Merchant Bank SA est une banque installée en RDC depuis 2003 ; Créée dans le grand Katanga par la famille Levy, résidente en RDC. Et depuis, elle s'est développée à travers toute l'étendue de la RDC. C'est la seule banque dont le siège social est établi en dehors de la ville de Kinshasa, soit à Lubumbashi, dans la province du haut Katanga.

La banque est présente dans presque toutes les villes de la RDC et à ce titre, dispose plus de 95 agences et guichets avancés, établis dans à travers toute la république. Son siège social se situe à Lubumbashi, sur l'avenue Lumumba, n° 1223, dans la commune de Lubumbashi. Sa gamme de produits est aussi variée que sa clientèle. Ses concours s'étendent aux particuliers et aux indépendants, aux Petites et Moyennes Entreprises, aux grandes entreprises, aux institutions nationales et internationales.

Entre 2022 et 2023, le groupe bancaire kenyan KCB est devenu l'actionnaire principal de cette institution.

UNITED BANK FOR AFRICA RDC SA (UBA) est une filiale du groupe nigérian panafricain « UBA group », une banque anonyme fondée en 1961 et basée à Lagos. Le groupe constitue l'une des plus importantes institutions financières d'Afrique des banques universelles offrant à plus de 7 millions de clients dans 750 succursales, dans 19 pays africains et une présence à New York, Londres et à Paris. Le groupe a formé par la fusion entre UBA à vocation commerciale et les magasins offrant Standard Trust Bank, en 2005.

Elle est opérationnelle en RDC, depuis 2010 et dispose aujourd'hui de plus de 5 agences. Son siège social se situe à Kinshasa, sur l'avenue de la libération, n° 1853, dans la commune de la Gombe. Ses services sont axés sur les grandes entreprises, les Petites et Moyennes Entreprises, les établissements publics et les clients individuels.

Après avoir abordé l'historique du système bancaire congolais et présenté les banques en activité en RDC durant la période retenue dans notre étude, nous allons procéder à l'analyse de l'évolution des textes réglementaires qui régissent l'activité bancaire en RDC, dans la section suivante.

Quelle posture épistémologique envisagée ?

III.5 Posture épistémologique

L'épistémologie est une réflexion critique sur les sciences, sur les méthodes et les présupposés de la connaissance et de la recherche scientifique (Didier, J. 1984).

Se fondant sur Gaston Bachelard (un des plus grands épistémologues modernes, mort en 1962) mon travail suppose un va-et-vient constant entre l'effort rationnel (subjectivité qui systématise) et le contact avec l'expérience (objectivité, confrontation aux données réelles).

En effet, les théories soutenues par des modèles et les réalités financières et économiques dans le temps et dans un espace donné, doivent être régulièrement et systématiquement confrontées, de manière critique, aux réalités pratiques de gestion, de production, de consommation, et des échanges.

C'est dans ce cadre que nous avons adopté une posture épistémologique positiviste. Nous avons ainsi mis en perspective un raisonnement déductif et une approche quantitativiste, dans le souci de fonder nos connaissances sur la loi des faits et non sur des théories métaphysiques et immuables (Didier, J. 1984).

A travers nos recherches, nous avons découvert les variables explicatives de auteurs tels que Goddard et al (2004), Athanasoglou et al. (2008), Herrero A.G et al. (2009), Brahim Mansouri et Saïd Afroukh (2009), Ben Naceur (2003), Bashir (2000) et Abreu et Mendes (2002).

Pour y arriver, nous avons recouru à une démarche hypothético-déductive. Plus précisément, nous avons :

(i) identifié et déterminé les indicateurs et variables susceptibles de répondre à nos questions de recherche

(ii) assuré une observation et une analyse critiques, pour nous assurer que les hypothèses et les modèles utilisés rendent bien compte de la réalité et des spécificités de l'activité bancaire en RDC ;

(iii) déterminé et testé de nouvelles hypothèses, pour les confirmer ou les infirmer.

Conclusion

En conclusion de ce troisième chapitre, nous pouvons noter que pour mener à bon port ce travail, nous avons eu recours à aux méthodes statistique, analytique et historique et à l'approche économétrique. Pour assurer une utilisation efficiente de ces méthodes, nous utilisé les techniques documentaires et d'interview.

Le cadre conceptuel défini dans le présent chapitre est transformé au modèle de panel à effets fixes et à effets variables, modèle utilisé dans le cinquième chapitre, qui constitue la quintessence même d'une des problématiques de cette œuvre scientifique, à savoir les déterminants de la performance des banques établies en RDC.

Les variables retenues dans ce modèle sont au nombre de onze (11), dont deux variables expliquées, à savoir : la rentabilité économique et la rentabilité financière ; et neuf variables explicatives à savoir : la taille de la banque, l'âge de la banque, le niveau du pouvoir décisionnel des organes de direction et de gouvernance de la banque, le ratio de la qualité du portefeuille des crédits, le ratio d'intermédiation bancaire, le coefficient d'exploitation, le ratio de capitalisation, la pression fiscale et l'opinion du Commissaire aux comptes.

Du point de vue épistémologique, nous avons adopté une posture positiviste.

Il convient d'évoquer l'analyse descriptive des indicateurs du secteur bancaire congolais.

Quatrième chapitre

Analyse descriptive des indicateurs du secteur bancaire congolais

Ces lignes ont pour matrice l'analyse descriptive des indicateurs du secteur bancaire congolais. Grâce aux méthodes analytique et historique et aux techniques documentaires et d'interview, nous présentons dans ce chapitre les résultats de notre analyse du comportement et de l'évolution du secteur bancaire congolais.

Cette analyse est faite sur tout le secteur pris globalement, par banque et par catégories des banques. Elle porte essentiellement sur les agrégats financiers tels que les dépôts, les crédits, le taux d'intermédiation, les fonds propres, le total bilan, le Produit Net Bancaire et le résultat net.

En effet, les pillages de 1991 et 1993 en RDC avaient détruit le tissu économique et industriel du pays, et démantelé ses grands groupes industriels. Ce choc avait, in fine, amorcé le bouleversement dans les activités du secteur bancaire. Les grandes entreprises industrielles, agro-industrielles et commerciales qui constituaient la clientèle haut de gamme des banques et qui leur permettaient d'atteindre leur seuil de rentabilité, avaient perdu de l'élan dans le volume de leurs transactions financières (Rapports annuels BCC).

En effet, les activités bancaires avaient presque disparu pendant les années 1990. Mais durant les dix dernières années, elles sont en train de se développer. Les activités bancaires ont repris depuis les années 2000, avec la croissance économique. Vers la moitié de la même décennie, soit entre 2000-2010, nous avons constaté l'émergence du secteur bancaire congolais avec l'entrée des banques panafricaines, telles que Ecobank RDC SA, Access Bank RDC SA, Bank of Afrika RDC SA, United Bank for Africa RDC SA.

Durant les dix dernières années, nous avons noté une forte croissance de l'activité des banques commerciales en termes de total bilan, de la mobilisation des dépôts, du financement de l'économie et de la création de la richesse. Cette croissance des activités, notée durant la période sous étude résulte, pour une grande part, de la hausse des dépôts de la clientèle (215 %, après élimination de l'effet de la dépréciation de la monnaie nationale). Les dépôts sont passés de USD 1.233 millions en 2008 à USD 3 887 millions en 2017, essentiellement constitués de dépôts en monnaies étrangères, soit plus de 80 % du total des dépôts.

Cette croissance trouve sa contrepartie, à l'actif, dans l'évolution des crédits à la clientèle (150 %, après élimination de l'effet de la dépréciation de la monnaie nationale) et des opérations interbancaires. Comme pour les dépôts, les crédits aussi sont octroyés essentiellement en Dollars américains (plus de 85 %). Ce qui caractérise bien la dollarisation de l'économie congolaise.

L'évolution des dépôts, des crédits et des opérations interbancaires, couplée à la croissance des opérations de paiement et de change réalisées auprès du système bancaire congolais, ont permis à ce dernier d'accroitre sa contribution au Produit Intérieur Brut, à travers le Produit Net Bancaire, qui a connu également une progression significative de 183 % (après élimination de l'effet de la dépréciation de la monnaie nationale), durant la période sous étude (de 2008 à 2017)

J'analyse en détail, dans les lignes qui suivent, le comportement des indicateurs ci-après, du système bancaire congolais :

- les dépôts ;
- les crédits ;
- le taux d'intermédiation ;
- les fonds propres ;
- le total bilan ;
- le Produit Net bancaire ;
- le résultat net.

IV.1 Consolidation des ressources par la mobilisation des dépôts

Après diverses mesures, les autorités congolaises ont réussi à redynamiser la structure de l'économie nationale notamment en multipliant le nombre des banques opérationnelles à travers le pays. Cet accroissement de nombre de banques a permis au secteur d'améliorer également le niveau des dépôts. Les dépôts des fonds mobilisés par les banques facilitent à la clientèle l'exécution de leurs opérations de règlement et permettent aux banques également de consentir des crédits. Ils sont généralement effectués ou comptabilisés sous deux formes, à savoir :

- Les dépôts à vue (comptes chèques, comptes courants et les comptes sur livrets d'épargne, etc.) ;
- Les dépôts à terme (comptes à terme, bons de caisse, etc.).

Je présente ci-dessous l'évolution et la ventilation des dépôts de tout le système bancaire congolais et des banques en activité durant la période de notre étude.

Tableau 21 : Evolution et ventilation des dépôts par nature (en milliards de CDF)

Nature/Années	2008	2009	2010	2011	2012	2013	2014	2015	2016	2017
Dépôts à vue	649	1 060	1 075	1 637	2 249	2 497	2 301	2 547	2 965	4 348
Dépôts à terme	98	98	97	168	224	292	864	989	1 249	1 831
Total	747	1 158	1 172	1 805	2 473	2 788	3 165	3 536	4 214	6 179
Variation en %		55	1	54	37	13	13	12	19	47

Source : Nous-même, sur base des informations tirées des Rapports annuels de la BCC.

Graphique 3 : Evolution des dépôts par nature

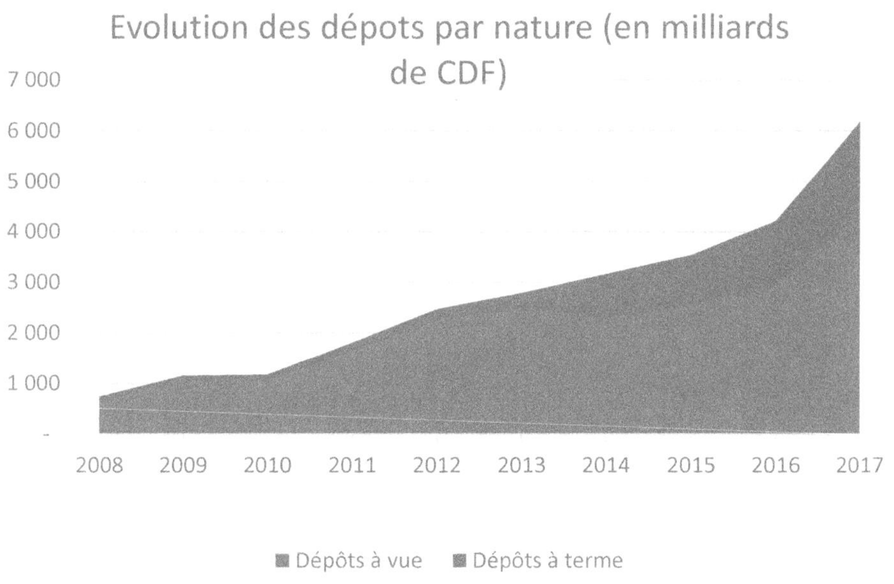

Source : Nous-même, sur base des informations tirées des Rapports annuels de la BCC.

Tableau 22 : Evolution et ventilation des dépôts par nature

(en millions de USD)

Année	2008	2009	2010	2011	2012	2013	2014	2015	2016	2017
Dépôts à vue	1 070	1 172	1 179	1 823	2 459	2 694	2 487	2 746	2 470	2 735
Dépôts à terme	162	108	106	187	244	315	933	1 067	1 040	1 152
Total	1 233	1 280	1 285	2 009	2 703	3 009	3 421	3 813	3 511	3 887
Variation en %		4	0	56	35	11	14	11	- 8	11

Source : Nous-même, sur base des informations tirées des rapports annuels de la BCC.

Tableau 23 : Ventilation des dépôts par nature (en %)

Nature/Années	2008	2009	2010	2011	2012	2013	2014	2015	2016	2017
Dépôts à vue	87	92	92	91	91	90	73	72	70	70
Dépôts à terme	13	8	8	9	9	10	27	28	30	30
Total	100	100	100	100	100	100	100	100	100	100

Source : Nous-même, sur base des informations tirées des rapports annuels de la BCC.

Graphique 4 : Ventilation des dépôts par nature (en valeur relative)

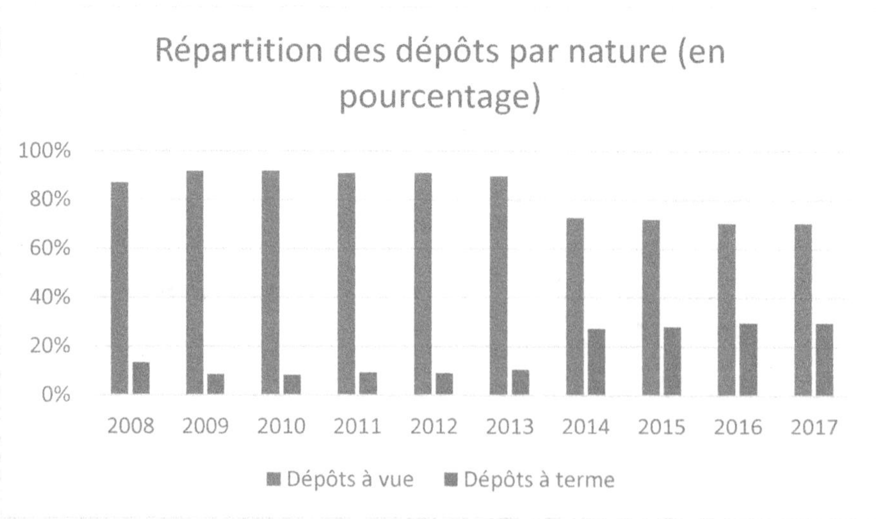

Source : Nous-même, sur base des informations tirées des rapports annuels de la BCC.

Il ressort de la lecture minutieuse de ces différents tableaux (21, 22 et 23) et graphiques (3 et 4) que les dépôts du secteur bancaire ont progressé de manière exponentielle durant toute la période sous étude, passant de 1 233 millions de USD en 2008 à 3 887 millions de USD en 2017, soit une croissance de 215 % en dix ans. Cette situation atteste que le secteur bancaire congolais a sensiblement amélioré sa capacité à mobiliser l'épargne, grâce principalement à l'arrivée des banques panafricaines établies en RDC entre 2008 et 2011, aux efforts commerciaux des banques commerciales et aux mesures de bancarisation et de paiement des droits et taxes via les banques commerciales prises par les autorités. On est passé de moins de 500 milles comptes bancaires en 2008 à environ 4 millions comptes bancaires en 2017. Cette situation traduit la reprise de l'activité bancaire et surtout la bonne santé du secteur bancaire congolais, dans la mobilisation des ressources auprès du public, bien que le taux de bancarisation soit toujours faible (5 %).

L'évolution des dépôts en CDF parait beaucoup plus importante que celle appréciée en USD (en convertissant tous les dépôts en USD au taux de clôture BCC). Ce fait est essentiellement justifié par la dépréciation de la monnaie nationale face au Dollar américain. Les dépôts étant essentiellement libellés en USD comme indiqué dans les lignes précédentes, l'élimination de l'effet de la dépréciation permet de réaliser une analyse assez objective.

Quant à la ventilation des dépôts, nous notons que, durant toute la période sous étude, les dépôts à vue représentent plus 70 % de l'ensemble des dépôts. Ce qui impacte certainement la politique des crédits des banques établies en RDC, car elles ne peuvent pas prendre le risque de prêter les dépôts à vue à des durées plus longues. Néanmoins, nous avons noté une constante amélioration de la part des dépôts à terme, qui est passée de 13 % en 2008 à 30 % en 2017. Cette situation est le fruit de la politique de certaines banques, qui proposent de plus en plus des taux alléchants sur les dépôts à terme et démontre aussi l'amélioration de la confiance du public vis-à-vis des banques congolaises.

Tableau 24: Ventilation de dépôts par catégories de déposants et provinces (en milliards de CDF)

Rubriques/Années	2008	2009	2010	2011	2012	2013	2014	2015	2016	2017
A. Catégorie de déposants	**747**	**1 158**	**1 172**	**1 805**	**2 473**	**2 788**	**3 165**	**3 536**	**4 214**	**6 179**
Particuliers	296	461	467	722	1 020	1 075	1 403	1 500	1 791	2 626
Entreprises privées	376	573	580	892	912	1 397	1 308	665	817	1 198
Entreprises publiques	30	67	63	100	294	172	238	254	305	447
Organismes financier non monétaires	26	32	40	55	-	12	24	22	27	40
Pouvoirs publics subordonnés	11	22	17	30	24	54	157	997	1 161	1 702
Organismes publics à caractère administratif	9	4	4	6	223	80	35	97	113	166
B. Provinces	**747**	**1 158**	**1 172**	**1 805**	**2 473**	**2 788**	**3 165**	**3 536**	**4 214**	**6 179**
Kinshasa	549	822	861	1 302	1 876	1 990	2 041	2 268	2 688	3 942
Bas-Congo	17	25	25	38	50	64	114	122	146	215
Bandundu	0	0	0	0	1	0	4	7	8	12
Equateur	-	-	-	0	2	0	6	6	8	11
Province Orientale	4	8	7	11	43	19	50	57	69	100
Sud, Nord Kivu et Maniema	43	75	62	105	120	189	264	292	354	519
Katanga	127	219	211	336	369	502	657	755	907	1 330
Kasaï Oriental	5	6	4	8	6	13	15	16	19	27
Kasaï occidental	3	4	2	5	7	10	14	13	16	23

Source : Rapport annuel 2017 de la BCC.

Tableau 25: Ventilation de dépôts par catégories de déposants et provinces (en %)

Rubriques/Années	2008	2009	2010	2011	2012	2013	2014	2015	2016	2017
A. Catégorie de déposants	**100**	**100**	**100**	**100**	**100**	**100**	**100**	**100**	**100**	**100**
Particuliers	40	40	40	40	41	39	44	42	42	42
Entreprises privées	50	49	50	49	37	50	41	19	19	19
Entreprises publiques	4	6	5	6	12	6	8	7	7	7
Organismes financier non monétaires	4	3	3	3	-	0	1	1	1	1
Pouvoirs publics subordonnés	1	2	2	2	1	2	5	28	28	28
Organismes publics à caractère administratif	1	0	0	0	9	3	1	3	3	3
B. Provinces	**100**	**100**	**100**	**100**	**100**	**100**	**100**	**100**	**100**	**100**
Kinshasa	74	71	74	72	76	71	65	64	64	64
Bas-Congo	2	2	2	2	2	2	4	4	4	3
Bandundu	0	0	0	0	0	0	0	0	0	0
Equateur	-	-	-	0	0	0	0	0	0	0
Province Orientale	0	1	1	1	2	1	2	2	2	2
Sud, Nord Kivu et Maniema	6	6	5	6	5	7	8	8	8	9
Katanga	17	19	18	19	15	18	21	21	22	22
Kasaï Oriental	1	1	0	0	0	1	0	1	0	0
Kasaï occidental	0	0	0	0	0	0	0	0	0	0

Source : Nous-même, sur base des informations tirées des rapports annuels de la BCC.

Il ressort de la lecture de ces deux tableaux n° 24 et n° 25, que la part des dépôts des particuliers (environ 40 %) est restée presque constante durant toute la période sous étude, alors que celle des entreprises privées a enregistré une baisse importante (passée de 50 % en 2008 à 18 % en 2017), part reprise essentiellement par les pouvoirs publics subordonnés, dont la part est passée de 1 % à 28 %. Cette progression des dépôts des pouvoirs publics subordonnés est expliquée principalement par les fonds de divers projets financés par les bailleurs des fonds internationaux, qui sont conservés auprès des banques commerciales établies dans le pays.

Cette baisse de la part des dépôts des entreprises privées est aussi expliquée par la politique de certaines entreprises privées, qui préfèrent de plus en plus conserver leurs fonds à l'étranger ou dans leurs coffres forts, en vue de ne pas s'exposer au risque des avis à tiers détenteurs de fois inopportun, adressés aux banques contre leurs clients, par les différentes régies financières nationales et provinciales.

En termes de répartition géographique, ces tableaux n° 24 et n° 25 indiquent que les dépôts du système bancaire congolais sont essentiellement concentrés dans trois zones, à savoir Kinshasa, le grand Katanga et le grand Kivu. En moyenne, plus de 90 % des dépôts sont concentrés dans ces trois zones, à raison de 69 % pour la première, 19 % pour la deuxième et 7 % pour la troisième. Ce constat est expliqué par le fait que les activités économiques du pays sont fortement concentrées dans ces trois zones.

Les agences bancaires sont plus implantées dans ces trois zones que dans le reste du pays. Force est de constater que la région du grand Katanga, capitale économique du pays, où les grandes sociétés minières sont implantées, ne regorgent qu'en moyenne 19 % de l'ensemble des dépôts du secteur bancaire.

Cela est justifié par la politique des sociétés minières établies en RDC, qui tiraient profit du code minier, qui disposait qu'elles étaient autorisées à garder et à gérer, les recettes de leurs ventes à l'exportation à concurrence de 60 % dans leurs comptes principaux et leurs comptes de service de la dette étrangère, à l'étranger. Il sied de rappeler que cette politique permet également aux sociétés minières également, en tant que sociétés assujetties aux impôts et taxes, de ne pas s'exposer au risque des avis à tiers détenteurs de fois inopportun, adressés aux banques contre eux, par les différentes régies financières nationales et provinciales.

Tableau 26: Mobilisation des dépôts par banque (en milliards de CDF)

Banques/Années	2 008	2 009	2 010	2 011	2 012	2 013	2 014	2 015	2 016	2 017
ACCESS BANK RDC SA	5	8	19	18	80	49	39	43	41	71
ADVANS BANK CONGO SA	-	1	1	2	4	7	10	15	18	43
AFRILAND FIRST BANK CD SA	10	12	13	16	17	21	25	34	49	92
BANK OF AFRIKA RDC SA	-	-	2	8	18	31	61	82	118	187
BANQUE COMMERCIALE DU CONGO SA	131	197	251	272	348	424	424	497	571	772
BGFIBANK RDC SA	-	-	8	24	96	109	151	194	252	290
BIAC SA	83	176	205	265	347	434	382	DND	DND	DND
FBN BANK RDC SA	61	99	149	163	209	259	263	277	342	434
BYBLOS BANK RDC SA	7	3	4	4	5	8	9	7	9	DND
CITIGROUP CONGO SA	36	46	57	68	72	71	85	90	92	119
ECOBANK RDC SA	8	23	36	73	115	162	188	220	348	488
FIBANK DRC SA	-	6	23	42	50	56	40	DND	DND	DND
EQUITY BANK CONGO SA	60	96	116	120	131	149	152	170	275	503
RAWBANK SA	102	212	272	367	449	512	635	675	838	1 486
SOFIBANQUE SA	-	-	5	3	17	29	54	68	137	139
STANDARD BANK RDC SA	45	63	93	103	149	123	166	148	206	295
TMB SA	68	119	176	238	309	396	471	509	593	851
UNITED BANK FOR AFRICA RDC SA	-	-	-	3	4	12	16	25	30	38
Total	**615**	**1 061**	**1 430**	**1 789**	**2 420**	**2 851**	**3 169**	**3 054**	**3 919**	**5 808**

Source : Nous-même, sur base des états financiers certifiés des banques commerciales.

Où DND : Données non disponibles

Tableau 27: Mobilisation des dépôts par banque (en %)

Banques/Années	2008	2009	2010	2011	2012	2013	2014	2015	2016	2017
ACCESS BANK RDC SA	1	1	1	1	3	2	1	1	1	1
ADVANS BANK CONGO SA	-	0	0	0	0	0	0	1	1	1
AFRILAND FIRST BANK CD SA	2	1	1	1	1	1	1	1	1	2
BANK OF AFRIKA RDC SA	-	-	0	1	1	1	2	3	3	3
BANQUE COMMERCIALE DU CONGO SA	21	19	18	15	14	15	13	16	15	13
BGFIBANK RDC SA	-	-	1	1	4	4	5	6	7	5
BIAC SA	13	17	14	15	14	15	12	DND	DND	DND
FBN BANK RDC SA	10	9	10	9	9	9	8	9	9	7
BYBLOS BANK RDC SA	1	0	0	0	0	0	0	0	0	DND
CITIGROUP CONGO SA	6	4	4	4	3	3	3	3	2	2
ECOBANK RDC SA	1	2	3	4	5	6	6	7	9	8
FIBANK DRC SA	-	1	2	2	2	2	1	DND	DND	DND
EQUITY BANK CONGO SA	10	9	8	7	5	5	5	6	7	9
RAWBANK SA	17	20	19	21	19	18	20	22	21	26
SOFIBANQUE SA	-	-	0	0	1	1	2	2	3	2
STANDARD BANK RDC SA	7	6	7	6	6	4	5	5	5	5
TMB SA	11	11	12	13	13	14	15	17	15	15
UNITED BANK FOR AFRICA RDC SA	-	-	-	0	0	0	1	1	1	1
Total	**100**	**100**	**100**	**100**	**100**	**100**	**100**	**100**	**100**	**100**

Source : Nous-même, sur base des états financiers certifiés des banques commerciales.

Où DND : Données non disponibles

Les tableaux présentés ci-dessous renseignent que les dépôts des banques en activité durant la période sous étude sont constitués essentiellement (plus de 60 %) de ceux de la Rawbank SA, de la BCDC, de la BIAC SA et de la TMB SA. La part des banques internationales telles que la Citigroup Congo SA et la Standard Bank RDC SA, reste faible malgré l'ancienneté de leur présence en RDC.

Cela est expliqué essentiellement par leur politique très restrictive de ciblage des clients. Ces banques visent essentiellement les sociétés internationales et les grandes entreprises ou établissements publics, or nous avons noté dans les lignes précédentes que les dépôts du système bancaire congolais sont constitués à plus de 40 % des dépôts des particuliers. Aussi, en termes de réseau, ces deux banques n'ont pas plus de cinq agences à travers le pays.

Quant aux banques panafricaines, important en nombre, elles ne mobilisent qu'en moyenne 30 % des dépôts, dont 20 % contrôlés essentiellement par trois institutions, à savoir Ecobank RDC SA, FBN Bank RDC SA et Equity Bank Congo SA. Si la première peut justifier sa part du marché grâce à ses efforts commerciaux et surtout à son réseau dans l'Afrique subsaharienne francophone, les deux autres héritent principalement la part du marché déjà acquise par les institutions qu'elles ont rachetées. FBN Bank RDC SA et Equity bank ont racheté respectivement, la Banque Internationale de Crédit (qui était une banque locale implantée depuis 1994) et Procredit Bank (qui était une banque internationale d'origine allemande, implantée dans le pays depuis 2004).

En termes de mobilisation individuelle de chaque institution, la Rawbank SA mobilise près du quart du total de dépôts du secteur, suivie de la TMB SA (15 %) et de la BCDC (13 %). Toutes ces banques sont locales, créées et opérationnelles depuis plus de quinze ans et présentes dans presque toutes les provinces du pays.

Tableau 28: Mobilisation des dépôts par groupe de banques (en milliards de CDF)

Catégorisation/Années	2008	2009	2010	2011	2012	2013	2014	2015	2016	2017
Banques locales	383	705	908	1 146	1 470	1 793	1 966	1 748	2 139	3 248
Banques panafricaines	145	243	367	466	720	847	934	1 045	1 455	2 103
Banques internationales	88	113	155	177	230	210	269	261	325	457
Total	615	1 061	1 430	1 789	2 420	2 851	3 169	3 054	3 919	5 808

Source : Nous-même, sur base des états financiers certifiés des banques commerciales.

Tableau 29: Mobilisation des dépôts par groupe de banques (en %)

Catégorisation/Années	2008	2009	2010	2011	2012	2013	2014	2015	2016	2017
Banques locales	62	66	63	64	61	63	62	57	55	56
Banques panafricaines	24	23	26	26	30	30	29	34	37	36
Banques internationales	14	11	11	10	9	7	9	9	8	8
Total	**100**	**100**	**100**	**100**	**100**	**100**	**100**	**100**	**100**	**100**

Source : Nous-même, sur base des états financiers certifiés des banques commerciales.[29]

[29] Hors BIAC SA (pour les exercices 2015, 2016 et 2017) et Byblos Bank RDC SA pour l'exercice 2017.

Graphique 5 : Repartition et évolution des dépôts par groupes de banques

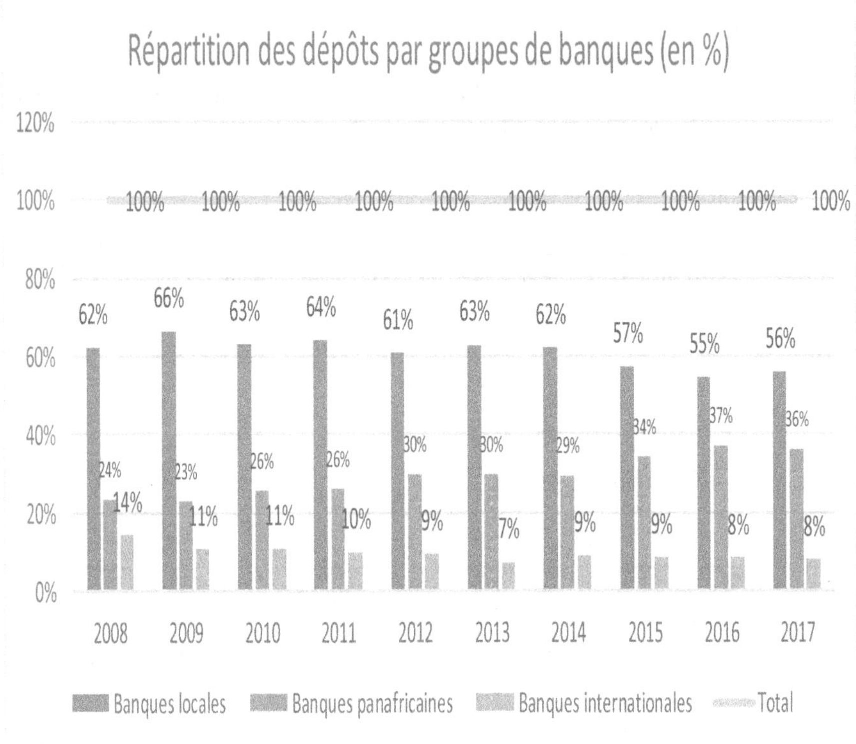

Source : Nous-même, sur base des états financiers certifiés des banques commerciales.[30]

De 2008 à 2017, les banques locales contribuent en moyenne à 61 % dépôts totaux des banques en activité, suivies des banques panafricaines à 29 % et les banques internationales à 10 %.

Ainsi, nous pouvons déduire que les banques locales dominent le secteur bancaire congolais au niveau de la mobilisation des dépôts, et ce sans prendre en considération les dépôts de la BIAC SA (banque locale sous administration provisoire de la BCC, qui détenait avant sa mise sous administration provisoire de cette dernière 14 % des dépôts du secteur). Après vérification et investigation, nous avons noté que cette situation est expliquée par la forte implantation de la plupart de ces banques locales sur toute l'étendue de la RDC d'une part et d'autre part, par la taille et l'ancienneté de chacune de ces banques.

La baisse de la part de dépôts des banques locales, notée à partir de l'année 2015, est expliquée, par la non prise en compte des dépôts de la BIAC SA, qui représentait en moyenne 14 % comme indiqué ci-haut. Aussi, bien qu'elles viennent

[30] Idem

en deuxième position, nous notons à travers les tableaux n° 28 et n° 29 et le graphique 5, que la contribution des banques panafricaines en termes de mobilisation de dépôts, a évolué en augmentation (passant de 24 % en 2008 à 36 % en 2017) alors que celle des banques locales et internationales a baissé durant la période sous étude.

La contribution des banques locales est passée de 62 % en 2008 à 56 % en 2017 pendant que celle des banques internationales est passée de 14 % à 8 %. Hormis la raison évoquée ci-haut concernant la BIAC SA, il faut retenir que cette progression des banques panafricaines est expliquée par les efforts commerciaux fournis par certaines de ces banques telles que Ecobank RDC SA, BGFIBank RDC SA et Bank Of Afrika RDC SA. Ces banques ont non seulement renforcé les actions commerciales, mais elles ont aussi élargi leur réseau d'agences à travers le pays durant la période sous étude.

Les lignes suivantes portent sur la création de la monnaie par l'octroi de crédits.

IV.2 Création de la monnaie par l'octroi de crédits

Les banques sont appelées à jouer un rôle économique important dans leur mission de collecte des fonds du public et en suite de les reverser dans le circuit économique. Les banques sont donc des agents intermédiaires, dont l'une des activités principales est l'octroi de crédit pour financer l'économie.

Il est évident que les fonds recueillis par les banques auprès de leurs clients sous forme de dépôt à vue (mouvants) ou à terme (stables) constituent des ressources importantes de ces institutions telles que présentées dans les lignes précédentes. Ces fonds de fois rémunérés (charges financières), dont la gestion occasionne aussi des coûts additionnels (Charges salariales, sécurité, assurance, Frais de contrôle de la BCC, etc.) Partant, ces fonds ne doivent pas rester dormants (non productifs) dans les coffres et auprès des correspondants.

La loi autorise ainsi les banques à les utiliser en partie sous leur entière responsabilité, pour accorder des crédits dans les limites légales (Instruction 14 de la banque Centrale du Congo), aux agents économiques dignes de confiance qui ont besoin de capitaux pour investir, produire et consommer. Ces crédits sont octroyés principalement sous formes de crédit de décaissement et de crédit par signature. La première forme se matérialise par le décaissement des fonds, reçus essentiellement du public, alors que la deuxième forme ne donne pas lieu à un décaissement, mais il s'agit d'engagement pris au profit de son client.

Cependant, bon nombre de chercheurs, opérateurs économiques et observateurs, déplorent le fait que les taux d'intérêt débiteurs appliqués par ces banques soient souvent exorbitants, comparés à ceux appliqués dans les autres pays de l'Afrique subsaharienne et de l'occident ou aux taux créditeurs proposés par ces mêmes banques. Bien qu'en baisse durant la période sous étude, les taux d'intérêts débiteurs appliqués par les banques commerciales établies en RDC, ainsi que leurs marges d'intérêt, restent si élevés, tels que présentés dans les tableaux n° 30 et n° 31 et les graphiques n° 6, 7, 8 et n° 9 ci-dessous.

Durant la période sous étude, l'on note que la part de la marge d'intérêts (entre les taux d'intérêt débiteur et créditeur) sur les taux intérêts débiteurs est en moyenne établie à 76 % et 79 %, respectivement pour les opérations en monnaie nationale et celles en monnaie étrangère. Les banques de leur côté justifient cette situation par les charges d'exploitation qui sont très élevées, soit un coefficient d'exploitation moyen de 83 % en 2017 (Deloitte RDC, 2018) et le risque pays qui est aussi très élevé.

Tableau 30: Taux d'intérêts appliqués par le système bancaire (en monnaie nationale)

		2008	2009	2010	2011	2012	2013	2014	2015	2016	2017
Taux d'intérêt débiteur (%)	(A)	44	70	45	41	23	19	20	19	16	21
Taux d'intérêt créditeur (%)	(B)	15	19	12	15	6	4	5	3	1	4
Marge entre les deux taux (%)	(C)=(A)-(B)	29	51	33	26	16	15	15	16	14	17
Part de la Marge en (%)	C/A	66	73	74	64	73	80	76	83	91	81

Source : Nous-même, sur base des informations tirées des rapports annuels de la BCC.

Graphique 6: Evolution des taux d'intérêts appliqués par le système bancaire (en monnaie nationale)

Source : Nous-même, sur base des informations tirées des rapports annuels de la BCC.

Graphique 7 : Evolution de la part de la marge entre les taux d'intérêts débiteurs et créditeurs (en monnaie nationale)

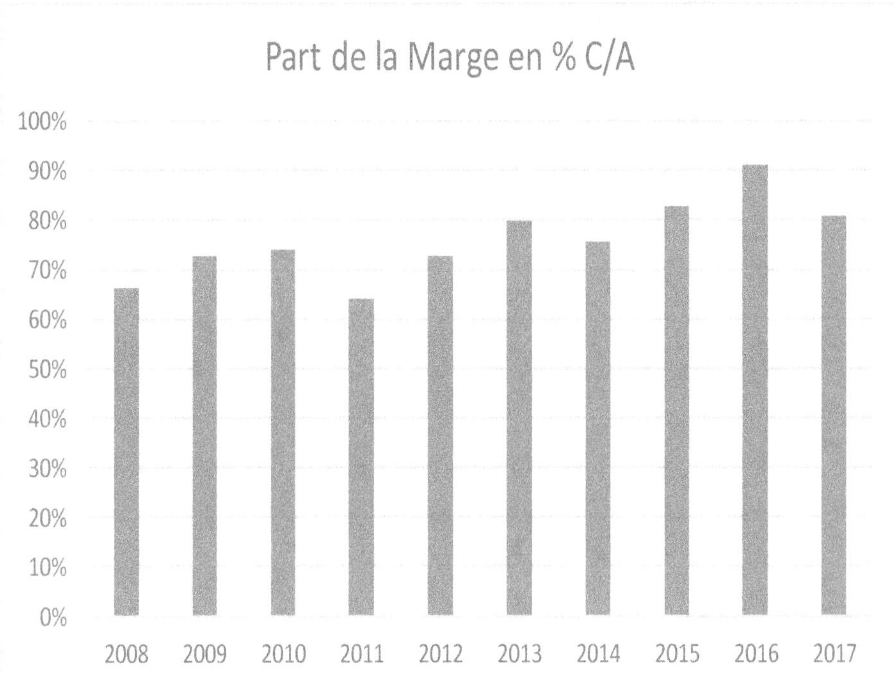

Source : Nous-même, sur base des informations tirées des rapports annuels de la BCC.

Tableau 31: Taux d'intérêts appliqués par le système bancaire (en monnaie étrangère)

		2008	2009	2010	2011	2012	2013	2014	2015	2016	2017
Taux d'intérêt débiteur	(A)	17	17	19	19	16	15	15	14	15	16
Taux d'intérêt créditeur	(B)	4	4	3	3	3	3	3	3	3	4
Marge entre les deux taux	(C)=(A)-(B)	13	13	16	16	13	12	11	11	11	12
Part de la Marge en %	C/A	79	79	85	83	79	79	77	78	78	77

Source : Nous-même, sur base des informations tirées des rapports annuels de la BCC.

Graphique 8 : Evolution des taux d'intérêts appliqués par le système bancaire (en monnaie étrangère)

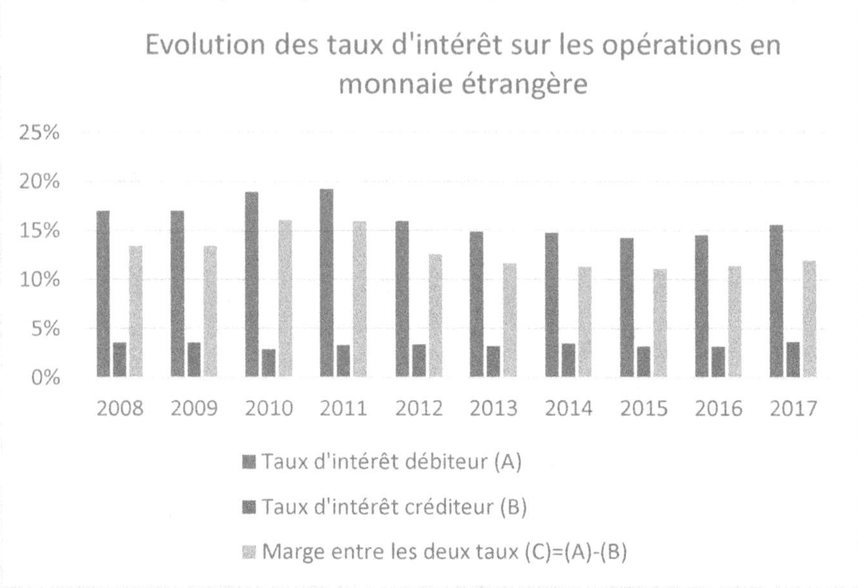

Source : Nous-même, sur base des informations tirées des rapports annuels de la BCC.

Graphique 9 : Evolution de la part de la marge entre les taux d'intérêts débiteurs et créditeurs (sur les opérations en monnaie étrangère)

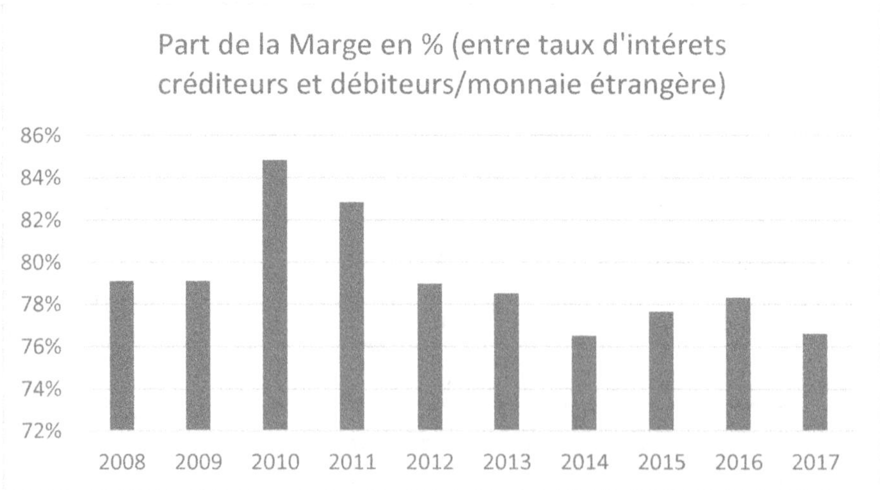

Source : Nous-même, sur base des informations tirées des rapports annuels de la BCC.

Tableau 32: Crédits (par nature) à l'économie (en milliards de CDF)

Description/Années	**2008**	**2009**	**2010**	**2011**	**2012**	**2013**	**2014**	**2015**	**2016**	**2017**
I. Crédits à décaissement	490	481	648	963	1 341	1 666	1 820	1 990	2 986	3 175
A. Crédit à court terme	**412**	**367**	**437**	**681**	**931**	**1 062**	**1 146**	**1 301**	**2 046**	**2 181**
1. Agriculture	15	69	43	19	34	26	10	22	39	38
2. Industrie	30	36	31	78	95	173	51	41	146	150
3. Distribution	80	53	57	124	322	388	742	450	110	141
4. Transport	34	37	66	96	128	82	53	69	130	213
5. Autres	253	171	240	364	351	394	290	719	1 621	1 640
B. Crédits à moyen terme	**78**	**113**	**211**	**282**	**410**	**603**	**674**	**690**	**940**	**994**
1. Investissement productifs	10	18	86	107	131	297	217	330	450	476
2. Prêts spéciaux	9	-	-	-	-	-	25	73	99	105
3. Autres	60	96	125	175	279	306	432	287	390	413
II. Crédits d'engagement	108	66	168	255	321	428	420	337	526	750
1. Crédocs à l'import	50	23	73	66	125	156	132	65	64	86
2. Crédocs à l'export	-	-	-	-	15	5	4	-	-	-
3. Autres (1)	58	43	95	188	181	267	284	272	462	664
III. Total crédits des BCM	598	547	815	1 218	1 662	2 093	2 240	2 327	3 512	3 925

Source : *Rapport annuel 2017 de la BCC.*

Tableau 33: Crédits (par nature) à l'économie (en millions de USD)

Description/Années	**2008**	**2009**	**2010**	**2011**	**2012**	**2013**	**2014**	**2015**	**2016**	**2017**
I. Crédits à décaissement	809	532	710	1 073	1 466	1 798	1 968	2 146	2 487	1 997
A. Crédit à court terme	**680**	**406**	**479**	**758**	**1 017**	**1 147**	**1 239**	**1 403**	**1 705**	**1 372**
1. Agriculture	25	77	47	21	37	28	11	24	33	24
2. Industrie	49	40	34	87	104	187	55	44	122	94
3. Distribution	132	59	62	138	352	418	802	485	92	88
4. Transport	57	41	73	107	140	89	58	75	108	134
5. Autres	417	189	263	405	384	425	313	775	1 350	1 032
B. Crédits à moyen terme	**129**	**125**	**231**	**314**	**448**	**651**	**729**	**744**	**783**	**626**
1. Investissement productifs	16	20	94	119	143	321	235	356	375	300
2. Prêts spéciaux	14	-	-	-	-	-	26	79	83	66
3. Autres	99	106	137	195	305	330	467	309	325	260
II. Crédits d'engagement	178	73	184	283	351	462	454	363	438	472
1. Crédocs à l'import	82	26	80	74	137	168	143	70	53	54
2. Crédocs à l'export	-	-	-	-	16	5	4	-	-	-
3. Autres (1)	96	47	104	210	198	288	307	293	385	418
III. Total crédits des BCM	987	604	894	1 356	1 816	2 259	2 422	2 510	2 926	2 469
Variation		-39%	48%	52%	34%	24%	7%	4%	17%	-16%

Source : Nous-même, sur base des informations tirées des rapports annuels de la BCC.

Tableau 34: Crédits (par nature) à l'économie (en %)

	2008	2009	2010	2011	2012	2013	2014	2015	2016	2017
I. Crédits à décaissement	82	88	79	79	81	80	81	86	85	81
A. Crédit à court terme	**69**	**67**	**54**	**56**	**56**	**51**	**51**	**56**	**58**	**56**
1. Agriculture	3	13	5	2	2	1	1	1	1	1
2. Industrie	5	6	4	6	6	8	2	2	4	4
3. Distribution	13	10	7	10	19	19	33	19	3	4
4. Transport	6	7	8	8	8	4	2	3	4	5
5. Autres	42	31	30	30	21	19	13	31	46	42
B. Crédits à moyen terme	**13**	**21**	**25**	**23**	**25**	**29**	**30**	**30**	**27**	**25**
1. Investissement productifs	2	3	10	9	8	14	10	14	13	12
2. Prêts spéciaux	1	-	-	-	-	-	1	3	3	3
3. Autres	10	18	15	14	17	15	19	13	11	10
II. Crédits d'engagement	18	12	21	21	19	20	19	14	15	19
1. Crédocs à l'import	8	4	9	6	7	7	6	3	2	2
2. Crédocs à l'export	-	-	-	-	1	0	0	-	-	-
3. Autres (1)	10	8	12	15	11	13	13	11	13	17
III. Total crédits des BCM	**100**	**100**	**100**	**100**	**100**	**100**	**100**	**100**	**100**	**100**

Source : Nous-même, sur base des informations tirées des rapports annuels de la BCC.

Les tableaux ci-dessus (32, 33 et 34) concernent l'évolution du crédit accordé aux entreprises et aux particuliers au cours de la période allant de 2008 à 2017. Nous privilégions les chiffres en USD pour éliminer l'effet de la dépréciation de la monnaie nationale dans notre analyse, étant donné que plus de 90 % des crédits sont octroyés en monnaies étrangères (BCC, 2017).

Il ressort de ces tableaux que les crédits à l'encaissement et ceux à l'engagement octroyés à l'économie, ont enregistré une croissance remarquable durant la période sous étude, soit des taux de croissance respectifs de 147 % et 164 %, de 2008 à 2017. Le taux de croissance global noté est de 150 %, de 2008 à 2017, bien que nous notions une baisse importante entre les deux dernières années de notre étude, expliquée essentiellement par le gel qui avait observé dans l'octroi des crédits par plusieurs acteurs bancaires en RDC, suite à la baisse de la qualité du portefeuille et à la situation politique du pays qui était tendue.

L'on peut néanmoins relever que le concours bancaire à l'économie est essentiellement constitué des crédits à décaissement, qui représente en moyenne 80 % du total. Cependant, l'activité d'intermédiation bancaire concernant le crédit à décaissement n'a pas encore atteint sa maturité du fait qu'elle reste dominée par le crédit à court terme, tel que présenté dans le graphique ci-dessous.

Comme indiqué dans l'analyse des dépôts, les dépôts qui constituent la première source des ressources des banques congolaises sont mobilisés essentiellement sous forme des dépôts à vue. Ce qui ne permet pas aux banques d'octroyer les crédits à moyen et long terme, bien qu'ils aient connu une augmentation durant la période sous étude.

Graphique 10 : Arbitrage crédits à court terme et à long terme

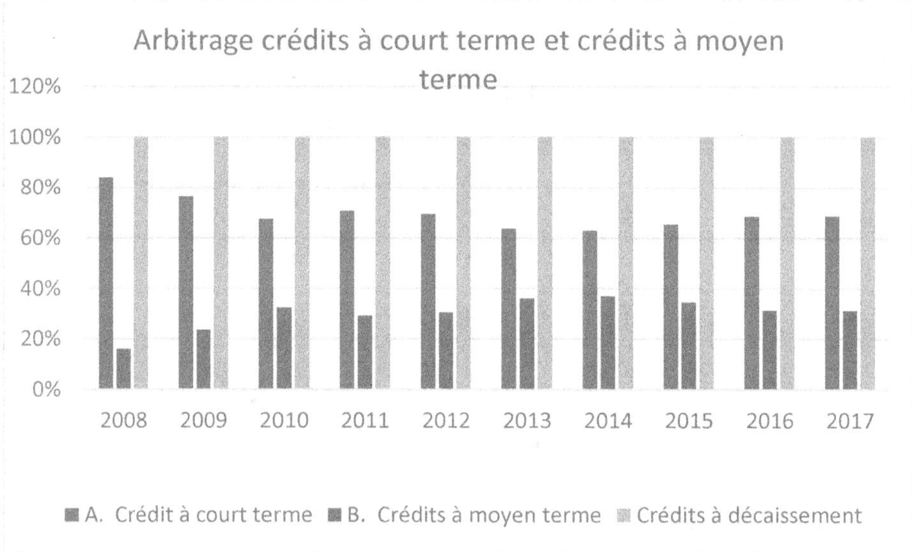

Source : Nous-même, sur base des informations tirées des rapports annuels de la BCC.

Tableau 35: Crédits par banques (en milliards de CDF)

Rubriques	2008	2009	2010	2011	2012	2013	2014	2 015	2 016	2 017
ACCESS BANK RDC SA	5	6	5	13	19	25	33	31	46	40
ADVANS BANK CONGO SA	-	1	3	6	12	20	28	33	46	66
AFRILAND FIRST BANK CD SA	23	34	38	40	54	53	59	66	97	134
BANK OF AFRIKA RDC SA	-	-	3	15	26	49	81	115	171	207
BANQUE COMMERCIALE DU CONGO SA	79	107	118	153	201	228	261	259	404	487
BGFIBANK RDC SA	-	-	3	22	75	77	119	162	182	203
BIAC SA	61	92	118	166	244	232	267	ND	ND	ND
FBN BANK RDC SA	44	59	81	101	119	154	177	202	207	185
BYBLOS BANK RDC SA	0	3	9	8	12	15	20	16	29	ND
CITIGROUP CONGO SA	23	30	34	47	53	44	35	29	48	33
ECOBANK RDC SA	2	11	25	63	89	112	106	130	191	212
FIBANK DRC SA	-	3	13	26	37	42	40	-	-	-
EQUITY BANK CONGO SA	14	31	36	41	52	69	88	128	208	338
RAWBANK SA	47	87	86	139	211	271	318	418	562	696
SOFIBANQUE SA	-	-	3	4	10	24	34	68	118	116
STANDARD BANK RDC SA	22	21	19	20	23	28	38	25	49	78
TMB SA	56	75	73	118	122	194	184	203	280	354
UNITED BANK FOR AFRICA RDC SA	-	-	-	0	2	61	40	26	18	21
Total	**376**	**561**	**668**	**983**	**1 361**	**1 698**	**1 927**	**1 911**	**2 655**	**3 169**

Source : Nous-même, sur base des états financiers certifiés des banques commerciales.[31]

[31] Hors BIAC SA (pour les exercices 2015, 2016 et 2017) et Byblos Bank RDC SA pour l'exercice 2017.

Tableau 36: Crédits par banques (en millions de USD)

Rubriques	2008	2009	2010	2011	2012	2013	2014	2 015	2 016	2 017
ACCESS BANK RDC SA	9	7	5	15	21	27	36	33	38	25
ADVANS BANK CONGO SA	-	1	3	7	13	22	30	36	39	41
AFRILAND FIRST BANK CD SA	37	38	42	45	59	58	64	72	81	84
BANK OF AFRIKA RDC SA	-	-	3	17	28	53	88	125	142	130
BANQUE COMMERCIALE DU CONGO SA	130	118	129	170	219	246	282	280	336	306
BGFIBANK RDC SA	-	-	3	25	82	83	129	175	152	128
BIAC SA	101	102	130	185	267	251	288	ND	ND	ND
FBN BANK RDC SA	72	65	89	112	130	166	191	217	172	116
BYBLOS BANK RDC SA	0	3	9	9	13	16	21	17	24	ND
CITIGROUP CONGO SA	38	34	38	52	58	47	38	32	40	21
ECOBANK RDC SA	4	12	27	71	97	121	114	140	159	133
FIBANK DRC SA	-	4	14	29	40	46	43	-	-	-
EQUITY BANK CONGO SA	23	34	40	45	57	75	95	138	173	213
RAWBANK SA	78	96	95	155	231	292	344	451	468	438
SOFIBANQUE SA	-	-	3	4	11	25	36	74	98	73
STANDARD BANK RDC SA	37	24	21	23	25	30	41	27	41	49
TMB SA	92	83	80	131	134	209	199	219	233	223
UNITED BANK FOR AFRICA RDC SA	-	-	-	0	3	66	43	28	15	14
Total	**621**	**620**	**732**	**1 094**	**1 488**	**1 833**	**2 083**	**2 061**	**2 212**	**1 993**
Evolution		0%	18%	49%	36%	23%	14%	-1%	7%	-10%

Source : Nous-même, sur base des états financiers certifiés des banques commerciales.[32]

[32] Hors BIAC SA (pour les exercices 2015, 2016 et 2017) et Byblos Bank RDC SA pour l'exercice 2017.

Tableau 37: Crédits par banques (en %)

Rubriques	2008	2009	2010	2011	2012	2013	2014	2 015	2 016	2 017
ACCESS BANK RDC SA	1	1	1	1	1	1	2	2	2	1
ADVANS BANK CONGO SA	-	0	0	1	1	1	1	2	2	2
AFRILAND FIRST BANK CD SA	6	6	6	4	4	3	3	3	4	4
BANK OF AFRIKA RDC SA	-	-	0	2	2	3	4	6	6	7
BANQUE COMMERCIALE DU CONGO SA	21	19	18	16	15	13	14	14	15	15
BGFIBANK RDC SA	-	-	1	2	5	5	6	8	7	6
BIAC SA	16	16	18	17	18	14	14	ND	ND	ND
FBN BANK RDC SA	12	10	12	10	9	9	9	10	8	6
BYBLOS BANK RDC SA	0	1	1	1	1	1	1	1	1	ND
CITIGROUP CONGO SA	6	6	5	5	4	3	2	1	2	1
ECOBANK RDC SA	1	2	4	6	6	7	5	7	7	7
FIBANK DRC SA	-	1	2	3	3	2	2	-	-	-
EQUITY BANK CONGO SA	4	5	5	4	4	4	5	7	8	11
RAWBANK SA	12	16	13	14	16	16	16	22	21	22
SOFIBANQUE SA	-	-	0	0	1	1	2	4	4	4
STANDARD BANK RDC SA	6	4	3	2	1	2	2	1	2	2
TMB SA	15	13	11	12	9	11	10	11	10	11
UNITED BANK FOR AFRICA RDC SA	-	-	-	0	0	4	2	1	1	1
Total	100	100	100	100	100	100	100	100	100	100

Source : Nous-même, sur base des états financiers certifiés des banques commerciales.[33]

Il ressort de la lecture de ces différents tableaux (35, 36 et 37) que seules la Banque Commerciale du Congo SA, la Rawbank SA, la BIAC SA et la TMB SA contribuent en moyenne à 60 % de l'ensemble des crédits octroyés par les banques opérationnelles en RDC. Les parts de chacune de ces banques durant la période sous étude, sont en moyenne, respectivement 16 %, 17 %, 16 % et 11 %. Le constat est que toutes ces banques sont locales.

[33] Hors BIAC SA (pour les exercices 2015, 2016 et 2017) et Byblos Bank RDC SA pour l'exercice 2017.

En termes d'évolution, nous notons qu'alors que la Rawbank SA a augmenté sa part du marché de 9 % (de 2008 à 2017), la Banque Commerciale du Congo SA et la TMB SA ont perdu respectivement 6 % et 4 %. Une autre banque qui a vu sa part de marché se dégringoler durant la période sous étude, est la FBN Bank RDC SA qui a perdu 6 % (passant de 12 % en 2008 à 6 % en 2017).

La baisse de la part de certaines de ces banques est expliquée principalement par l'implantation des banques panafricaines sur le marché congolais, durant ces dix dernières années.

Quant à l'évolution des crédits par groupe de banque, nous constatons, à partir de la lecture du tableau n° 38 et du graphique n° 11, que bien qu'elles contrôlent plus de 50 % de l'enveloppe globale des crédits octroyés par les banques en activité, la part des banques locales a baissé significativement (passant de 65 % en 2009 pour atterrir à 52 % en 2017), alors que celle des banques panafricaines installées pour la plupart entre 2008 et 2011, a presque doublé (de 23 % à 42 %).

Les banques panafricaines qui ont contribué de manière significative à cette progression sont Equity Bank Congo SA, BGFIBank RDC SA, Bank Of Afrika RDC SA et Ecobank RDC SA (Cfr. Tableau 37). Les banques internationales n'ont pas pu également maintenir leur part du marché, qui est passée de 12 % à 6 %.

Tableau 38: Evolution des parts de Crédits octroyés par groupe de banques (en %)

Catégorisation/Années	2008	2009	2010	2011	2012	2013	2014	2015	2016	2017
Banques locales	65	64	60	59	58	56	55	50	52	52
Banques panafricaines	23	26	30	33	35	38	39	45	42	42
Banques internationales	12	10	10	8	7	6	6	5	6	6
Total	100	100	100	100	100	100	100	100	100	100

Source : Nous-même, sur base des états financiers certifiés des banques commerciales.

Graphique 11 : Part de crédits par groupe de banques (en %)

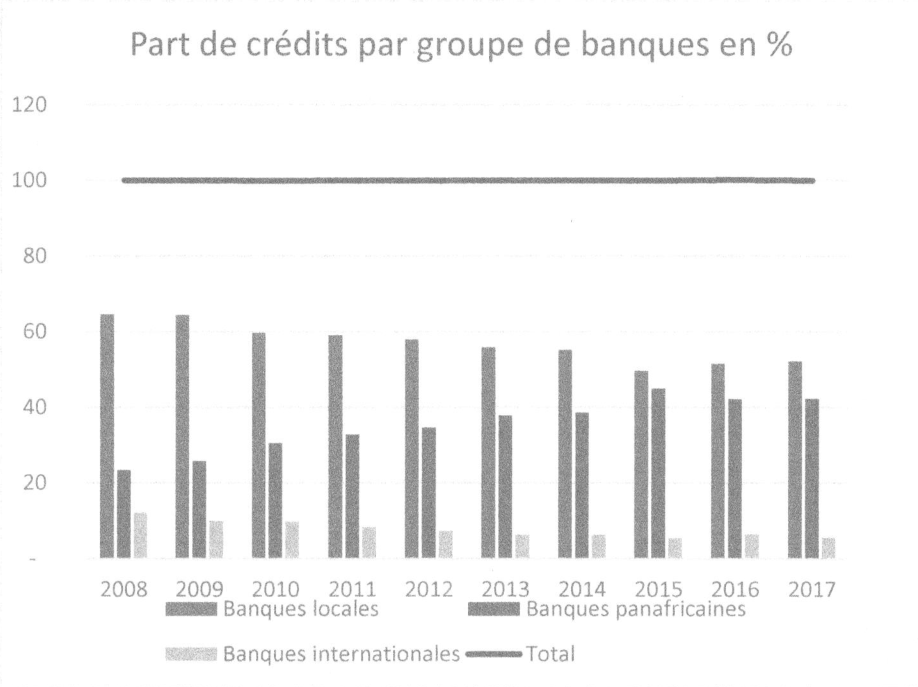

Source : Nous-même, sur base des états financiers certifiés des banques commerciales.

Comment apprécier le ratio d'intermédiaire ?

IV.3 Appréciation du ratio d'intermédiation

Les banques commerciales ne sont pas appelées à collecter les dépôts pour les conserver mais pour les distribuer à travers les crédits, aux agents en besoin de financement. Ce rôle d'intermédiation est l'une des fonctions importantes de l'activité bancaire. Accepter et conserver les dépôts sans les employer correctement contribuent à la contreperformance des banques, car en sus des charges financières occasionnées par les dépôts à terme et comptes épargne, les dépôts en général occasionnent les coûts liés à l'assurance, à la sécurité, au transport et aux frais de contrôle de la BCC qui sont calculés sur le niveau de dépôts. Ainsi, dans cette section, nous allons apprécier le ratio d'intermédiation des banques commerciales en activité en RDC.

Tableau 39: Ratios d'intermédiation par banque (en %)

Rubriques	2 008	2 009	2 010	2 011	2 012	2 013	2 014	2 015	2 016	2 017
ACCESS BANK RDC SA	103	82	27	71	24	52	85	71	112	57
ADVANS BANK CONGO SA	NA	124	275	314	296	279	289	216	259	152
AFRILAND FIRST BANK CD SA	224	287	296	258	312	259	238	198	197	146
BANK OF AFRIKA RDC SA	NA	NA	174	188	147	160	133	141	144	111
BANQUE COMMERCIALE DU CONGO SA	60	54	47	56	58	54	61	52	71	63
BGFIBANK RDC SA	NA	NA	34	94	77	70	79	84	72	70
BIAC SA	74	52	58	63	70	54	70	NA	NA	NA
FBN BANK RDC SA	72	60	54	62	57	59	67	73	61	43
BYBLOS BANK RDC SA	3	100	213	201	240	197	230	227	322	NA
CITIGROUP CONGO SA	64	65	60	68	74	61	42	32	52	28
ECOBANK RDC SA	31	49	69	87	77	69	56	59	55	43
FIBANK DRC SA	NA	56	55	62	74	75	99	NA	NA	NA
EQUITY BANK CONGO SA	23	32	31	34	40	47	58	75	76	67
RAWBANK SA	47	41	32	38	47	53	50	62	67	47
SOFIBANQUE SA	NA	NA	62	103	61	83	62	101	86	83
STANDARD BANK RDC SA	50	34	21	20	15	23	23	17	24	26
TMB SA	82	63	42	50	40	49	39	40	47	42
UNITED BANK FOR AFRICA RDC SA	NA	NA	NA	0	54	489	257	104	62	56
Total	**61**	**53**	**47**	**55**	**56**	**60**	**61**	**63**	**68**	**55**

Source : Nous-même, sur base des états financiers certifiés des banques commerciales.

Le taux d'intermédiation bancaire moyen de la période sous-étude est de 58 %. Ce qui revient à dire qu'en moyenne 58 % des dépôts ont été transformés en crédits. Aussi, nous observons une baisse de ce taux, qui est passé de 61 % (en 2008) à 55 % (en 2017). Ce taux d'intermédiation démontre à suffisance que l'intermédiation bancaire demeure insuffisante en RDC, en dépit de la progression continue générale des dépôts et des crédits à l'économie observés durant la période sous étude.

Diverses raisons peuvent expliquer cette faiblesse et cette évolution en diminution de l'intermédiation bancaire. La première est la dégradation de la qualité du portefeuille des crédits de certaines institutions bancaires établies en RDC, qui ont été obligées de revoir leur politique de crédit et de réduire leur appétence au risque de crédit.

La deuxième est la difficulté de prêter de l'argent à des clients qui ne présentent pas les états financiers fiables ou qui par ce qu'évoluant dans le secteur informel ne veulent pas faire transiter certaines de leurs transactions via les institutions bancaires.

Il sied de souligner ici que la qualité peu satisfaisante des dossiers de crédit présentés par les sociétés, le coût prohibitif du crédit bancaire, les conditions d'accès au crédit, la faible bancarisation, la culture financière réduite et l'importance du secteur informel évalué à plus de 80 % constituent les contraintes majeures au développement du financement bancaire.

Une analyse par catégories des banques présentée dans le tableau n° 40 et le graphique n° 12, ci-dessous, révèle que cette baisse du taux d'intermédiation global est consécutive à la diminution des taux d'intermédiation des banques locales et internationales, qui sont passés respectivement de 63 % à 51 % et 52 % à 39 %, de 2008 à 2017.

Les banques panafricaines, quant à elles, bien qu'elles aient enregistré une baisse durant les deux dernières années de notre étude, ont globalement contribué positivement au taux d'intermédiation bancaire global. Leur taux d'intermédiation est passé de 61 % (en 2008) à 64 % (en 2017).

Tableau 40: Ratios d'intermédiation par catégories de banque (en %)

Description	2008	2009	2010	2011	2012	2013	2014	2015	2016	2017
Taux d'intermédiation banques locales	63	51	44	51	54	53	54	54	64	51
Taux d'intermédiation banques panafricaines	61	60	56	69	66	76	80	82	77	64
Taux d'intermédiation banques internationales	52	49	42	46	44	51	45	40	53	39
Taux d'intermédiation global	**61**	**53**	**47**	**55**	**56**	**60**	**61**	**63**	**68**	**55**

Source : Nous-même, sur base des états financiers certifiés des banques commerciales.

Graphique 12 : Evolution des ratios d'intermédiation par catégories de banque

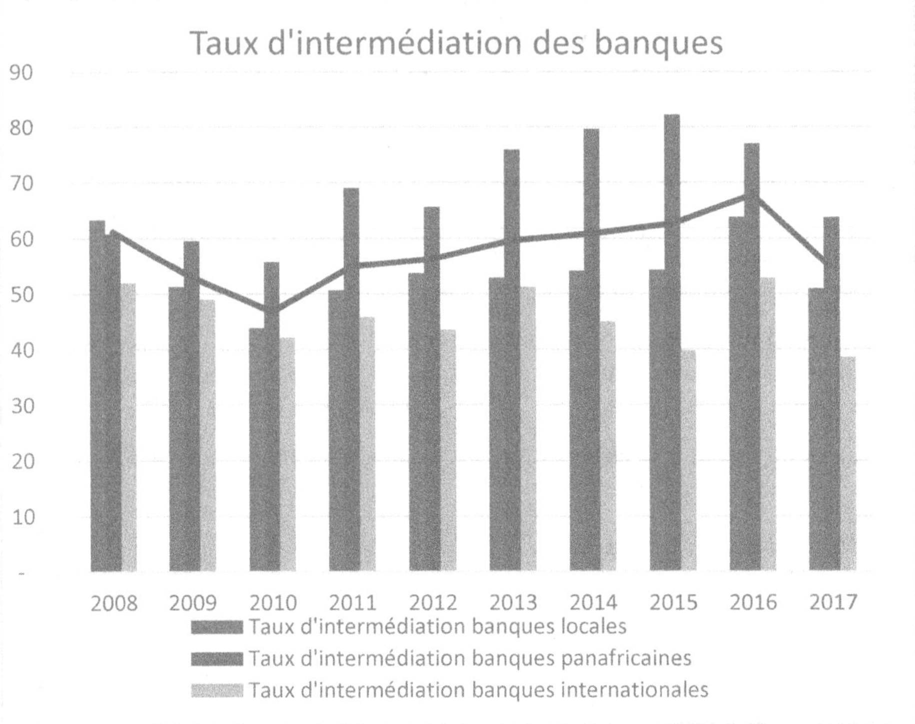

Source : Nous-même, sur base des états financiers certifiés des banques commerciales.

Je parle à présent de l'appréciation du produit net bancaire.

IV.4 Appréciation du produit net bancaire

Les banques, en tant que sociétés commerciales, contribuent au Produit Intérieur Brut, en créant de la richesse. La richesse créée par les banques est appréciée par l'indicateur « Produit Net Bancaire ». Il s'agit de la valeur ajoutée créée par l'activité bancaire. Il est le résultat de la somme de la marge d'intermédiation (résultat des banques sur leur activité de prêt) et des commissions nettes. Plus précisément, il constitue la différence entre les produits générés par l'activité bancaire (Intérêts sur les crédits octroyés et les commissions perçues) et les charges engagées pour la même activité (intérêts supportés et commissions supportées).

Cet indicateur va nous permettre d'apprécier le poids des charges d'exploitation, point qui sera développé dans la section suivante.

Tableau 41: Progression du Produit Net Bancaire (en millairds de CDF)

Rubriques	2008	2009	2010	2011	2012	2013	2014	2015	2016	2017
ACCESS BANK RDC SA	1	3	2	5	5	6	8	8	9	16
ADVANS BANK CONGO SA	-	0	1	2	4	6	8	10	15	20
AFRILAND FIRST BANK CD SA	2	5	5	8	8	7	10	10	11	23
BANK OF AFRIKA RDC SA	-	-	0	2	3	7	11	16	22	28
BANQUE COMMERCIALE DU C	33	45	43	50	57	64	66	63	86	113
BGFIBANK RDC SA	-	-	0	5	9	7	17	26	39	36
BIAC SA	12	23	28	38	50	58	58	ND	ND	ND
FBN BANK RDC SA	15	24	27	32	37	46	49	51	48	55
BYBLOS BANK RDC SA	0	1	2	2	2	3	3	4	4	ND
CITIGROUP CONGO SA	7	9	10	11	13	14	14	12	12	21
ECOBANK RDC SA	0	4	8	13	20	32	39	39	41	55
FIBANK DRC SA	-	1	5	9	9	10	11	-	-	-
EQUITY BANK CONGO SA	6	11	14	18	21	25	27	29	39	68
RAWBANK SA	10	20	26	35	52	56	73	85	99	162
SOFIBANQUE SA	-	-	0	0	0	6	12	13	25	41
STANDARD BANK RDC SA	6	10	10	14	16	16	17	15	20	34
TMB SA	13	16	14	19	24	41	49	46	49	85
UNITED BANK FOR AFRICA RD	-	-	-	1	2	4	6	7	8	14
Total en milliards de CDF	**104**	**173**	**195**	**265**	**331**	**409**	**478**	**431**	**528**	**770**

Source : Nous-même, sur base des états financiers certifiés des banques commerciales.

Tableau 42: Contribution au produit net bancaire par banque (en %)

Rubriques	2008	2009	2010	2011	2012	2013	2014	2015	2016	2017
ACCESS BANK RDC SA	1	2	1	2	2	1	2	2	2	2
ADVANS BANK CONGO SA	-	0	1	1	1	1	2	2	3	2
AFRILAND FIRST BANK CD SA	2	3	3	3	2	2	2	2	2	3
BANK OF AFRIKA RDC SA	-	-	0	1	1	2	2	4	4	4
BANQUE COMMERCIALE DU CONGO SA	32	26	22	19	17	16	14	14	16	15
BGFIBANK RDC SA	-	-	0	2	3	2	4	6	7	5
BIAC SA	11	13	15	14	15	14	12	ND	ND	ND
FBN BANK RDC SA	14	14	14	12	11	11	10	12	9	7
BYBLOS BANK RDC SA	0	1	1	1	1	1	1	1	1	ND
CITIGROUP CONGO SA	6	5	5	4	4	3	3	3	2	3
ECOBANK RDC SA	0	2	4	5	6	8	8	9	8	7
FIBANK DRC SA	-	0	2	3	3	2	2	-	-	-
EQUITY BANK CONGO SA	6	7	7	7	6	6	6	7	7	9
RAWBANK SA	10	12	13	13	16	14	15	20	19	21
SOFIBANQUE SA	-	-	0	0	0	2	2	3	5	5
STANDARD BANK RDC SA	6	6	5	5	5	4	4	3	4	4
TMB SA	12	9	7	7	7	10	10	11	9	11
UNITED BANK FOR AFRICA RDC SA	-	-	-	1	0	1	1	1	2	2
Total	**100**	**100**	**100**	**100**	**100**	**100**	**100**	**100**	**100**	**100**

Source : Nous-même, sur base des états financiers certifiés des banques commerciales.

De 2008 à 2017, le secteur bancaire est caractérisé par une forte croissance de l'activité à l'image de la progression de son Produit Net Bancaire. La baisse notée en 2015 est justifiée par la non prise en compte des données de la BIAC SA à partir de cette année. Cette progression significative du Produit Net Bancaire prouve que le secteur est florissant. Cette situation indique que durant toute la période d'analyse, le secteur bancaire a sensiblement amélioré sa capacité à créer les richesses.

En termes de contribution de chacune des banques au Produit Net Bancaire global du secteur, nous notons que la Rawbank SA a réalisé la meilleure performance, passant d'une contribution de 9 % en 2008 à 21 % en 2017, alors que les autres anciennes banques créées avant 2008 (Citigroup Congo SA, Standard Bank RDC SA, TMB SA, FBN Bank RDC SA et la Banque Commerciale du Congo SA) ont vu leurs contributions baisser durant la période sous étude, cédant ainsi une partie de leurs parts aux banques installées en RDC entre 2008 et 2011, dont principalement Sofibanque SA, BGFIBank RDC SA, Ecobank RDC SA et Bank Of Afrika RDC SA.

De ce qui précède, nous pouvons déduire que durant la période sous étude, les banques panafricaines, grâce à leurs efforts commerciaux, à leurs stratégies et aussi à l'augmentation de leur nombre sur le secteur (six nouvelles banques panafricaines installées entre 2008 et 2011), ont amélioré leur contribution au volume total de richesse créée par le secteur bancaire congolais, passant ainsi de 23 % en 2008 38 % en 2017, tels que présentés dans le tableau n° 44 et le graphique n° 14, soit une progression de près de 60 %.

Bien qu'elles génèrent toujours plus de 50 % du Produit Net Bancaire créé par le secteur, l'on note une baisse sensible de la part du Produit Net Bancaire générée par les banques locales durant la période sous étude. Elle est passée de 65 % à 52 %, soit une régression de 20 % en termes d'apports au secteur.

Tableau 43: Produit Net Bancaire par catégories de banques (en milliards de CDF)

Catégorisation/Années	2008	2009	2010	2011	2012	2013	2014	2015	2016	2017
Banques locales	67	104	111	143	183	226	258	206	261	400
Banques panafricaines	24	48	60	93	112	144	178	184	216	295
Banques internationales	12	20	23	29	35	39	42	40	51	75
Total en milliards de CDF	**104**	**173**	**195**	**265**	**331**	**409**	**478**	**431**	**528**	**770**

Source : Nous-même, sur base des états financiers certifiés des banques commerciales.

Graphique 13 : Produit Net Bancaire par catégorie de banques (en milliards de CDF)

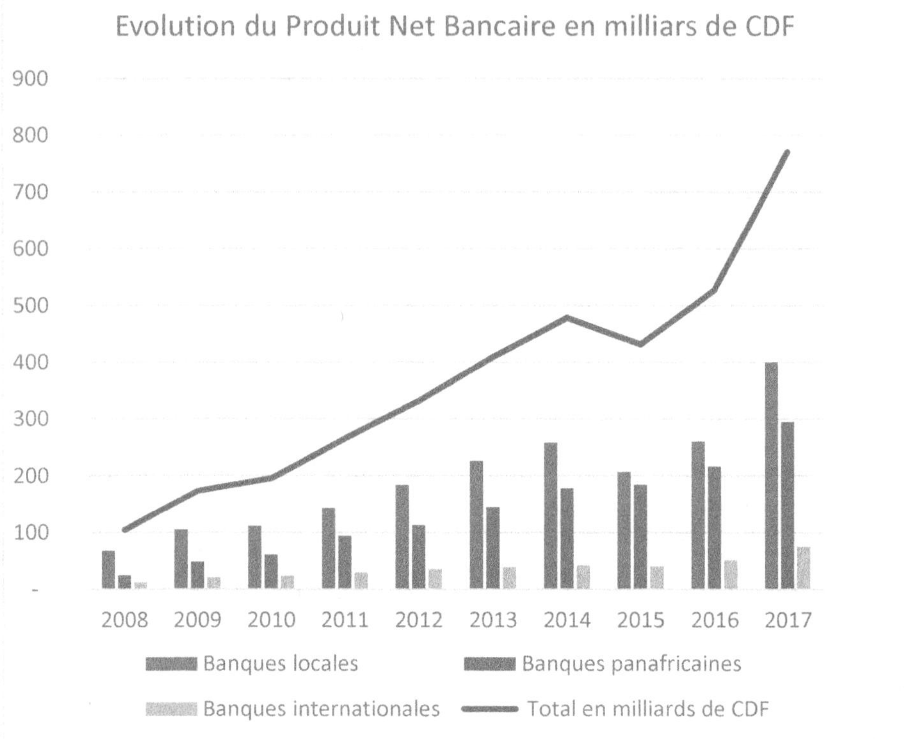

Source : Nous-même, sur base des états financiers certifiés des banques commerciales.

Tableau 44: Contribution au produit net bancaire par catégories de banque (en %)

Catégorisation/Années	2008	2009	2010	2011	2012	2013	2014	2015	2016	2017
Banques locales	65	60	57	54	55	55	54	48	49	52
Banques panafricaines	23	28	31	35	34	35	37	43	41	38
Banques internationales	12	12	12	11	11	10	9	9	10	10
Total	**100**	**100**	**100**	**100**	**100**	**100**	**100**	**100**	**100**	**100**

Source : Nous-même, sur base des états financiers certifiés des banques commerciales.

Graphique 14 : Contribution au Produit Net Bancaire par catégories de banque

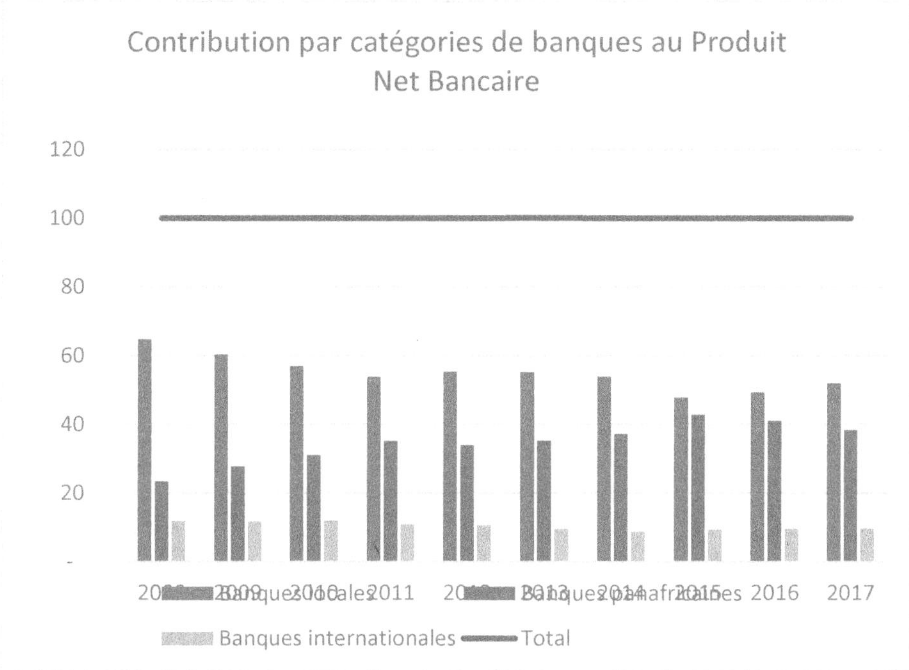

Source : Nous-même, sur base des états financiers certifiés des banques commerciales.

Les lignes qui suivent portent sur l'aperçu de l'évolution du résultat net du secteur bancaire

IV.5 Aperçu de l'évolution du résultat net du secteur bancaire

Le résultat net, qui représente la différence entre les produits réalisés et les charges engagées durant une période, est un indicateur important d'appréciation de la profitabilité des banques et a un impact direct sur la rentabilité, la solidité financière et l'activité des banques.

Un résultat déficitaire impacte négativement les fonds propres prudentiels et réduit par conséquent la limite prudentielle de la division des risques, de la position de change et de la participation des banques dans d'autres sociétés. La baisse de ces différents ratios a un effet sur les activités courantes de la banque.

Ci-dessous, nous présentons les résultats nets réalisés par le secteur bancaire congolais par banque et par catégories de banques. Ces résultats ne correspondent pas nécessairement à ceux affichés par les banques dans leurs états financiers annuels, car nous les avons retraités pour certaines banques. En effet, en parcourant les états financiers audités des banques et les rapports des commissaires aux comptes, nous avons relevé certaines irrégularités et observations, voire même des réserves émises par ces derniers.

Par souci de cohérence et de rationalité, nous avons ainsi ajusté les résultats de certaines banques, en prenant en considérations les irrégularités relevées, les observations et les réserves à impact financier, émises par les commissaires aux comptes de toutes ces banques retenues dans notre étude.

Tableau 45: Resultats nets affichés par les banques (en millions de CDF)

Rubriques	2008	2009	2010	2011	2012	2013	2014	2015	2016	2017
ACCESS BANK RDC SA	- 729	- 764	- 5 084	- 832	- 2 078	- 4 864	1 581	1 138	- 6 761	- 874
ADVANS BANK CONGO SA	-	-1 560	- 1 996	1 788	- 1 137	- 1 278	274	1 124	- 3 535	- 7 885
AFRILAND FIRST BANK CD SA	427	1 220	2 382	2 302	2 076	1 188	1 952	2 397	3 957	5 668
BANK OF AFRIKA RDC SA	-	-	- 1 698	- 3 127	- 3 204	- 1 042	281	2 306	- 4 250	-14 520
BANQUE COMMERCIALE DU CONGO SA	2 732	3 754	5 605	7 444	9 229	8 535	3 153	6 607	13 651	13 209
BGFIBANK RDC SA	-	-	- 1 273	- 2 368	- 6 741	- 7 217	- 844	7 933	- 2 394	-11 121
BIAC SA	29	-1 410	367	178	- 516	- 475	- 19 674	-	-	-
FBN BANK RDC SA	3 093	5 287	4 751	1 636	1 804	4 251	3 936	3 987	- 15 144	- 8 365
BYBLOS BANK RDC SA	- 626	- 524	- 2 966	1 086	- 218	488	467	514	- 435	-
CITIGROUP CONGO SA	- 84	241	- 312	- 723	1 031	1 208	1 868	928	- 1 038	2 470
ECOBANK RDC SA	- 2 563	-6 642	1 150	1 927	2 436	6 441	3 724	4	- 764	-12 422
FIBANK DRC SA	-	-2 160	- 161	- 330	- 7 015	- 4 535	- 6 894	-	-	-
EQUITY BANK CONGO SA	1 409	-1 477	- 435	193	1 580	1 613	1 034	1 792	2 758	4 407
RAWBANK SA	1 353	2 793	5 183	6 253	7 392	5 164	5 382	8 326	1 120	9 393
SOFIBANQUE SA	-	-	- 961	- 980	- 875	3 923	4 124	4 502	11 040	17 952
STANDARD BANK RDC SA	- 326	498	- 656	1 632	2 299	- 730	- 1 374	- 3 754	- 8 731	-13 838
TMB SA	1 384	102	170	799	1 068	6 261	9 587	5 851	657	12 185
UNITED BANK FOR AFRICA RDC SA	-	-		- 1 315	- 1 768	- 1 174	377	305	- 2 920	- 1 119
Total en millions de CDF	**6 098**	**- 643**	**4 066**	**15 561**	**5 362**	**17 757**	**8 954**	**43 959**	**- 12 788**	**- 4 859**

Source : Nous-même, sur base des rapports des Commissaires aux comptes des banques.

De toutes les banques affichées dans ce tableau n° 45, nous observons que seules quatre banques, à savoir la Rawbank SA, la Banque Commerciale du Congo SA, la TMB SA et Afriland First Bank CD SA ont réalisé des résultats positifs durant la période de notre étude, avec des taux de croissance très importants. Dans l'ensemble, la meilleure année est l'année 2015, où toutes les banques ont affiché des résultats positifs, à l'exception de Standard Bank RDC SA. Durant cette année, notons une croissance de 54 % du résultat net global du secteur (sans pris en compte de la BIAC SA en 2014).

Cette situation de l'année 2015 est essentiellement expliquée par la maîtrise des charges d'exploitation depuis 2014, les produits exceptionnels réalisés par certaines institutions et l'amélioration de la qualité du portefeuille crédits entrainant ainsi la baisse du niveau des provisions sur les créances et les reprises de certaines provisions.

La dégradation notée durant les deux années suivantes, est expliquée essentiellement par l'augmentation du coefficient d'exploitation, à la dégradation du portefeuille des crédits et surtout l'augmentation des charges exceptionnelles.

Tableau 46: Resultats nets par catégories de banques

(en millions de CDF)

Catégorisation/Années	2008	2009	2010	2011	2012	2013	2014	2015	2016	2017
Banques locales	5 497	5 239	10 364	13 693	16 297	23 407	22 246	25 286	26 469	52 739
Banques panafricaines	1 637	-4 537	- 368	- 1 915	-12 911	- 5 339	5 148	19 861	- 25 518	-38 346
Banques internationales	- 1 036	-1 345	- 5 930	3 783	1 975	- 312	1 235	- 1 188	- 13 739	-19 253
Total	**6 098**	**- 643**	**4 066**	**15 561**	**5 362**	**17 757**	**28 628**	**43 959**	**- 12 788**	**- 4 859**

Source : Nous-même, sur base des rapports des Commissaires aux comptes des banques.

Graphique 15 : Résultat net par catégories des banques (en millions de CDF)

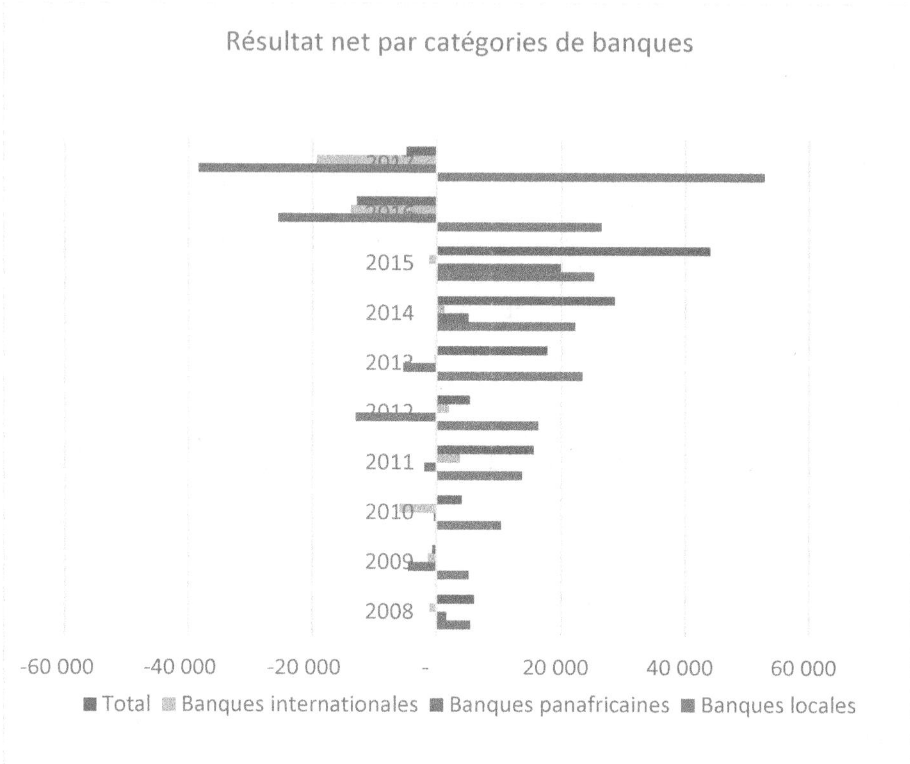

Source : Nous-même, sur base des états financiers certifiés des banques commerciales.

Le secteur bancaire congolais a affiché globalement des bons résultats, en augmentation, entre 2008 et 2015, à l'exception de 2009, où le niveau de pertes enregistrées par les banques panafricaines nouvellement installées a impacté négativement le résultat global.

Il ressort du tableau n° 46 et du graphique n° 15, présentés ci-haut, que seule la catégorie « banques locales » a réalisé des résultats positifs durant toute la période de l'étude, alors que les deux autres catégories ont réalisé quasiment des pertes durant toute la période.

On observe que les banques panafricaines installées entre 2008 et 2011, ont eu du mal à réaliser leur premier résultat positif, suite aux difficultés qu'elles ont rencontrées pour comprendre et maîtriser l'environnement des affaires de la RDC.

Aussi, les banques panafricaines et internationales ont, de fois, des procédures administratives beaucoup plus lourdes que celles des banques locales, permettant ainsi à ces dernières de saisir rapidement les différentes opportunités, en prenant également des risques significatifs. A ces facteurs, il faudra ajouter également l'ancienneté des banques locales.

Cette contreperformance des banques panafricaines et internationales a significativement pesé sur le résultat global du secteur, surtout en 2016 et 2017. En sus des raisons évoquées ci-haut, la situation de ces deux dernières années de notre étude est non seulement due à la contraction des revenus, mais également à l'augmentation du coefficient d'exploitation et surtout à l'explosion notée des charges exceptionnelles enregistrées dans les comptes de certaines banques panafricaines.

Que dire sur l' aperçu de la situation des fonds propres?

IV.6 Aperçu de la situation des fonds propres

La masse du bilan « fonds propres » est un indicateur important dans l'activité des banques. Bien que comptable, elle constitue une composante essentielle dans le calcul des fonds propres prudentiels des banques en RDC.

Le niveau des fonds appelé aussi ratio de capitalisation, a une certaine influence sur la capacité et la limite prudentielle d'octroi des crédits aux agents économiques, et ce quel que soit le volume des dépôts mobilisés par une banque.

L'accroissement du ratio de capitalisation permet aux banques non seulement d'améliorer leur capacité réglementaire d'octroi des crédits, mais aussi de renforcer et d'améliorer leur solvabilité et surtout de renforcer leur résilience aux chocs, liés à la dégradation de la qualité du portefeuille crédits (charges et pertes sur les crédits) et aux pertes opérationnelles. Pour rappel, selon la Loi n° 003/2002 du 02 février 2002, telle que modifiée et complétée à ce jour, le capital minimum des banques est fixé à l'équivalent en Francs Congolais de USD 40.000.000 (Dollars américains quarante millions).

Ainsi, les banques en activité, dont les fonds propres de base tels que définis par la BCC sont inférieurs à ce capital minimum, sont tenus de renforcer leurs fonds par l'injection des capitaux frais ou par les résultats positifs non distribués conservés en report à nouveau. A partir du 01er janvier 2025, le niveau du capital minimum va passer à l'équivalent en Francs Congolais de USD 50.000.000 (Dollars américains cinquante millions).

Les tableaux ci-dessous présentent la situation et l'évolution des fonds propres des banques de 2008 à 2017.

Tableau 47 : Fonds propres des banques (en milliards de CDF)

Banques/Années	2008	2009	2010	2011	2012	2013	2014	2015	2016	2017
ACCESS BANK RDC SA	5	9	7	12	10	5	15	16	17	22
ADVANS BANK CONGO SA	-	10	9	10	10	10	11	12	15	15
AFRILAND FIRST BANK CD SA	4	10	13	15	16	16	18	20	28	48
BANK OF AFRIKA RDC SA	-	-	8	10	11	11	16	18	22	18
BANQUE COMMERCIALE DU CONGO	16	27	32	39	49	51	50	56	83	120
BGFIBANK RDC SA	-	-	22	22	17	8	20	31	38	35
BIAC SA	8	12	16	25	25	27	7	ND	ND	ND
FBN BANK RDC SA	11	18	19	26	27	32	35	34	21	23
BYBLOS BANK RDC SA	2	4	12	13	13	13	14	14	19	ND
CITIGROUP CONGO SA	6	15	14	14	15	16	18	19	21	29
ECOBANK RDC SA	4	9	13	13	15	16	43	40	49	48
FIBANK DRC SA	-	5	10	11	4	5	1	-	-	-
EQUITY BANK CONGO SA	6	10	16	17	19	21	23	24	55	80
RAWBANK SA	12	20	30	45	69	78	94	105	121	170
SOFIBANQUE SA	-	-	13	13	13	17	21	26	46	74
STANDARD BANK RDC SA	4	6	11	14	16	15	14	14	20	62
TMB SA	11	26	29	34	35	43	53	59	73	119
UNITED BANK FOR AFRICA RDC SA	-	-	-	8	9	13	13	13	14	18
Total en milliards de CDF	**87**	**181**	**274**	**340**	**372**	**395**	**465**	**501**	**641**	**881**
Variation		108%	51%	24%	10%	6%	18%	8%	28%	37%

Source : Nous-même, sur base des rapports des Commissaires aux comptes des banques.

Tableau 48 : Parts de chaque banque dans les fonds propres (en %)

Banques/Années	2008	2009	2010	2011	2012	2013	2014	2015	2016	2017
ACCESS BANK RDC SA	5	5	3	3	3	1	3	3	3	2
ADVANS BANK CONGO SA	-	6	3	3	3	3	2	2	2	2
AFRILAND FIRST BANK CD SA	5	5	5	5	4	4	4	4	4	5
BANK OF AFRIKA RDC SA	-	-	3	3	3	3	3	4	3	2
BANQUE COMMERCIALE DU CONGO SA	18	15	12	12	13	13	11	11	13	14
BGFIBANK RDC SA	-	-	8	6	5	2	4	6	6	4
BIAC SA	9	7	6	7	7	7	2	ND	ND	ND
FBN BANK RDC SA	12	10	7	8	7	8	7	7	3	3
BYBLOS BANK RDC SA	3	2	4	4	4	3	3	3	3	ND
CITIGROUP CONGO SA	6	8	5	4	4	4	4	4	3	3
ECOBANK RDC SA	4	5	5	4	4	4	9	8	8	6
FIBANK DRC SA	-	3	3	3	1	1	0	-	-	-
EQUITY BANK CONGO SA	7	5	6	5	5	5	5	5	9	9
RAWBANK SA	14	11	11	13	19	20	20	21	19	19
SOFIBANQUE SA	-	-	5	4	3	4	5	5	7	8
STANDARD BANK RDC SA	5	4	4	4	4	4	3	3	3	7
TMB SA	12	14	10	10	9	11	12	12	12	14
UNITED BANK FOR AFRICA RDC SA	-	-	-	2	2	3	3	2	2	2
Total	**100**	**100**	**100**	**100**	**100**	**100**	**100**	**100**	**100**	**100**

Source : Nous-même, sur base des rapports des Commissaires aux comptes des banques.

Graphique 16 : Evolution globale des fonds propres du secteur bancaire

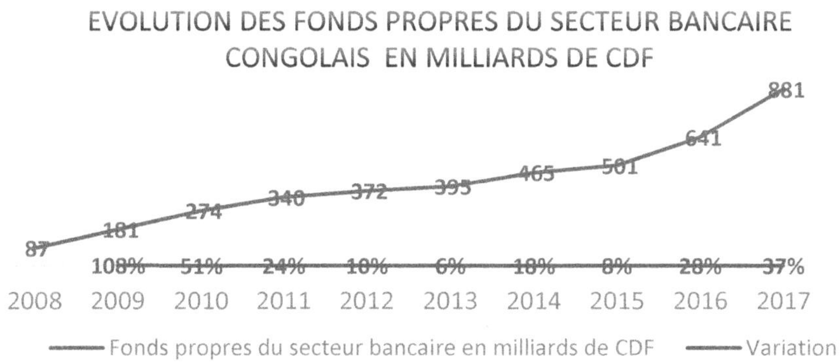

Source : Nous-même, sur base des états financiers certifiés des banques commerciales.

Les tableaux n° 47 et n° 48, ainsi que le graphique n° 16 exposés ci-haut, démontrent que les fonds propres du secteur bancaire congolais accusent une nette amélioration de 2008 à 2017, soit une croissance globale de 915 % en dix ans, bien que son niveau pris globalement ou individuellement soit trop faible, comparé à ceux des banques de l'Afrique de l'ouest ou de l'Afrique Centrale.

Il est à noter que cette évolution du ratio de capitalisation est expliquée essentiellement par l'implantation de nouvelles banques, la politique restrictive de distribution des dividendes et les augmentations du capital réalisées par certaines banques pour se conformer aux dispositions réglementaires de l'autorité de régulation et par ricochet améliorer leur capacité réglementaire d'octroi des crédits.

Signalons néanmoins qu'il y a une banque panafricaine (Fibank DRC SA), qui a enregistré une baisse significative de ses fonds propres durant la période sous étude, jusqu'à atteindre un niveau de loin inférieur au minimum légal. Par conséquent, elle a été dissoute et mise en liquidation, sur décision de la Banque Centrale du Congo. C'est le cas de la BIAC SA également, qui est aujourd'hui sous administration provisoire de la Banque Centrale du Congo.

La situation qu'a connue ces deux institutions, est expliquée essentiellement par leur contreperformance matérialisée par les résultats déficitaires réalisés essentiellement entre 2012 et 2014.

L'analyse de la contribution de chaque institution bancaire en activité, au montant global des fonds propres du secteur bancaire, révèle que la contribution de la Rawbank SA représente environ le 1/5 du montant total et que la SOFIBANQUE SA a réalisé la meilleure performance parmi les banques installées entre 2008 et 2017, en termes de contribution aux fonds propres. Cette situation est expliquée non pas par l'injection des capitaux frais par les actionnaires de ces deux institutions bancaires (Rawbank SA et SOFIBANQUE SA), mais plutôt par leur niveau de profitabilité et leur politique très restrictive de distribution des résultats positifs réalisés.

Quant à l'analyse de la situation des fonds propres par catégories de banques, telle que présentée dans les tableaux n° 49 et 50 et le graphique n° 17 ci-dessous, nous constatons une nette amélioration de tous les groupes de banques durant la période sous étude.

Aussi, nous observons, comme pour les autres indicateurs analysés ci-haut, que les banques locales viennent en première position avec une contribution moyenne de 50 %, suivies des banques panafricaines avec une contribution moyenne de 33 %, et ce malgré qu'en nombre, les banques panafricaines sont plus nombreuses (8 au 31 décembre 2017) que les banques locales (5 au 31 décembre 2017). Ceci revient à dire que les banques locales sont plus capitalisées que les banques panafricaines et internationales. Cette situation est principalement justifiée par la non-distribution des dividendes et l'importance des résultats nets réalisés par les banques locales durant la période sous étude.

Tableau 49: Situation des fonds propres par catégorie de banques (en milliards de CDF)

Catégorisation/Années	2008	2009	2010	2011	2012	2013	2014	2015	2016	2017
Banques Locales	46	84	121	155	190	215	226	245	323	484
Banques Régionales	29	61	108	134	128	126	184	197	244	291
Banques internationales	12	35	45	50	54	54	56	59	74	106
Total en milliards de CDF	**87**	**181**	**274**	**340**	**372**	**395**	**465**	**501**	**641**	**881**

Source : Nous-même, sur base des rapports des Commissaires aux comptes des banques.

Tableau 50: Apports en fonds propres par catégorie de banques (en %)

Catégorisation/Années	2008	2009	2010	2011	2012	2013	2014	2015	2016	2017
Banques Locales	53	47	44	46	51	54	48	49	50	55
Banques panafricaines	33	34	39	39	34	32	40	39	38	33
Banques internationales	14	19	17	15	15	14	12	12	12	12
Total	**100**	**100**	**100**	**100**	**100**	**100**	**100**	**100**	**100**	**100**

Source : Nous-même, sur base des rapports des Commissaires aux comptes des banques.

Graphique 17 : Apports en fonds propres (en%) par catégories de banques

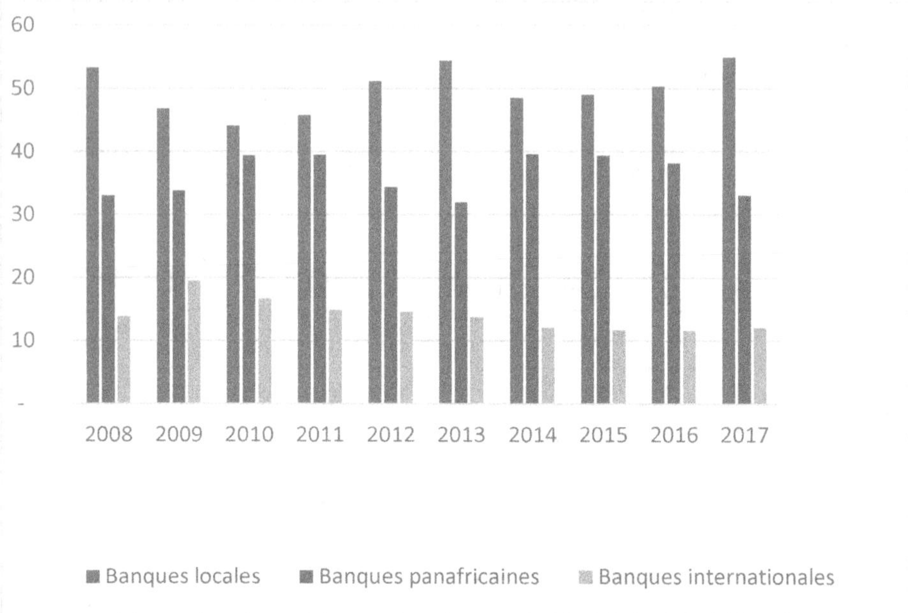

Source : Nous-même, sur base des états financiers certifiés des banques commerciales.

Il y a aussi l'aperçu de la taille des bilans à signaler.

IV.7 Aperçu de la taille des bilans

Le total du bilan correspond à la somme des emplois faits des ressources mises à la disposition de la banque. Les ressources d'origines diverses (dépôts des clients, emprunts, fonds propres, etc…) sont représentées dans les emplois sous formes d'immobilisations, des crédits octroyés aux clients et des fonds conservés auprès des correspondants ou dans les coffres forts de l'institution.

Le total bilan représente aujourd'hui la mesure classique d'appréciation de la taille d'une banque.

Le total bilan de l'ensemble du secteur bancaire congolais a enregistré une forte croissance durant la période sous étude. Il passe de 852 milliards de Francs Congolais en 2008 à 8 377 milliards de Francs Congolais en 2017, soit une croissance de 883 % (275 % en prenant les chiffres convertis en USD, pour éliminer l'effet de la dépréciation de la monnaie nationale) en dix ans. Cette croissance est consécutive à l'augmentation notée au niveau des dépôts et des fonds propres, qui ont continuellement progressé durant les dix dernières années.

Il ressort de l'analyse des tableaux n° 51, 52 et 53 que le total bilan de chaque banque en activité a cru durant la période sous étude. On note que la

Rawbank SA contribue à elle seule à plus du quart du total bilan du secteur en 2017. Elle a vu sa contribution au total bilan passait de 17 % en 2008 à 26 % en 2017, alors que les parts des autres banques installées avant l'année 2008, telles que la Banque Commerciale du Congo SA, la FBN Bank RDC SA, la Citigroup Congo SA, Standard Bank RDC SA ont baissé durant la période sous étude, période qui a connu l'installation de plusieurs banques panafricaines.

Tableau 51 : Total bilan des banques (en milliards de CDF)

Banques/Années	2008	2009	2010	2011	2012	2013	2014	2015	2016	2017
ACCESS BANK RDC SA	12	18	27	33	96	57	57	62	70	146
ADVANS BANK CONGO SA	-	12	10	12	19	26	34	42	62	89
AFRILAND FIRST BANK CD SA	31	47	51	57	61	66	69	75	105	177
BANK OF AFRIKA RDC SA	-	-	14	27	53	83	115	158	220	328
BANQUE COMMERCIALE DU CONGO SA	193	267	329	377	482	538	545	636	773	1 124
BGFIBANK RDC SA	-	-	39	82	188	195	245	329	450	455
BIAC SA	97	202	238	372	410	486	504	ND	ND	ND
FBN BANK RDC SA	88	129	181	207	263	319	319	347	405	560
BYBLOS BANK RDC SA	10	7	19	18	19	23	26	24	42	ND
CITIGROUP CONGO SA	49	72	92	108	111	109	121	124	136	268
ECOBANK RDC SA	14	45	69	122	163	226	266	301	439	603
FIBANK DRC SA	-	11	35	54	58	66	50	-	-	-
EQUITY BANK CONGO SA	67	108	135	140	154	189	190	246	372	651
RAWBANK SA	141	274	348	481	606	667	872	999	1 315	2 183
SOFIBANQUE SA	-	-	20	17	34	47	80	112	207	227
STANDARD BANK RDC SA	58	87	114	149	194	168	215	213	274	453
TMB SA	92	165	213	284	361	450	533	576	687	1 019
UNITED BANK FOR AFRICA RDC SA	-	-	-	11	13	90	61	43	47	94
Total en milliards de CDF	**852**	**1 445**	**1 935**	**2 552**	**3 284**	**3 803**	**4 301**	**4 287**	**5 602**	**8 377**

Source : Nous-même, sur base des rapports des Commissaires aux comptes des banques.

Tableau 52 : Total bilan des banques (en millions de USD)

Banques/Années	**2008**	**2009**	**2010**	**2011**	**2012**	**2013**	**2014**	**2015**	**2016**	**2017**
ACCESS BANK RDC SA	20	20	30	37	104	62	62	67	58	92
ADVANS BANK CONGO SA	-	13	11	14	20	28	36	45	51	56
AFRILAND FIRST BANK CD SA	50	52	56	63	67	71	74	81	88	111
BANK OF AFRIKA RDC SA	-	-	16	31	58	89	124	171	183	207
BANQUE COMMERCIALE DU CONGO SA	318	295	361	420	526	580	589	686	644	707
BGFIBANK RDC SA	-	-	43	92	206	210	265	354	375	286
BIAC SA	161	223	261	414	449	525	545	ND	ND	ND
FBN BANK RDC SA	145	143	199	231	287	344	345	374	337	352
BYBLOS BANK RDC SA	16	8	20	20	21	25	28	26	35	ND
CITIGROUP CONGO SA	81	80	101	120	121	117	131	133	113	169
ECOBANK RDC SA	24	49	76	136	178	244	287	325	366	379
FIBANK DRC SA	-	12	38	60	64	71	54	-	-	-
EQUITY BANK CONGO SA	111	119	148	156	168	204	205	265	310	410
RAWBANK SA	233	303	382	535	662	720	943	1 078	1 095	1 373
SOFIBANQUE SA	-	-	22	19	37	51	86	121	172	143
STANDARD BANK RDC SA	96	97	125	166	212	182	232	230	228	285
TMB SA	152	182	233	317	395	485	576	621	572	641
UNITED BANK FOR AFRICA RDC SA	-	-	-	12	15	97	66	47	39	59
Total en millions de USD	**1 406**	**1 597**	**2 122**	**2 842**	**3 589**	**4 104**	**4 649**	**4 623**	**4 667**	**5 270**

Source : Nous-même, sur base des rapports des Commissaires aux comptes des banques.

Tableau 53 : Contributions au total bilan du secteur (en %)

Banques/Années	2008	2009	2010	2011	2012	2013	2014	2015	2016	2017
ACCESS BANK RDC SA	1	1	1	1	3	1	1	1	1	2
ADVANS BANK CONGO SA	-	1	0	0	0	1	1	1	1	1
AFRILAND FIRST BANK CD SA	4	3	3	2	2	2	2	2	2	2
BANK OF AFRIKA RDC SA	-	-	1	1	2	2	3	4	4	4
BANQUE COMMERCIALE DU CONGO SA	23	18	17	15	15	14	13	15	14	13
BGFIBANK RDC SA	-	-	2	3	6	5	6	8	8	6
BIAC SA	11	14	12	15	12	13	12	ND	ND	ND
FBN BANK RDC SA	10	9	9	8	8	8	7	8	7	7
BYBLOS BANK RDC SA	1	1	1	1	1	1	1	0	1	ND
CITIGROUP CONGO SA	6	5	5	4	3	3	3	3	2	3
ECOBANK RDC SA	2	3	4	5	5	6	6	7	8	7
FIBANK DRC SA	-	1	2	2	2	2	1	-	-	-
EQUITY BANK CONGO SA	8	8	7	6	5	5	4	6	7	8
RAWBANK SA	16	19	18	19	18	18	20	23	23	26
SOFIBANQUE SA	-	-	1	1	1	1	2	3	4	3
STANDARD BANK RDC SA	7	6	6	6	6	4	5	5	5	5
TMB SA	11	11	11	11	11	12	12	13	12	12
UNITED BANK FOR AFRICA RDC SA	-	-	-	0	0	2	1	1	1	1
Total	**100**	**100**	**100**	**100**	**100**	**100**	**100**	**100**	**100**	**100**

Source : Nous-même, sur base des rapports des Commissaires aux comptes des banques.

Du point de vue de la contribution au total bilan, par groupe de banques, les tableaux n° 54 et 55 ainsi que le graphique n° 18 ci-dessous, démontrent que les banques locales restent en première position, suivies des banques panafricaines et des banques internationales.

Cette situation est expliquée par le fait qu'au niveau de tous indicateurs étudiés précédemment, les banques locales viennent en première position, suivies des banques panafricaines.

Il sied de noter que durant la période sous étude, les banques locales et internationales ont perdu respectivement 7 et 4 points en termes de contribution au total bilan alors que les banques panafricaines ont gagné 11 points.

Tableau 54 : Total bilan par catégorie de banques (en milliards de CDF)

Catégorisation	2008	2009	2010	2011	2012	2013	2014	2015	2016	2017
Banques locales	523	908	1 148	1 531	1 893	2 188	2 534	2 323	2 981	4 552
Banques panafricaines	212	359	552	735	1 049	1 289	1 371	1 561	2 109	3 014
Banques internationales	117	178	235	287	343	326	395	403	513	810
Total en milliards de CDF	**852**	**1 445**	**1 935**	**2 552**	**3 284**	**3 803**	**4 301**	**4 287**	**5 602**	**8 377**

Source : Nous-même, sur base des rapports des Commissaires aux comptes des banques.

Tableau 55: Contributions au total bilan par catégorie de banques (en %)

Catégorisation	2008	2009	2010	2011	2012	2013	2014	2015	2016	2017
Banques locales	61	63	59	60	58	57	59	54	53	54
Banques panafricaines	25	25	29	29	32	34	32	37	38	36
Banques internationales	14	12	12	11	10	9	9	9	9	10
Total	**100**	**100**	**100**	**100**	**100**	**100**	**100**	**100**	**100**	**100**

Source : Nous-même, sur base des rapports des Commissaires aux comptes des banques.

Graphique 18 : Contribution au total bilan (en %) par catégories de banques

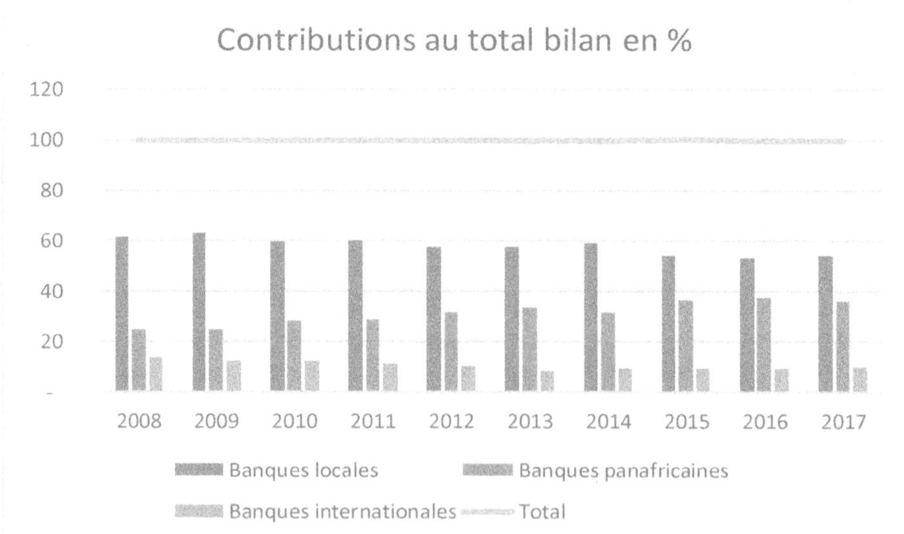

Source : Nous-même, sur base des états financiers certifiés des banques commerciales.

Conclusion

Globalement, il ressort de ce chapitre que le secteur bancaire congolais est en pleine croissance. Il est caractérisé par une forte croissance de l'activité à l'image de la progression de son Produit Net Bancaire, du niveau des dépôts et des crédits et de la taille de son bilan.

Cela prouve réellement que le secteur bancaire est florissant. Cette situation indique que de 2008 à 2017, le secteur bancaire congolais a sensiblement amélioré sa capacité à créer les richesses, à mobiliser les dépôts et à créer la monnaie.

La structure de ses ressources est dominée à 75 % par les dépôts des clients. Quant aux formes des banques retenues dans ce travail, nous avons noté que la plupart des banques établies en RDC, sont des banques des dépôts, essentiellement concentrées dans les activités de collecte des dépôts, d'octroi des crédits, de gestion des moyens de paiement et d'opérations de change.

En effet, en guise de conclusion de ce quatrième chapitre, nous pouvons dire que les résultats notés dans l'analyse des indicateurs du secteur bancaire congolais sont le fruit des mesures de restructuration du système bancaire prises durant la période 1998-2002 et du renforcement des mesures réglementaires.

Cependant, on observe que malgré l'implantation des banques panafricaines, le système bancaire congolais reste dominé par les banques locales, qui contrôlent près de 60 % du marché.

Aussi, ces banques panafricaines sont presque toutes concentrées dans les grandes villes de la RDC, ne permettant pas ainsi d'accroitre de manière exponentielle et proportionnelle le taux de bancarisation.

Il convient de discuter les résultats de ma recherche au dernier chapitre.

Cinquième chapitre
Estimation et discussions des résultats

Le présent chapitre a pour pierre de touche l'estimation et la discussion des résultats de ma recherche. Ainsi, j'identifie et analyse les facteurs qui influencent la performance de banques établies en RDC. Son objectif est d'identifier les déterminants internes de la performance bancaire, qui différencient les banques locales des banques panafricaines et internationales en RDC.

Ce chapitre est subdivisé en 3 sections : (i) Présentation des résultats, (ii) Discussions des résultats et (iii) Vérification des hypothèses.

V.1. Présentation des résultats[34]

Dans la partie empirique de ce travail, nous avons, dans une première étape, vérifié si les groupes étudiés (toutes les banques, banques locales, banques panafricaines, banques internationales) sont homogènes ou hétérogènes. En d'autres termes, nous avons voulu constater si les constantes de nos modèles qui décrivent la performance des banques établies en RDC pour les deux variables endogènes (ROA et ROE) sont identiques durant la période 2008-2017, sur des données annuelles.

Analysant les résultats des tests de spécification, nous constatons que les 18 banques du système financier congolais sont homogènes du point de vue de leur rentabilité économique, traduisant ainsi la présence d'effets fixes ; et non homogènes de point de vue de leur rentabilité financière.

Quant aux tests de spécification par catégories de banques, les banques locales se sont révélées toutes non homogènes concernant les deux variables endogènes (ROA et ROE).

Les banques panafricaines opérant en RDC, quant à elles, se sont révélées toutes homogènes et non homogènes, concernant respectivement la ROE et la ROA. Cependant, toutes les banques internationales établies en RDC, se sont révélées non homogènes et homogènes, concernant respectivement la ROE et la ROA.

Les résultats de ces différents tests de spécification sont regroupés dans le tableau n° 56 ci-dessous :

---

[34] Empiriquement, nous avons estimé un modèle de Panel cylindré (balanced Panel).

Tableau 56: Résultats des tests de spécification

	Variable dépendante	Spécification		Modèle (ou estimateur)		
		Homogène	Non Homogène	Régression multiple	Effets fixes (Within)	Effets aléatoires
Banques (Toutes)	ROA					
	ROE					
Banques locales	ROA					
	ROE					
Banques panafricaines	ROA					
	ROE					
Banques internationales	ROA					
	ROE					

Source : *Nous-même, sur base de l'annexe I.*

Légende

	Répond à la caractéristique indiquée au-dessus de la colonne
	Ne répond pas à la caractéristique indiquée au-dessus de la colonne

Pour rappel, l'analyse de l'homogénéité d'un groupe se fait à l'aide de la statistique de Fisher. Et lorsqu'on utilise le logiciel Stata, cette statistique sort automatiquement après estimation du modèle à effets fixes.

Ainsi, si la probabilité associée au test vaut « zéro », on accepte l'hypothèse H1 de présence d'effets fixes. Dans ce cas, ce test soutient que l'estimateur défini sur un modèle à effets fixes, appelé « within », est plus performant que l'estimateur des moindres carrés ordinaires (MCO).

Après analyse de la nature des effets fixes, pour le cas de la rentabilité économique de toutes les banques, et celui de la rentabilité économique et financière des banques panafricaines, il s'est avéré que tous ces effets fixes sont aléatoires.

J'ai ainsi recouru au LM-test ou test du multiplicateur Lagrange de Breusch et Pagan[35] pour les déceler. Si la probabilité du test vaut « zéro », on accepte l'hypothèse H1 de présence d'effets aléatoires. Ainsi, le test du multiplicateur de Lagrange suggère que l'estimateur des moindres carrés généralisés (MCG) est plus performant que celui des MCO et rejette logiquement l'estimation par les MCO dans la dimension totale.

Pour plus de précision sur les résultats de ces tests de spécification, décrits dans les lignes précédentes, il est recommandé à tout lecteur de consulter l'Annexe I de la présente étude.

Cependant, il faudrait signaler que la détection de la nature des effets fixes se fait également à l'aide du test de Hausman, s'effectuant après estimation du modèle à effets aléatoires (voir Tableau n° 19).

Du point de vue résultats des estimations, en plus d'être globale, cette analyse des déterminants de la performance des banques établies en RDC fait une comparaison entre banques locales, panafricaines et internationales. Elle s'inspire des travaux de Goddard et al. (2004), Athanasoglou et al. (2008) et Herrero A.G et al. (2009).

Les tableaux n° 57, 58, 59 et 60 présentent, respectivement, les résultats des estimations pour toutes les banques, pour les banques locales, les banques panafricaines et les banques internationales.

V.1.1. Résultats sur la rentabilité de l'ensemble des banques

Le tableau 57 ci-dessous présente les résultats de nos estimations sur l'ensemble des banques.

[35] Breusch and Pagan Lagrangian multiplier test for random effects.

Tableau 57: Résultats des estimations pour toutes les banques

		ROA	*ROE*
Variables	*Symboles*	*Coefficients*	*Coefficients*
Age de la banque	AB	0,00040 (0,848)	0,00122 (0,224)
Pouvoir décisionnel	PD	-0,00458 (0,55)	0,05359 (0,226)
Ratio de la qualité du portefeuille des crédits (Crédits douteux/Crédits bruts)	CDCB	-0,01691 (0,611)	-0,69781 (0,017) **
Ratio d'intermédiation bancaire (Crédits/Dépôts)	CD	0,00489 (0,256)	0,00878 (0,815)
Coefficient d'exploitation (Charges d'exploitation/PNB)	CEPNB	-0,02436 (0,000) ***	-0,05937 (0,092) *
Ratio de capitalisation (Capitaux propres/total bilan)	CPTB	-0,07032 (0,007) ***	0,43023 (0,087) *
Pression fiscale	PF	-0,02964 (0,000) ***	-0,46114 (0,000) ***
Opinion du Commissaire aux comptes	OC	+0,00778 (0,336)	+0,35599 (0,000) ***
Taille de la banque	Log(TA)	-0,00233 (0,578)	0,05711 (0,145)
Constante	α	0,14575 (0,201)	-1,29803 (0,232)

Source : Nous-même, sur base de l'annexe II.a.

*Où : * significatif à 10%,*

*** significatif à 5% ;*

**** significatif à 1% (.)*

P value.

Les techniques MCO et MCG donnent des résultats espérés, mais non significatifs pour certaines variables.

V.1.1.1 Résultats sur la rentabilité économique (ROA)

Il ressort des résultats des estimations présentés dans le tableau n° 57 ci-dessus qu'il existe une relation positive entre la rentabilité économique des banques établies en RDC et les facteurs explicatifs : âge de la banque, ratio d'intermédiation bancaire et l'opinion non modifiée et sans observations à incidence sur l'exactitude de l'information du commissaire aux comptes. Il est à noter que, bien qu'impactant positivement la rentabilité économique, ces facteurs ne sont pas statistiquement significatifs à 10 %.

Cependant, les facteurs explicatifs coefficient d'exploitation, ratio de capitalisation et pression fiscale, impactent négativement et de manière significative (statistiquement significatif à 5 %) la rentabilité économique des banques établies en RDC. Cette situation peut être soutenue par les commentaires ci-dessous :

- Le coefficient d'exploitation mesure la proportion des gains bancaires absorbés par les charges d'exploitation. Plus il est fort et plus la richesse perdue dans les dépenses d'exploitation des banques est substantielle. Par conséquent, il impacte négativement la rentabilité économique des banques opérant en RDC.
- Le ratio de capitalisation impacte négativement et significativement la rentabilité économique. Nous nous attendions à une situation contraire. Nous pouvons, cependant, trouver une explication à ce résultat inattendu, par le fait qu'en l'absence des contrôles adéquats, la direction de la banque qui estime disposer des fonds propres excessifs peut se lancer dans les investissements inopportuns sans études de faisabilité adéquates, dans l'engagement des dépenses d'exploitation oisives sans respect des procédures et dans les opérations incontrôlées de prise de risque (octroi des crédits, placement, etc.) sans évaluation qualitative et quantitative adéquate.

  La conséquence de ces actions est l'augmentation du coefficient d'exploitation, la baisse du résultat net d'exploitation et par conséquent la diminution de la rentabilité économique.
- Les charges non admises du point de vue fiscal contribuent à l'augmentation de la pression fiscale. Ce qui impacte négativement la qualité du résultat et par ricochet la rentabilité des banques établies en RDC.

Quant aux facteurs tels que le niveau du pouvoir décisionnel (PD) et la qualité du portefeuille des crédits (crédits douteux/Crédits bruts : CDCB), ils ont reproduit les signes attendus, mais ils sont statistiquement non significatifs.

Que dire sur les résultats de la rentabilité ?

V.1.1.2. Résultats sur la rentabilité financière (ROE)

L'analyse du tableau n° 57 ci-haut montre en premier lieu que le ratio de la qualité du portefeuille des crédits (crédits douteux/crédits bruts), le coefficient d'exploitation, la pression fiscale et l'opinion modifiée ou l'opinion non modifiée avec observations à impact sur la qualité de l'information financière, ont une corrélation négative et statistiquement significative avec la rentabilité financière.

Suivant les dispositions de l'instruction n° 16 de la Banque Centrale du Congo, la dégradation de la qualité du portefeuille des crédits des banques, impose à ces dernières de constituer des provisions spécifiques sur les crédits non performants. La constitution de ces provisions contribue négativement au résultat net de ces banques. Ainsi, nous pouvons déduire que plus la qualité du portefeuille des crédits des banques établies en RDC se dégrade, plus leur résultat net s'amenuise, impactant ainsi négativement leur rentabilité financière.

Quant au coefficient d'exploitation, comme indiqué pour la rentabilité économique, il représente la part de la richesse créée par les banques, mais absorbée par les charges d'exploitation, impactant ainsi les autres résultats (brut, d'exploitation et net). Ce qui revient à dire que plus le coefficient d'exploitation est élevé, plus il impacte négativement la rentabilité financière des banques établies en RDC.

La pression fiscale est la part du résultat net avant impôt, qui est affectée à l'impôt professionnel sur les bénéfices et profits supporté par les banques. Plus la pression fiscale est élevée, moins est la part du résultat qui revient aux actionnaires. Par conséquent, nous soutenons la thèse selon laquelle la pression fiscale impacte négativement et significativement la rentabilité financière des banques en RDC.

L'opinion du commissaire aux comptes est un facteur qualitatif très important dans la relation commerciale entre les banques commerciales et leurs clients personnes morales en général et filiales des sociétés multinationales en particulier. En effet, les sociétés multinationales ou internationales s'intéressent très souvent à la qualité de l'information financière et de la gouvernance des banques avant d'établir ou pour maintenir une relation avec elles.

Elles ont tendance à revoir à la baisse le niveau d'activités ou carrément à arrêter la relation, lorsque le rapport du commissaire aux comptes renseigne des réserves ou des observations à impact sur la qualité de l'information financière. En cas d'une telle option, cela a certainement un impact négatif sur l'activité de la banque et à terme sur la rentabilité financière de la banque.

En sus de cet impact négatif sur l'activité de la banque, l'opinion évoquée ci-haut du commissaire aux comptes peut également attirer plusieurs contrôles (Banque Centrale du Congo, régies financières, organismes sociaux, inspection générale des finances, etc.), pouvant donner lieu aux charges exceptionnelles, devant contribuer à la diminution du résultat net et à l'augmentation de la pression fiscale.

En second lieu, il ressort de la lecture du tableau n° 57 qu'il existe une relation positive et statistiquement significative entre le ratio de capitalisation (niveau des fonds propres) et la rentabilité financière. En effet, un niveau élevé des fonds propres associé à une bonne gestion des autres indicateurs prudentiels, accroit la capacité d'octroi des crédits (augmentation du taux d'intermédiation) à travers la division des risques, le niveau acceptable de la position de change, la résilience aux chocs et indique également une faible possibilité que la banque soit en difficulté. Ce qui augmente la confiance de la clientèle et la rentabilité des banques établies en RDC.

Quant aux autres variables telles que l'âge de la banque (AB), le niveau du pouvoir décisionnel (PD), la taille de la banque et le ratio d'intermédiation bancaire, elles ont reproduit les signes attendus, c'est-à-dire elles ont une relation positive avec la rentabilité financière, mais elles ne sont pas statistiquement significatives.

En somme, nous pouvons conclure que de manière générale, c'est-à-dire en prenant en compte toutes les catégories des banques établies en RDC :

- Les facteurs âge de la banque et ratio d'intermédiation bancaire ont une relation positive avec les rentabilités économique et financière des banques, mais sont statistiquement non significatifs ;
- Les variables ratio de la qualité du portefeuille des crédits, coefficient d'exploitation, pression fiscale, opinion modifiée ou avec observations à impact sur l'exactitude de l'information financière ont une relation négative avec les deux variables expliquées de la performance, retenues dans notre dissertation. Cependant, nous avons noté que seuls les variables pression fiscale et coefficient d'exploitation sont statistiquement significatifs pour les deux variables expliquées, pendant que le ratio de la qualité du portefeuille des crédits et l'opinion modifiée ou avec observations à impact sur l'exactitude de l'information financière ne les sont que pour la rentabilité financière ;
- Le ratio de capitalisation est statistiquement significatif mais alterne des signes. Il a une relation négative avec la rentabilité économique et une relation positive avec la rentabilité financière ;

- Les variables explicatives pouvoir décisionnel et la taille de la banque alternent également les signes mais ne sont pas statistiquement significatifs.

Comme indiqué à l'introduction, après avoir analysé les déterminants concernant toutes les banques opérationnelles en RDC, sans distinction des catégories, durant la période de notre étude, nous avons analysé dans les lignes qui suivent les déterminants de la performance, par catégories des banques. Ainsi, nous présentons les résultats de nos estimations concernant les banques locales dans la section suivante.

Les lignes suivent porte sur les résultats sur la rentabilité des banques locales

V.1.2. Résultats sur la rentabilité des banques locales

Je présente dans le tableau 58 ci-dessous, les résultats de nos estimations sur les banques locales.

Tableau 58: Résultats des estimations pour toutes les banques locales

		ROA	*ROE*
Variables	*Symboles*	*Coefficients*	*Coefficients*
Age de la banque	AB	0,00032 (0,000) ***	0,00335 (0,184)
Ratio de la qualité du portefeuille des crédits (Crédits douteux/Crédits bruts)	CDCB	-0,05241 (0,092) *	-0,95230 (0,425)
Ratio d'intermédiation bancaire (Crédits/Dépôts)	CD	-0,02141 (0,318)	-0,87354 (0,298)
Coefficient d'exploitation (Charges d'exploitation/PNB)	CEPNB	-0,04451 (0,008) ***	-0,37524 (0,549)
Ratio de capitalisation (Capitaux propres/total bilan)	CPTB	0,29204 (0,000) ***	1,73519 (0,483)
Pression fiscale	PF	0,01338 (0,166)	-0,42884 (0,254)
Opinion du Commissaire aux comptes	OC	+0,02219 (0,008) ***	+0,32096 (0,300)
Taille de la banque (total bilan)	Log (TA)	-0,00510 (0,163)	0,01608 (0,909)
Constante	α	0,17565 (0,091)	0,35208 (0,929)

Source : *Nous-même, sur base de l'annexe* II.b.

*Où : * significatif à 10% ;*

*** significatif à 5% ;*

**** significatif à 1% (.)*

P value.

Globalement, les techniques MCO et MCG donnent des résultats espérés, mais non significatifs pour certaines variables.

Que dire des résultats sur la rentabilité économique ?

V.1.2.1 Résultats sur la rentabilité économique

Il ressort de l'analyse du tableau n° 58 que les variables âge de la banque et ratio de capitalisation (niveau des fonds propres) impactent positivement et significativement la rentabilité économique des banques locales.

En effet, entre les banques locales, nous avons noté que plus une banque a beaucoup d'années d'existence, plus elle a l'opportunité d'améliorer sa rentabilité économique, en tirant profit de son expérience et de sa maitrise de l'environnement des affaires du pays.

Quant au ratio de capitalisation, plus il est important, plus il permet à la banque d'améliorer sa capacité d'octroi des crédits sans violer la norme prudentielle et contraignante de la division des risques. Cette amélioration impacte positivement son Produit Net Bancaire, et par ricochet le résultat d'exploitation. Aussi, grâce à l'expérience et à la maitrise de l'environnement local, les dépenses d'exploitation sont gérées avec beaucoup plus de prudence, sans gaspiller les ressources propres disponibles.

Aussi, de la lecture de ce tableau n° 58, nous avons noté que les variables ratio de la qualité du portefeuille de crédits, coefficient d'exploitation et opinion modifiée ou avec observations à impact sur l'exactitude de l'information financière ont une relation négative et statistiquement significative avec la rentabilité économique des banques locales.

Il est tout à fait normal que la détérioration de la qualité du portefeuille des crédits justifiée par une gestion non prudentielle de l'activité des crédits, l'augmentation du coefficient d'exploitation expliquée essentiellement par l'engagement des dépenses oisives et improductives influencent négativement le résultat d'exploitation et la rentabilité économique des banques locales.

C'est le cas également lorsque le commissaire aux comptes émet une opinion modifiée ou avec des observations à impact sur l'exactitude de l'information financière.

Sachant que certains partenaires des banques locales apprécient la gouvernance de ces banques à travers le rapport de leurs commissaires aux comptes, un rapport peu favorable impacte négativement la confiance que l'on accorde à la banque, et par conséquent l'importance des opérations que l'on peut avoir avec elle.

Les autres variables telles que le ratio d'intermédiation bancaire et la taille de la banque ont également une relation négative avec la rentabilité économique des banques locales, mais statistiquement non significative.

En somme, nous pouvons retenir que les déterminants de la rentabilité économique des banques locales sont : l'âge de la banque, le coefficient d'exploitation, le ratio de capitalisation, la qualité du portefeuille des crédits et l'opinion du commissaire aux comptes.

J'évoque les résultats sur la rentabilité financière.

V.1.2.2 Résultats sur la rentabilité financière (ROE)

Il ressort des résultats des estimations présentés dans le tableau n° 58 que toutes les variables explicatives de la rentabilité financière des banques locales, retenues dans notre travail ne sont pas statistiquement significatives.

Néanmoins, bien que non significatives, les variables âge de la banque, ratio de capitalisation (capitaux propres/total bilan) et taille de la banque ont une effet positif sur la rentabilité financière des banques locales; alors que les autres variables telles que le ratio de la qualité du portefeuille de crédits, le coefficient d'exploitation, le ratio d'intermédiation bancaire, la pression fiscale et l'opinion modifiée ou avec observations à impact sur l'exactitude de l'information financière ont une relation négative avec la rentabilité financière de ces banques.

L'analyse des déterminants de la performance des banques locales étant bouclée, nous présentons dans la section suivante, les résultats de nos estimations concernant les banques panafricaines.

Que retenir sur les résultats sur la rentabilité des banques panafricaines ?

V.1.3 Résultats sur la rentabilité des banques panafricaines

Le tableau 59 ci-dessous expose les résultats de nos estimations sur la rentabilité des banques panafricaines.

Tableau 59: Résultats des estimations pour les banques panafricaines

		ROA	*ROE*
Variables	*Symboles*	*Coefficients*	*Coefficients*
Age de la banque	AB	0,00166 (0,037) **	-0,05301 (0,031) **
Ratio de la qualité du portefeuille des crédits (Crédits douteux/Crédits bruts)	CDCB	0,00924 (0,818)	-0,12273 (0,783)
Ratio de l'intermédiation bancaire (Crédits/Dépôts)	CD	0,00729 (0,079) *	0,08097 (0,118)
Coefficient d'exploitation (Charges d'exploitation/PNB)	CEPNB	-0,02150 (0,000) ***	-0,06441 (0,045) **
Ratio de capitalisation (Capitaux propres/total bilan)	CPTB	-0,03230 (0,337)	1,72560 (0,000) ***
Pression fiscale	PF	-0,04185 (0,000) ***	-0,52027 (0,000) ***
Opinion du Commissaire aux comptes	OC	-0,00795 (0,407)	0,20758 (0,030) **
Taille de la banque (total bilan)	Log (TA)	-0,00091 (0,885)	0,28076 (0,020) **
Constante	α	0,07853 (0,632)	-6,84975 (0,021) **

Source : Elaboré par nous-même, sur base de l'Annexe II.c.

*Où : * significatif à 10% ;*

*** significatif à 5% ;*

**** significatif à 1% (.)*

P value.

V.1.3.1 Résultats sur la rentabilité économique (ROA)

En parcourant les résultats indiqués dans le tableau n° 59 ci-haut, nous notons que la rentabilité économique des banques panafricaines est impactée positivement et significativement par les variables âge de la banque et ratio d'intermédiation bancaire.

Les banques panafricaines ont besoin de plus de temps, pour acquérir une compréhension adéquate et appropriée de l'environnement des affaires du pays. Cette thèse est soutenue par le fait que la plupart des banques panafricaines ont attendu cinq ans pour réaliser leurs premiers résultats positifs. Certaines d'entre elles ont engagé des dépenses oisives et improductives importantes et connu des détériorations rapides de la qualité de leur portefeuille des crédits, faute d'une bonne maitrise de l'environnement des affaires du pays.

Quant au ratio d'intermédiation bancaire, il sied de souligner qu'en l'absence d'un portefeuille diversifié et riche des produits bancaires proposés par les banques panafricaines, ces dernières sont appelées à améliorer leur rôle intermédiation bancaire. L'amélioration de ce ratio leur permettra de compenser le poids de la charge liée aux dépôts collectés (Frais de contrôle de la BCC, assurance, intérêts, etc.). Ainsi, nous pouvons soutenir le résultat de cette estimation, car plus le ratio d'intermédiation bancaire s'améliore, plus le Produit Net Bancaire et le résultat d'exploitation s'améliorent, et par conséquent la rentabilité économique.

Concernant les variables qui ont une relation négative avec la rentabilité économique des banques panafricaines, les résultats des estimations présentés dans le tableau n° 59 ci-haut, renseignent que le coefficient d'exploitation et la pression fiscale sont statistiquement significatifs et impactent négativement leur rentabilité économique.

En effet, l'augmentation du coefficient d'exploitation expliquée essentiellement par l'engagement des dépenses d'exploitation oisives et improductives influencent négativement le résultat d'exploitation et par ricochet la rentabilité économique des banques panafricaines.

Quant à la pression fiscale, quand elle est importante, certaines banques panafricaines ont tendance à augmenter leurs charges d'exploitation (en imposant par exemple tous les avantages en nature accordés au personnel, à l'Impôt Professionnel sur la Rémunération pour ne pas les réintégrer lors de la détermination du résultat fiscal ; en augmentant sans justification valide les charges relatives à l'assistance technique et management fees, etc.), impactant ainsi négativement leur résultat d'exploitation.

Quant aux autres variables, elles ne sont pas statistiquement significatives. Ainsi, nous pouvons conclure que les déterminants de la rentabilité économique des banques panafricaines sont l'âge de la banque, le ratio d'intermédiation bancaire, le coefficient d'exploitation et la pression fiscale.

Il y a aussi les résultats sur la rentabilité financière.

V.1.3.2 Résultats sur la rentabilité financière (ROE)

En ce qui concerne la rentabilité financière des banques panafricaines, seules deux variables explicatives, parmi les huit retenues, ont une relation positive et statistiquement significative avec elle.

Il s'agit du ratio de capitalisation et de la taille de la banque. Plus une banque panafricaine a des capitaux importants, plus elle se distingue des autres, car elle améliore sa capacité prudentielle de prise des risques et renforce sa résilience. Ce qui lui permet d'améliorer son Produit Net Bancaire et par ricochet son résultat net.

Quant à la variable « taille de la banque », nos résultats attestent qu'entre les banques panafricaines, cette variable impacte positivement et de manière significative la rentabilité financière, car elle permet de réduire les coûts en raison de la présence des économies d'échelle et constitue un indicateur incitateur pour la clientèle cible concernant l'intérêt qu'accorde ces banques panafricaines à l'économie de la RDC. Plus la taille est importante, plus la clientèle a tendance à établir ou à maintenir la relation (en augmentant le volume des transactions) avec ces banques.

En revanche, il ressort des résultats des estimations tels que présentés dans le tableau n° 59, que les variables explicatives âge de la banque, coefficient d'exploitation, pression fiscale et l'opinion modifiée ou avec observations à impact sur la qualité de l'information financière du commissaire aux comptes impactent négativement et significativement la rentabilité financière (ROE) des banques panafricaines.

En effet, il a été constaté que le portefeuille de crédits de la plupart des banques panafricaines établies en RDC s'est détérioré au fil des années, augmentant ainsi, d'année en année, le niveau des provisions sur leurs crédits. Cette situation est identique également pour les charges exceptionnelles qui n'ont fait que croitre au fil des années. Ces situations ont eu comme conséquence la baisse du résultat net. Ainsi, nous pouvons déduire que plus les banques panafricaines grandissent en âge, plus leurs provisions sur crédits et leurs charges exceptionnelles augmentent, influençant par conséquent négativement leur rentabilité financière.

L'augmentation du coefficient d'exploitation des banques panafricaines, expliquée essentiellement par une politique salariale non adaptée à l'environnement local et l'engagement des dépenses oisives et improductives ou productives mais à une proportion inférieure à celle l'évolution du Produit Net Bancaire, influence négativement leur résultat net et leur rentabilité financière.

La pression fiscale et l'opinion modifiée ou avec observations à impact sur la qualité de l'information financière du commissaire aux comptes ont un impact négatif sur la rentabilité financière des banques panafricaines.

La première, plus elle est importante, plus elle impacte négativement le résultat net de la banque. Situation que vivent actuellement les banques panafricaines, dont les comptes de résultat regorgent de plus en plus les charges importantes non admises du point de vue fiscal, suite aux erreurs de gestion et à la non-maîtrise de l'environnement des affaires du pays (Fiscalité, droit social, etc…).

La seconde a un impact sur le degré de confiance accordé à ces banques par leurs partenaires. Une opinion modifiée ou avec observations à impact sur la qualité de l'information financière, a un impact négatif sur la perception des partenaires (correspondants, clients, Etat, etc…) sur la gouvernance de la banque.

Concernant la taille de la banque, plus elle augmente, moins elle est efficiente, en raison des coûts de gestion qui deviennent plus élevés et de la dégradation de certains actifs qui s'accentue.

Quant aux autres variables, il faut noter que le ratio d'intermédiation bancaire et le ratio de la qualité du portefeuille des crédits (crédits douteux/crédits bruts) exercent des influences non significatives sur la rentabilité des banques panafricaines, saisie par la ROE.

Globalement, nous pouvons conclure que les déterminants de la rentabilité financière des banques panafricaines sont l'âge de la banque, le coefficient d'exploitation, le ratio de capitalisation, la pression fiscale, la taille de la banque et l'opinion du commissaire aux comptes.

Pour boucler cette partie de notre étude, nous avons abordé dans les lignes qui suivent, l'analyse des résultats des estimations des variables explicatives de la performance des banques internationales.

Les suivantes traitent des résultats sur la rentabilité des banques internationales.

V.1.4. Résultats sur la rentabilité des banques internationales

Les résultats de nos estimations sur la rentabilité des banques internationales sont présentés dans le tableau 60 ci-dessous.

Tableau 60 : Résultats des estimations pour les banques internationales

		ROA	*ROE*
Variables	*Symboles*	*Coefficients*	*Coefficients*
Age de la banque	AB	-0,00114 (0,778)	-0,00166 (0,434)
Ratio de la qualité du portefeuille des crédits (Crédits douteux/Crédits bruts)	CDCB	-0,11650 (0,388)	-1,23324 (0,079) *
Ratio de l'intermédiation bancaire (Crédits/Dépôts)	CD	-0,01295 (0,519)	-0,14542 (0,029) **
Coefficient d'exploitation (Charges d'exploitation/PNB)	CEPNB	-0,01043 (0,549)	-2,26504 (0,001) ***
Ratio de capitalisation (Capitaux propres/total bilan)	CPTB	-0,22445 (0,014) **	1,17611 (0,003) ***
Pression fiscale	PF	-0,02551 (0,123)	-0,15394 (0,049) **
Opinion du Commissaire aux comptes	OC	0,00313 (0,882)	0,23693 (0,036) **
Taille de la banque	Log(TA)	0,00197 (0,942)	-0,00991 (0,887)
Constante	α	0,08611 (0,889)	0,59314 (0,744)

Source : *Elaboré par nous-même, sur base de l'Annexe II.d.*

*Où : * significatif à 10% ;*

*** significatif à 5% ;*

**** significatif à 1% (.)*

P value.

V.1.4.1 Résultats sur la rentabilité économique

Il ressort des résultats des estimations renseignés dans le tableau n° 60 ci-haut que, seul le ratio de capitalisation (capitaux propres/total bilan) est statistiquement significatif et influence négativement la rentabilité économique des banques internationales. Et toutes les autres variables n'ont aucune influence significative sur la rentabilité économique de cette catégorie de banques.

En effet, ayant des politiques tirées de leurs maisons (principaux actionnaires) qui sont très restrictives, ces banques ont du mal à accroitre leur portefeuille des crédits, alors que les autres charges d'exploitation ont tendance à augmenter d'une année à l'autre.

Par conséquent, faute d'une évolution correspondante du Produit Net Bancaire, ces charges sont financées essentiellement par les fonds propres. Ainsi, cette situation impacte négativement leur résultat d'exploitation et par ricochet leur rentabilité économique.

Que dire sur les résultats sur la rentabilité financière ?

V.1.4.2 Résultats sur la rentabilité financière

Quant à la rentabilité financière, les résultats de nos estimations renseignent que le ratio de la qualité du portefeuille des crédits, le ratio d'intermédiation bancaire, le coefficient d'exploitation, la pression fiscale et l'opinion modifiée ou avec observations à impact sur la qualité de l'information financière du commissaire aux comptes, sont statistiquement significatifs et influencent négativement la rentabilité financière des banques internationales.

En effet, comme indiqué dans les lignes précédentes, suivant les dispositions de l'instruction n° 16 de la Banque Centrale du Congo, la dégradation de la qualité du portefeuille des crédits des banques, impose à ces dernières de constituer des provisions spécifiques sur les crédits non performants.

La constitution de ces provisions contribue négativement au résultat net de ces banques. Ainsi, nous pouvons retenir que la qualité du portefeuille des crédits est un élément déterminant et de différenciation, de la rentabilité financière des banques internationales.

Quant au ratio d'intermédiation bancaire, qui traduit l'utilisation des dépôts dans l'octroi des crédits, plus il augmente, plus il impacte négativement la rentabilité financière des banques internationales.

Il ressort de nos recherches que l'amélioration de ce taux suppose une prise de risque trop importante et de fois non conforme à la politique de la maison mère (actionnaire principal), soutenue par une gouvernance qui reste à désirer et qui ne maitrise pas l'environnement local, avec comme conséquence l'augmentation des provisions spécifiques sur les crédits. Cette situation contribue à la détérioration du résultat net et de la rentabilité financière.

Concernant le coefficient d'exploitation, il est important de noter que son augmentation, surtout quand elle est expliquée essentiellement par une politique salariale non adaptée à l'environnement local et par l'engagement des dépenses oisives et improductives ou productives mais à une proportion inférieure à celle l'évolution du Produit Net Bancaire, impacte négativement le résultat net et la rentabilité financière des banques internationales.

La pression fiscale et l'opinion modifiée ou avec observations à impact sur la qualité de l'information financière du commissaire aux comptes ont un impact négatif sur la rentabilité financière des banques panafricaines.

La première, plus elle importante, plus elle impacte négativement le résultat net de la banque. Situation que vivent actuellement certaines banques internationales, qui ont des charges importantes non admises du point de vue fiscal. Elles les sont à cause de certaines erreurs de gestion de l'équipe dirigeante.

La seconde a un impact sur le degré de confiance accordé à ces banques par leurs partenaires. Une opinion modifiée ou avec des réserves, a un impact négatif sur la perception des partenaires (correspondants, clients, Etat, etc...) sur la gouvernance de la banque.

Quant aux autres variables, nous avons noté que l'âge et la taille de la banque n'exercent aucune influence significative sur la rentabilité financière des banques internationales, alors que le ratio de capitalisation exerce une influence positive et statistiquement significative sur la rentabilité financière des banques internationales.

Globalement, les déterminants de la rentabilité financière des banques internationales sont le ratio de la qualité du portefeuille des crédits, le ratio d'intermédiation bancaire, le coefficient d'exploitation, la pression fiscale, l'opinion du commissaire aux comptes et le ratio de capitalisation. Parmi ces variables explicatives, les cinq premières ont une relation négative et statistiquement significative avec la rentabilité financière des banques internationale, tandis que la dernière a une relation positive et statistiquement significative avec le rendement des capitaux propres.

Il faut à présent discuter tous ces résultats obtenus.

V.2. Discussion des résultats

Dans la présente section, nous discutons des résultats de l'analyse des facteurs qui influencent la performance des banques congolaises. Pour rappel, notre étude se fonde uniquement sur l'analyse des facteurs internes, et saisit la performance des banques congolaises à travers deux variables endogènes, à savoir la rentabilité économique (Return on Assets « ROA ») et la rentabilité financière (Return on Equity « ROE »), durant la période allant de 2008 à 2017.

J'ai en premier lieu analysé les déterminants de la performance de toutes les banques, c'est-à-dire toutes les catégories confondues. Puis, nous avons réalisé la même analyse mais par catégories des banques, à savoir : les banques locales, les banques panafricaines et les banques internationales.

Dans les lignes qui suivent, nous avons procédé à une analyse de nos résultats comparés aux études empiriques et ce pour toutes les banques. En effet, il existe pratiquement plusieurs facteurs ou déterminants de la performance des banques comme énoncés dans les chapitres précédents.

Dans le cadre de notre travail, nous en avons retenu 11 dont deux variables expliquées et neuf explicatives.

Le tableau n° 61 ci-dessous, présente les résultats synthétiques de différentes variables retenues dans notre étude, pour toutes les banques confondues :

Tableau 61 : Statistiques descriptives des banques établies en RDC

Variable	Obs	Mean	Std. Dev.	Min	Max
ROA	162	.0198717	.0461364	-.1821639	.129648
ROE	162	-.1188202	.8180019	-9.434503	.4080495
TA	162	2.25e+11	2.80e+11	6.95e+09	2.18e+12
AB	173	17.16185	24.71318	0	108
CDCB	156	.0933949	.1055216	0	.8122859
CD	162	.9494327	.8149443	.0018433	4.888285
CEPNB	163	1.396088	2.928317	0	33.78704
CPTB	162	.2074715	.1848456	.0130479	.8990989
PF	147	.5858817	.3567507	.0039964	1.305297

Source : *Elaboré par nous-même, à l'aide du logiciel Stata 14.*

Il ressort des données présentées dans le tableau ci-haut que durant la période sous-étude :

- la performance bancaire mesurée par la rentabilité économique (variable dépendante) présente un taux de rentabilité moyen de 2 %, avec des taux de rentabilité économique maximum et minimum de 13 % et (18 %) respectivement ;
- la performance bancaire appréciée par la rentabilité financière présente un taux de rentabilité financière moyen de (12 %) et des taux de rentabilité financière maximum de 41 % et minimum de (944 %), respectivement ;
- l'âge moyen des banques est de 17 ans. L'âge le plus élevé est de 108 ans, influencé principalement par la Banque Commerciale Du Congo SA qui est la plus ancienne banque ; et l'âge le moins élevé est de 0. En effet, en 2008, quelques banques retenues dans notre échantillon n'étaient pas encore implantées en RDC, à l'instar de BGFIBank RDC SA, Bank of Afrika RDC SA, Fibank DRC SA, United Bank for Africa RDC SA et Advans Bank Congo SA ;
- le ratio de la qualité du portefeuille des crédits (crédits douteux/crédits bruts : CDCB) moyen est de 9 %. Le plus élevé est 81 % et le plus bas est de 0 % ;
- le ratio d'intermédiation bancaire (crédits/dépôts : CD) moyen est 95 %, alors que le plus élevé et le moins élevé sont respectivement de 488 % et 0,18 % ;
- le coefficient d'exploitation (charges d'exploitation sur PNB : CEPNB) moyen est de 139 %. Les taux de coefficient d'exploitation le plus élevé et le moins élevé sont estimés à 3 379 % et 26 %, respectivement ;
- en moyenne, le ratio de capitalisation (capitaux propres/total bilan) est de 21 %. Le plus élevé est de 90 % alors que le moins élevé se chiffre à 1,3 %.

Comme indiqué dans le premier chapitre de notre travail, il ressort de nos consultations des études empiriques qu'il y a une certaine divergence entre les auteurs sur la question de l'impact des facteurs internes sur la performance des banques.

Ainsi, nous présentons dans les lignes qui suivante une analyse comparative de nos résultats confrontés aux études empiriques antérieures.

A. Age de la banque

Les résultats de notre étude rencontrent celles de El Kharti (2014), concernant la variable « âge de l'institution », qui influence positivement la performance des banques établies en RDC. Cependant son influence n'est pas statistiquement significative, qu'il s'agisse de la rentabilité financière ou économique. En effet, plus la banque est ancienne plus son expérience dans le domaine est large et plus l'accumulation des compétences permettra aux dirigeants de la banque et à son personnel de mieux comprendre l'environnement des affaires du pays et les réalités fiscales et sociales, de saisir les opportunités à temps. Néanmoins, l'impact de ces avantages sur la performance des banques n'est pas statistiquement significatif.

B. Qualité du portefeuille des crédits

Une autre variable retenue dans notre dissertation est la qualité du portefeuille des crédits. Rappelons, à ce sujet, que nos recherches empiriques ont mis en exergue l'accumulation des crédits non performants (Barnhill et al., 2002 ; Vazquez et al.,2012) comme explication de la plupart des crises ou défaillances des banques. Cette accumulation des crédits non performants et, quant à elle, induite par l'incapacité des emprunteurs à respecter les clauses du contrat d'emprunt (non-respect de l'échéancier, non-remboursement du principal, non-paiement des intérêts, etc…).

La non-performance des crédits donne naissance aux créances douteuses, qui, suivant les dispositions réglementaires et les politiques internes de la gestion des risques, sont soit provisionnées ou carrément prises en charges, augmentant ainsi les charges liées à la dépréciation ou à la prise en charge des actifs (writeoff).

Les causes de cette situation peuvent être exogènes lorsqu'elles sont expliquées par des chocs économiques, comme elles peuvent être endogènes si elles sont dues à une mauvaise gestion du portefeuille de crédits (Berger & Mester, 1997).

Les conclusions tirées de nos estimations, concernant la variable qualité du portefeuille des crédits, correspondent à celles des études empiriques présentées dans les deux précédents paragraphes. En effet, l'accentuation de la dégradation du portefeuille des crédits influence négativement la performance des banques. Cependant, statistiquement, elle est significative pour la rentabilité financière et non significative pour la rentabilité économique.

C. Intermédiation bancaire

Quant au taux d'intermédiation bancaire issue du rapport entre les crédits bruts et les dépôts collectés, il s'avère que l'amélioration de ce taux expliquée par l'accroissement des crédits permet d'augmenter les revenus bancaires, et par conséquent d'améliorer la performance des banques. Autrement dit, cette variable a une corrélation positive avec la performance des banques (Bashir, 2000 ; Ben Naceur, 2003).

Les résultats de nos estimations épousent la thèse de ces deux auteurs précités, mais l'impact positif de cette variable sur la performance des banques établies en RDC n'est pas statistiquement significatif.

D. Coefficient d'exploitation

En effet, certaines études empiriques soutiennent que l'accroissement des frais d'exploitation, lorsqu'il booste également l'évolution du Produit Net Bancaire, dans une proportion supérieure ou égale à celle des charges d'exploitation, impacte positivement la performance des banques (Ben Naceur, 2003). C'est dans ce cadre que certaines banques ont tendance à engager des dépenses d'exploitation additionnelles chaque année, espérant une évolution dans le même sens du Produit Net Bancaire, et par là leur rentabilité (Bashir, 2000 ; Ben Naceur, 2003). D'autres auteurs, tels que Anghbazo (1997) et Guru et al. (2002) postulent qu'il est important d'engager des dépenses d'exploitation additionnelles pour améliorer la performance des banques, mais ces dernières doivent éviter les dépenses oisives, pour espérer la réalisation des résultats escomptés.

Les résultats dégagés dans nos estimations, concernant le coefficient d'exploitation, ne corroborent pas avec les théoriques empiriques évoquées ci-dessus. En effet, il ressort de notre analyse que le coefficient d'exploitation n'évolue pas dans le même sens que la rentabilité économique et financière des banques établies en RDC. Plus il est fort et plus la richesse perdue dans les dépenses d'exploitation des banques est substantielle. Cette situation corrobore notre hypothèse concernant le coefficient d'exploitation.

E. Ratio de capitalisation

Quant à la capitalisation, les auteurs tels que Salwa Bahyaoui (2017), Berger (1995) et Demirguc-Kunt et Huizinga (1999) estiment que l'effet de la capitalisation sur la performance des banques est positif, car l'amélioration du niveau des fonds propres permet aux banques d'assurer le financement de l'économie à moindre coût, et par conséquent d'améliorer leurs marges, qui vont impacter positivement leur performance. Cependant, l'excès des fonds peut être nuisible à la performance des banques, car l'accroissement des fonds propres peut les ramener à un niveau pléthorique, surtout quand les banques ne réalisent qu'une fructification minime de ces fonds disponibles (Bashir, 2000 ; Ben Naceur, 2003).

Mes résultats relatifs à la relation entre le ratio de capitalisation (niveau des capitaux propres) et la performance des banques ne rencontrent pas ceux du premier groupe des auteurs précités mais plutôt ceux du deuxième groupe (Bashir, 2000 ; Ben Naceur, 2003). En effet, le ratio de capitalisation (niveau des fonds propres) impacte négativement et significativement la rentabilité économique.

Ce résultat est expliqué par le fait que, en l'absence des contrôles adéquats, la direction de la banque qui estime disposer des fonds propres excessifs peut se lancer dans les investissements inopportuns sans études de faisabilité adéquates, dans l'engagement des dépenses d'exploitation oisives et improductives sans respect des procédures et dans les opérations incontrôlées de prise de risque (octroi des crédits, placement, etc.), sans évaluation qualitative et quantitative adéquate. La conséquence de ces actions est l'augmentation du coefficient d'exploitation, la baisse du résultat net d'exploitation et par conséquent la diminution de la rentabilité économique.

Aussi, la réticence dans la prise de risque (matérialisée par le faible taux d'intermédiation du système bancaire congolais), avec comme conséquence une fructification minime des fonds disponibles, constitue également un élément justificatif de la relation négative entre le ratio de capitalisation et la rentabilité économique des banques établies en RDC.

Cependant, cette variable a une relation positive et statistiquement significative avec la rentabilité financière. Généralement, le renforcement des fonds propres est suivi d'une volonté de l'organe de direction ou d'une imposition de l'organe de contrôle à l'attention de la direction, pour améliorer la qualité du portefeuille des crédits et de la gestion ; ce qui induit la reprise des provisions spécifiques et générales et la baisse des charges exceptionnelles, impactant ainsi l'amélioration du résultat net (reprises des provisions non imposables) et, par ricochet, la rentabilité financière.

F. Pression fiscale

Les estimations de la variable « poids » de la fiscalité ont produit des résultats identiques à ceux des études empiriques. Le poids de la fiscalité mesuré par la pression fiscale affecte négativement la performance des banques (Alimshan Faizulayev, 2011).

Il ressort également de nos résultats que la pression fiscale a une corrélation négative avec la performance des banques établies en RDC, mesurée par la rentabilité financière ou économique. Il sied de signaler ici que la pression fiscale moyenne du secteur bancaire se situe à 46 % en 2017 contre 52 % en 2016 (Deloitte RDC, 2018), alors que le taux nominal de l'impôt sur les bénéfices et profits était de 35 % durant ces deux exercices.

G. Taille de la banque

En ce qui concerne la taille de la banque, que nous avons mesurée par le logarithme népérien de la valeur comptable d'actif, il ressort de nos recherches que cette variable a une relation positive et statistiquement significative avec la performance des banques appréciée par la variable rentabilité économique (Bourke, 1989 ; Molyneux et Thornton, 1992 ; Tarawneh, 2006 et Appiah et Amoah, 2015).

D'autres auteurs cependant, à l'instar de Al-Tamimi (2010), Kasman, A. (2010), Alimsham Faizulayez (2011) et Stiroh et al. (2006), soutiennent que la taille a un effet négatif sur la performance des banques.

Mes travaux révèlent que la variable explicative « taille de la banque » n'est pas statistiquement significative pour les deux variables expliquées, bien qu'elle alterne les signes. Elle a une relation positive avec la rentabilité financière et une relation négative avec la rentabilité économique.

H. Variables qualitatives : pouvoir décisionnel et opinion du commissaire aux comptes

En sus des variables quantitatives, commentées ci-dessus, nous avons également retenu deux autres variables qualitatives, à savoir : le niveau du pouvoir décisionnel et l'opinion du commissaire aux comptes. L'incidence de la première sur la performance est statistiquement non significative. Néanmoins, plus le niveau du pouvoir est local, plus il a une corrélation négative avec la rentabilité économique ; situation expliquée par l'engagement sans contrôle adéquat de certaines dépenses d'exploitation non productives et oisives et la prise des risques dans l'octroi des crédits sans analyse documentaire et financière appropriée.

En somme, quand le pouvoir est local, la gouvernance doit être de haute qualité, pour éviter les abus des organes de direction.

Néanmoins, la variable pouvoir décisionnel a une incidence positive, mais toujours non significative sur la rentabilité financière des banques établies en RDC. Cette appréciation peut être expliquée aussi par certaines pratiques non conformes à la législation et réglementation locales (non-respect des dispositions fiscales, minoration des provisions, etc…) ; pratiques auxquelles recourent certains dirigeants, quand la concentration du pouvoir est locale et que les organes de contrôle n'assurent pas pleinement leur rôle.

En ce qui concerne l'opinion du commissaire aux comptes, elle constitue un facteur qualitatif très important dans la relation entre les banques commerciales et leurs clients personnes morales, en général, et leurs clients filiales des sociétés multinationales en particulier. En effet, les sociétés multinationales ou internationales s'intéressent très souvent à la qualité de l'information financière et de la gouvernance des banques, avant d'établir ou pour maintenir une relation avec elles. Elles ont tendance à revoir à la baisse le niveau d'activités ou carrément à arrêter la relation, lorsque le rapport du commissaire aux comptes renseigne des réserves ou des observations à impact sur la qualité de l'information financière.

En cas d'une telle option (révision à la baisse ou arrêt de la relation), cela a certainement un impact négatif sur l'activité de la banque et, à terme, sur sa rentabilité financière. En sus de cet impact négatif sur l'activité de la banque, l'opinion évoquée ci-dessus du commissaire aux comptes, peut également attirer plusieurs contrôles (Banque Centrale du Congo, régies financières, organismes sociaux, inspection générale des finances, etc.), pouvant donner lieu aux charges exceptionnelles, devant contribuer à la diminution du résultat net et à l'augmentation de la pression fiscale.

Pour achever ce point relatif à la discussion de nos résultats, nous présentons dans le tableau ci-dessous la synthèse de nos résultats comparés aux études empiriques.

Tableau 62 : Synthèse des résultats (toutes les banques établies en RDC)

N°	Variables explicatives	Effets	Position	Observation
1	Age de la banque	(+)	En accord avec El kharti (2014)	Statistiquement non significative pour les deux variables expliquées (ROA & ROE)
2	Qualité du portefeuille des crédits	(-)	En accord avec Barnhill et al. (2002) et Vazquez et al.(2012)	Statistiquement non significative pour la variable expliquée "ROA" et significative pour la variable "ROE"
3	Intermédiation bancaire	(+)	En accord avec Bashir (2000) Ben Naceur (2003)	Statistiquement non significative pour les deux variables expliquées (ROA & ROE)
4	Coefficient d'exploitation	(-)	En désaccord avec Ben Naceur (2003); Bashir (2000); Anghbazo (1997) et Guru et al (2002)	Statistiquement significative pour les deux variables expliquées (ROA & ROE)
N°	**Variables explicatives**	**Effets**	**Position**	**Observation**

5	Ratio de capitalisation	(-)	En accord avec Ben Naceur (2003) et Bashir (2000)	Statistiquement significative pour la variable expliquée "ROA"
		(+)	En accord avec Salwa Bahyaoui (2017), Berger (1995) et Demirguc-Kunt et Huizinga (1999)	Statistiquement significative pour la variable expliquée "ROE"
6	Pression fiscale	(-)	En accord avec Alimshan Faizulayev (2011)	Statistiquement significative pour les deux variables expliquées (ROA & ROE)
7	Taille de la banque	(-)	En accord avec Al-Tamimi (2010); Alimsham Faizulayez (2011) et Kabir Hassan et al (2000)	Statistiquement non significative pour la variable expliquée "ROA"
		(+)	En accord avec Bourke (1989) ; Tarawneh (2006); Molyneux et Thornton (1992) et Appiah et Amoah (2015)	Statistiquement non significative pour la variable expliquée "ROE"

Source : Nous-même, sur base de notre discussion sur les résultats des estimations.

Ayant bouclé cette section relative à l'analyse comparative de nos résultats aux études empiriques, nous présentons ci-dessous, à titre informatif, un tableau reprenant les corrélations entre les différentes variables, que nous avons retenues dans mon étude.

Tableau 63 : Corrélations entre variables pour toutes les banques

	ROA	ROE	AB	PD	CDCB	CD	CEPNB	CPTB	PF	OC	TB
ROA	1.0000										
ROE	0.3578	1.0000									
AB	0.1468	0.1015	1.0000								
PD	-0.2469	-0.0906	-0.2575	1.0000							
CDCB	0.1360	-0.1228	0.0228	-0.1251	1.0000						
CD	0.0179	0.0257	-0.2666	0.2304	0.0785	1.0000					
CEPNB	-0.6942	-0.2387	-0.1327	0.1769	-0.0934	0.1143	1.0000				
CPTB	-0.3153	0.0695	-0.2957	0.2595	-0.0604	0.5687	0.4232	1.0000			
PF	-0.5262	-0.5063	-0.0365	0.3520	-0.0904	-0.0306	0.3696	0.0696	1.0000		
OC	-0.0514	-0.4198	-0.0126	-0.0727	0.0180	-0.0147	-0.0512	-0.2184	0.1331	1.0000	
TB	0.2770	0.0711	0.3993	-0.4964	0.0586	-0.5574	-0.3724	-0.7722	-0.1506	0.0993	1.0000

Source : Elaboré par nous-même, à l'aide du logiciel Stata 14.

Que conclure et comment envisager la vérification des hypothèses ?

V.3. Conclusion et vérifications des hypothèses

Au terme de ce chapitre, je peux conclure que, parmi les variables explicatives de la performance des banques établies en RDC, retenues dans le présent travail, les résultats de mes estimations démontrent que les déterminants (statistiquement significatifs) sont :

1. le coefficient d'exploitation ;
2. la pression fiscale ;
3. le ratio de la qualité du portefeuille des crédits (crédits douteux/crédits bruts) ;
4. l'opinion modifiée ou l'opinion non modifiée avec observations à impact sur la qualité de l'information financière du commissaire aux comptes ;
5. le ratio de capitalisation (niveau des fonds propres).

De ces cinq variables, je retiens que le coefficient d'exploitation, la pression fiscale, le ratio de la qualité du portefeuille des crédits (crédits douteux/crédits bruts) et l'opinion modifiée ou l'opinion non modifiée avec observations à impact sur la qualité de l'information financière du commissaire aux comptes, ont une corrélation négative et statistiquement significative avec la performance des banques établies en RDC, toutes catégories confondues. Cette conclusion confirme mes hypothèses concernant ces facteurs.

Cependant, seules les variables coefficient d'exploitation et pression fiscale ont simultanément une influence négative et statistiquement significative, sur les deux variables dépendantes retenues dans notre étude, à savoir : la rentabilité économique et la rentabilité financière.

En revanche, les variables « qualité du portefeuille » et « opinion modifiée ou opinion non modifiée avec observations à impact sur la qualité de l'information financière du commissaire aux comptes », n'ont une corrélation négative et significative que sur la rentabilité financière. Avec la rentabilité économique, leur influence est négative, mais n'est pas statistiquement significative. Quant à la cinquième variable (ratio de capitalisation) retenue et confirmée, selon nos estimations, parmi les déterminants statistiquement significatifs de la performance des banques établies en RDC, elle alterne des signes selon qu'il s'agit de la rentabilité économique ou financière. Cette variable a une incidence négative sur la rentabilité économique, ce qui constitue une négation de notre hypothèse quant à cette variable ; alors qu'elle a une incidence positive sur la rentabilité financière, ce qui confirme mon hypothèse.

Cette conclusion devrait interpeller les dirigeants, les organes de contrôle et les actionnaires des banques, en ce moment où l'autorité de régulation du secteur bancaire, qu'est la Banque Centrale du Congo (BCC), demande aux banques d'augmenter leur capital à un montant équivalent au moins en Francs Congolais (CDF), 50 000 000 de Dollars américains. Ces différents organes devraient prendre des mesures appropriées pour que ces capitaux additionnels apportent effectivement un souffle nouveau aux banques devant passer par l'augmentation du capital pour rencontrer cette exigence de la BCC, afin d'éviter toute utilisation ou affectation abusive, inappropriée et improductive de ces ressources.

Concernant les autres variables, les résultats de nos estimations confirment nos hypothèses par rapport aux variables âge de la banque, niveau du pouvoir décisionnel et ratio de l'intermédiation bancaire, mais leur effet sur la performance des banques établies en RDC n'est pas statistiquement significatif.

En d'autres termes, l'âge de la banque et le ratio d'intermédiation bancaire ont une corrélation positive avec la performance des banques établies en RDC, mesurée par la rentabilité économique et financière (confirmation de nos hypothèses), mais leur incidence sur ces dernières n'est pas significative.

C'est le cas également des résultats relatifs à la variable niveau du pouvoir décisionnel, qui confirment notre hypothèse selon laquelle cette variable alterne les signes.

Quant à la concentration du pouvoir locale, elle influence négativement la rentabilité économique, alors qu'elle influence positivement la rentabilité financière. Cette situation, comme indiquée dans le corps de notre travail, peut s'expliquer par l'inobservance de certaines dispositions légales (fiscales et réglementaires) exposant ainsi les banques qui recourent à ces pratiques aux risques de non-conformité significatifs.

Enfin, les résultats des estimations relatives à la dernière variable « taille de la banque », retenue dans mon étude comme variable explicative, infirme notre hypothèse, quant à la rentabilité économique (corrélation négative) et la confirme concernant la rentabilité financière. Néanmoins, l'incidence de cette variable sur ces deux indicateurs précités, n'est pas statistiquement significative.

De ce qui précède, je présente dans les points suivants les modèles définitifs retenus dans cet ouvrage.

V.3.1 Modèle de panel a effets fixes

Le modèle de Panel à effets fixes, retenu à l'issue de ma discussion sur les résultats des estimations, concernant les déterminants de la performance des banques établies en RDC, est de la forme suivante, selon qu'il s'agit de la rentabilité financière ou de la rentabilité économique :

$$ROA_{it} = \alpha_i + (\beta_1 CEPNB_{it} + \beta_2 CPTB_{it} + \beta_3 PF_{it}) + \varepsilon_{it}$$

$$ROE_{it} = \alpha_i + (\beta_1 CDCB_{it} + \beta_2 CEPNB_{it} + \beta_3 CPTB_{it} + \beta_4 PF_{it} + \beta_5 OC_{it}) + \varepsilon_{it}$$

$$\forall i = 1, \dots, 18 \ ; \ t = 2008, \dots, 2017, \text{ soit 10 ans}$$

Où :

- ROA_{it} : Rentabilité économique de la banque i à l'instant t ;
- ROE_{it} : Rentabilité financière de la banque i à l'instant t ;
- $CDCB_{it}$: Ratio de la qualité du portefeuille de la banque i à l'instant t ;
- CEPNB_{it} : Coefficient d'exploitation de la banque i à l'instant t ;
- CPTB_{it} : Ratio de capitalisation de la banque i à l'instant t ;
- PF_{it} : Pression fiscale de la banque i à l'instant t ;
- OC_{it} : Opinion du Commissaire aux comptes de la banque i à l'instant t ;

- α_i : Effet fixe individuel (constant dans le temps, mais propre à chaque banque). Il est appelé « effet spécifique » de la banque i ;

  Les α_i sont considérés comme des paramètres fixes à estimer avec β;
- β : Matrice des coefficients des variables explicatives du modèle ;
- ε_{it} : Terme aléatoire ou perturbations du modèle.

Que dire sur le modèle de Panel à effets aléatoires ?

V.3.2 Modèle de panel a effets aléatoires

Le modèle de Panel à effets aléatoires, retenu à l'issue de notre discussion sur les résultats des estimations, concernant les déterminants de la performance des banques établies en RDC, est de la forme suivante, selon qu'il s'agit de la rentabilité financière ou de la rentabilité économique:

$$ROA_{it} = \alpha + (\beta_1 CEPNB_{it} + \beta_2 CPTB_{it} + \beta_3 PF_{it}) + \varepsilon_{it}$$

$$ROE_{it} = \alpha + (\beta_1 CDCB_{it} + \beta_2 CEPNB_{it} + \beta_3 CPTB_{it} + \beta_4 PF_{it} + \beta_5 OC_{it}) + \varepsilon_{it}$$

$$\forall i = 1, \dots, 18 \; ; \; t = 2008, \dots, 2017, \text{ soit 10 ans}$$

Où :

- ROA_{it} : Rentabilité économique de la banque i à l'instant t ;
- ROE_{it} : Rentabilité financière de la banque i à l'instant t ;
- $CDCB_{it}$: Ratio de la qualité du portefeuille de la banque i à l'instant t ;
- CEPNB_{it} : Coefficient d'exploitation de la banque i à l'instant t ;
- CPTB_{it} : Ratio de capitalisation de la banque i à l'instant t ;
- PF_{it} : Pression fiscale de la banque i à l'instant t ;
- OC_{it} : Opinion du Commissaire aux comptes de la banque i à l'instant t ;
- *α : est la constante du modèle, car l'effet individuel est inclus dans le terme d'erreur (ε_{it}) ;*
- β : Matrice des coefficients des variables explicatives du modèle ;
- $\varepsilon_{it} = \alpha_i + \lambda_t + \mu_{it}$, où α_i et μ_{it} sont des perturbations aléatoires non corrélées.

Il sied de souligner que mon étude a porté sur la période allant de 2008 à 2017, période particulièrement caractérisée par l'implantation de nouvelles banques, essentiellement panafricaines en RDC. Sur le plan politique, cette période est aussi caractérisée par la présence d'un seul régime politique. Ce qui laisse une ouverture à d'autres recherches et études.

Ainsi, je pense que les prochaines études ou recherches pourront aborder le même sujet, mais sur une période allant jusqu'en 2021. Un tel horizon temporaire sera caractérisé par le changement de régime politique, l'opération de fusion absorption entre deux banques dont une locale (BCDC) et une panafricaine (Equity Bank CONGO SA) ; et par la dissolution sur décision de l'autorité de régulation d'une banque locale, à savoir la BIAC. Ce qui réduit le nombre de banques en activité à 15, dont trois locales, alors que durant la période retenue dans notre étude le secteur comptait 5 banques locales.

De même, j'estime que ces études et recherches ultérieures pourront intégrer certaines variables explicatives que nous n'avions pas considérées dans la présente étude. Il s'agit notamment de la variable « qualité du Conseil d'administration », « contribution dans la bancarisation vue par le nombre de comptes bancaires », et « le réseau vu par le nombre d'agences et guichets avancés ».

Que conclure de ces pages ?

Conclusion générale

L'objectif de ce travail scientifique est d'identifier empiriquement les déterminants internes de la performance des banques établies en République Démocratique du Congo (RDC), pour la période allant de 2008 à 2017. Pour maintenir le caractère holistique de cette œuvre, notre étude a porté sur toutes les banques en activité au 31 décembre 2017 et de la Fibank DRC SA, dissoute en 2016 sur décision de la Banque Centrale du Congo.

En s'inspirant des études empiriques assez fiables, nous avons retenu la rentabilité économique *(Return On Asset «* ROA *»)* et la rentabilité financière *(Return On Equity «* ROE *»),* comme indicateurs de la performance des banques établies en RDC. Par ailleurs, ces deux variables (ROA et ROE) sont considérées comme variables expliquées.

Quant aux variables explicatives, déterminants de la performance des banques établies en RDC, j'en ai retenu neuf, à savoir : (i) la taille de la banque approximée par le logarithme du total bilan ; (ii) l'âge de la banque ; (iii) le ratio de la qualité du portefeuille des crédits (crédits douteux sur crédits bruts) ; (iv) le ratio d'intermédiation bancaire (crédits bruts sur total des dépôts) ; (v) le coefficient d'exploitation (charges d'exploitation sur Produit Net Bancaire) ; (vi) le ratio de capitalisation (capitaux propres sur total bilan) ; (vii) la pression fiscale ; (viii) l'opinion du commissaire aux comptes et (ix) le niveau du pouvoir décisionnel de la banque.

Les sept premières variables énumérées ci-dessus sont des variables quantitatives, tirées ou déterminées à partir des données des états financiers annuels certifiés des banques retenues dans notre étude. Les deux dernières citées (la 8e et la 9e) sont des variables qualitatives et binaires. Elles ont pour sources les rapports des commissaires aux comptes des banques retenues et les entretiens que nous avons eus avec les professionnels, les cadres et dirigeants desdites banques et certains experts de la Banque Centrale du Congo, autorité de régulation attitrée de l'activité bancaire en RDC.

Pour soutenir la fiabilité de cette étude ainsi qu'une plus grande objectivité de mes résultats, j'ai recouru essentiellement à la technique documentaire et d'interview. Quant au modèle d'approche, j'ai mis en œuvre une méthodologie plurielle et intégrative, pour assurer la richesse des points de vue et la solidité des résultats. En clair, ma démarche méthodologique a combiné différents procédés, notamment la méthode analytique, la méthode historique, la méthode statistique et l'approche économétrique. Cette dernière, l'approche économétrique, est utilisée dans mon étude, dans le cadre précis de l'économétrie des données de Panel, laquelle présente des avantages substantiels au regard des données transversales et des séries temporelles, en l'occurrence la grande flexibilité dans la modélisation des différences entre les individus.

La substance de ce travail se décline en cinq chapitres, encadrés d'une introduction générale, en guise d'entrée en matière, et d'une conclusion générale, qui ne clôture pas le travail, mais ouvre des perspectives possibles et pose les balises pour la recherche, offrant par le même biais, des assises nouvelles et innovantes à l'activité bancaire.

Le premier chapitre aborde les notions relatives à la performance, en particulier les indicateurs et les facteurs de la performance bancaire. Il met en exergue les travaux empiriques sur la question de la performance des banques. Dans ce chapitre, j'ai aussi brossé, de manière succincte, les notions générales sur la banque.

Le deuxième chapitre traite des questions relatives au système bancaire congolais, à travers ses spécificités structurelles et réglementaires. Il met notamment en exergue les caractéristiques particulières et l'évolution socio-historique de l'activité bancaire en RDC.

Dans le troisième chapitre, j'ai présenté l'approche méthodologique et conceptuelle qui sous-tend notre travail : j' y décrive les méthodes et techniques utilisées et j'y expose le cadre conceptuel de notre regard sur les déterminants de la performance des banques établies en RDC. Méthodologique et conceptuel, ce chapitre est aussi, significativement, épistémologique :il prend soin, en effet, de décliner la posture épistémologique qui engage et accompagne, en arrière-fond, notre dissertation. Dans la foulée, ce troisième chapitre présente et profile également les acteurs du secteur bancaire de la RDC.

Dans le quatrième chapitre, j'ai présenté les résultats de mes analyses descriptive et analytique des indicateurs clés du secteur bancaire de la RDC. Ces analyses, faites sur tout le secteur pris globalement, par banque et par catégories des banques, ont porté essentiellement sur les agrégats financiers tels que les dépôts, les crédits, le taux d'intermédiation, les fonds propres, le total bilan, le Produit Net Bancaire et le résultat net. Les conclusions de ces analyses nous ont permis de porter un regard critique sur le comportement et de l'évolution du secteur bancaire congolais.

Le cinquième et dernier chapitre de cette dissertation offre les résultats de nos estimations sur les déterminants de la performance des banques en RDC, et engage ainsi une discussion critique sur la consistance et la valeur de ces résultats. Cette discussion des estimations aboutit à l'option et à la présentation, dans ce même chapitre, du modèle économétrique définitif, retenu dans le cadre conceptuel du présent ouvrage.

Au travers de ces différents chapitres et en filigrane des questions soulevées et traitées, le point névralgique, au cœur de nos recherches doctorales, se situe et gravite, assurément, autour de la performance des banques en RDC. Dans cette perspective, en vue d'assurer une recherche approfondie et de parvenir à des conclusions riches et pondérées, nous avons procédé à une analyse complète des résultats des estimations de toutes les banques confondues, sans distinction de catégories. Ensuite, nous avons analysé nos résultats par catégories de banques, à savoir : les banques locales, les banques panafricaines, et les banques internationales.

Les données quantitatives exploitées dans ce travail sont extraites des états financiers certifiés des banques en activité en RDC, durant la période de notre étude (2008-2017). Cependant, une des particularités de la présente dissertation est la correction de certains états financiers des banques, à travers les ajustements et reclassements extra-comptables, que nous avons passés, pour assurer la fiabilité et l'homogénéité des données utilisées.

En effet, l'analyse critique des états financiers certifiés des banques, collectés dans le cadre de cette étude, a permis, d'une part, de détecter certaines irrégularités et erreurs (cas de non-conformité aux dispositions du Guide Comptable des Etablissements de Crédit) ; et, d'autre part, de déceler les réserves directes ou masquées et les observations renseignées dans les rapports des commissaires aux comptes de certaines banques.

Ainsi ai-je jugé utile et pertinent d'apporter des correctifs nécessaires, pour prendre en compte les effets ou l'impact de ces irrégularités, erreurs, réserves et observations.

En somme, il ressort des résultats de mon étude que la prolifération des banques observée durant ces dix dernières années a positivement impacté les indicateurs et les caractéristiques du secteur bancaire congolais. Cet impact positif est palpable, notamment dans les paramètres tels que la taille des banques, la capacité de création des richesses, la création de la monnaie scripturale, le niveau des fonds propres, la profitabilité et la rentabilité du secteur.

Néanmoins, il convient de noter que, durant les deux dernières années de la séquence temporelle étudiée (2008-2017), les indicateurs de la profitabilité et de la rentabilité ont chuté, à cause, notamment, de la contre-performance, essentiellement des banques panafricaines et internationales. À coup sûr, sur le plan de la performance et en termes de profitabilité, les banques locales manifestent globalement un seuil de stabilité assez élevé.

Dans cet ordre d'idées, je peux affirmer que, malgré l'implantation, durant la décennie explorée (2008-2017), de plusieurs banques panafricaines en RDC, les banques locales présentent de meilleures caractéristiques financières et réalisent une performance plus élevée que les banques internationales et panafricaines. En outre, même si ces deux dernières catégories paraissent plus importantes en nombre et bénéficient de l'appui stratégique et managérial de leurs groupes respectifs, les banques congolaises locales maintiennent leur relative suprématie sur le plan spécifique de la performance objective.

En effet, les banques panafricaines et internationales ont du mal à tenir la concurrence à l'égard des banques locales, lesquelles prédominent l'espace bancaire avec un réseau bien établi à travers la République, une ancienneté plus importante et plus marquée ainsi qu'une bonne maîtrise de l'environnement des affaires en RDC.

Quant à la question spécifique d'établir et d'identifier les facteurs déterminants de la performance des banques implantées en RDC, force est de constater, de prime abord, que la plupart des études empiriques relatives à la performance bancaire, réalisées sur des données de Panel, confortent nos observations et nos intuitions.

Mais au-delà de l'observation théorique et de l'intuition pratique, les résultats même de nos estimations consolidées démontrent que le coefficient d'exploitation, la pression fiscale, le ratio de la qualité du portefeuille des crédits (crédits douteux/crédits bruts), l'opinion modifiée ou l'opinion non modifiée avec observations à impact sur la qualité de l'information financière du commissaire aux comptes et le ratio de capitalisation (niveau des fonds propres) constituent les principaux déterminants de la performance des banques établies en RDC.

En définitive, ces éléments confirment mes hypothèses, à l'exception du ratio de capitalisation, qui alterne des signes selon qu'il s'agit de la rentabilité économique ou de la rentabilité financière. Cette variable (le ratio de capitalisation) a, en effet, une incidence négative sur la rentabilité économique, ce qui infirme notre hypothèse ; alors qu'elle a une incidence positive sur la rentabilité financière ; ce qui confirme notre hypothèse.

Au regard de la matière traitée et des investigations menées, je ne voudrais pas conclure ce travail, sans formuler quelques recommandations aux différents acteurs du secteur bancaire en RDC. A cet effet, je propose les recommandations ci-dessous :

- la Banque Centrale devrait assurer la transparence de la supervision effectuée par ses services, par la mise en place d'un suivi opérationnel accru des intermédiaires financiers. Cette mesure constitue, à maints égards, une condition préalable à une supervision bancaire efficiente. Par transparence, nous comprenons la mise à la disposition du public de l'information complète, claire et en temps opportun, sur l'activité de supervision (les résultats obtenus par les banques supervisées, les décisions prises et, le cas échéant, la prévision des activités à entreprendre et des décisions à prendre) ;

- la Banque Centrale devrait renforcer ses mesures de contrôle autour des organes de gouvernance, afin de s'assurer que ces organes jouissent de tous leurs droits, conformément aux dispositions légales et réglementaires applicables en RDC ;
- la Banque Centrale du Congo devrait sensibiliser les banques quant au respect des règles comptables édictées dans le Guide Comptable des Etablissements de Crédit ;
- les organes de direction et de gouvernance des banques devraient veiller à l'amélioration de la qualité de leur portefeuille des crédits et de la pression fiscale de leurs institutions ;
- les organes de direction et de gouvernance des banques devraient recourir aux consultants expérimentés, pour les assister et les accompagner dans l'amélioration de leur coefficient d'exploitation et la baisse de la pression fiscale supportée par leurs institutions ;
- les organes de gouvernance devraient veiller à la qualité de l'opinion des commissaires aux comptes de leurs institutions, en mettant en place des mesures appropriées, voire des sanctions, en cas d'opinion modifiée ou d'opinion non modifiée, avec des observations à impact réel sur la qualité de l'information financière.

Cette œuvre scientifique pourrait, en effet, servir de cadre de référence en termes des stratégies et actions à mener par les différents acteurs et partenaires du système bancaire congolais.

Cependant, comme indiqué à l'entame de cette conclusion générale, je ne peux prétendre, dans ce travail doctoral, clôturer, et donc, en quelque sorte, boucler la question de la performance des banques en RDC. Notre travail est plutôt une ouverture. Il constitue un apport, mon humble apport scientifique à la complexe et délicate question de la performance bancaire.

En effet, mon étude n'a porté que sur la période allant de 2008 à 2017, période particulièrement caractérisée par l'implantation de nouvelles banques, essentiellement panafricaines en RDC et la présence d'un seul régime politique.

De ce qui précède, je pense que la conclusion de ce travail comble un vide et offre, en même temps, aux scientifiques et aux analystes du secteur bancaire une opportunité et des outils pour les études ou recherches futures sur le même sujet, mais sur des périodes ultérieures, y compris celle de 2019 à ce jour, avec la donne majeure d'un changement de style de gouvernance de la RDC intervenu en 2019 et l'intervention de nouvelles autorités politiques et de nouvelles dynamiques sociales, qui ont, on peut le postuler, une incidence considérable sur la réalité et l'activité bancaire en RDC.

Les études et analyses ultérieures intégreront, à titre illustratif, l'opération de fusion-absorption entre deux banques, l'une locale (BCDC) et l'autre panafricaine (Equity Bank CONGO SA) et la dissolution, sur décision de l'autorité de régulation, d'une banque locale, en l'occurrence la BIAC. Cette évolution très récente réduit, au fait, à 15 le nombre de banques en activité, dont trois locales, alors que durant la période retenue dans notre étude, le secteur comptait 5 banques locales.

De même, j'estime que ces études et recherches futures pourront intégrer certaines variables explicatives que je n'ai pas considérées dans la présente étude. Il s'agit notamment des variables « qualité du Conseil d'administration », « contribution dans la bancarisation » (vue par l'indicateur nombre de comptes bancaires) et « réseau » (vu au prisme du nombre d'agences et guichets avancés).

Bibliographie

- ABREU, M. et MENDES, V. (2002), « Commercial Bank Interest Margins and Profitability: Evidence from European countries », *Porto Working paper series*, [Revue électronique], Disponible sur : www.researchgate.net/publication [Consulté le 18 janvier 2019].
- AL-TAMIMI, H.A.H, (2010), "Factors influencing performance of the UAE Islamic and Conventional National Banks", *Global Journal of Business Research,* 4(2), 9-18.
- ALIMSHAN, F. (2011); *Comparative Analysis between Islamic Banking and Conventional Banking Firms in terms of Profitability*, 2006-2009, Master of Science: Banking and Finance. Chypre du Nord: Eastern Mediterranean University.
- ANGHBAZO, L. (1997), "Commercial Bank Net Interest Margins, Default Risk, Interest-Rate Risk, and Off-Balance Sheet Banking", *Journal of Banking and Finance*, Vol.2, 55-87.
- APPIAH, I. et AMOAH, B. (2015), "Determinants of Bank Profitability in Ghana", *International* Journal of Accounting and Financial Reporting, Vol.5(1), 173-187
- ATHANASOGLOU, P., BRISSIMIS, S. and DELIS, M. (2008), "Bank specific, industry specific and macroeconomic determinants of bank profitability", *Journal of International Financial Markets*, Institutions and Money, Vol. 18, 121-136.
- Banque Mondiale (2015) *Rapport de suivi de la situation économique et financière 2015 de la République Démocratique du Congo*, 3ème Edition, Kinshasa.
- Banque Centrale du Congo (2019), *Instruction n°17 aux établissements de crédit, relative aux règles prudentielles en matière de contrôle interne, modification n°2*, Kinshasa.
- Banque Centrale du Congo (2019), *Instruction n°14 aux Banques, relative aux normes prudentielles de gestion, modification n°7*, Kinshasa.
- Banque Centrale du Congo (2018*), Instruction n°16 aux Etablissements de Crédit, concernant les règles prudentielles relatives à la classification et au provisionnement des créances, modification n°*3, Kinshasa.

- Banque Centrale du Congo (2018), *Rapport annuel 2017*, Kinshasa.
- Banque Centrale du Congo (2017), *Rapport annuel 2016*, Kinshasa.
- Banque Centrale du Congo (2016), *Rapport annuel 2015*, Kinshasa.
- Banque Centrale du Congo (2015), *Rapport annuel 2014*, Kinshasa.
- Banque Centrale du Congo (2013), *Rapport annuel 2012*, Kinshasa.
- Banque Centrale du Congo (2012), *Rapport sur la supervision des intermédiaires financiers*, Kinshasa.
- Banque Centrale du Congo (2011), *Rapport annuel 2010*, Kinshasa.
- Banque Centrale du Congo (2010), I*nstruction n°9, relative au Guide Comptable des Etablissements de crédit,* Kinshasa.
- GREGORIO, G. (2011), « Normes IFRS et mesure de la performance. Etude comparative auprès des établissements bancaires européens », *Hal.archives-ouvertes.fr*, [en ligne] 30 novembre 2011. Disponible sur : https://hal.archives-ouvertes.fr [Consulté le 25 février 2019].
- BARNETO, P. et GREGORIO, G. (2011), « Normes IFRS et mesure de la performance. Etude comparative auprès des établissements bancaires européens », *Hal.archives-ouvertes.fr*, [en ligne] 30 novembre 2011. Disponible sur : https://hal.archives-ouvertes.fr [Consulté le 25 février 2019].
- BARNHIL,L, T. M., PAPAPANAGIOTOU, P. and SCHUMACHER, L. (2002), "Measuring integrated and credit risk in bank portfolio: An application to a set of hypothetical banks operating in South Africa", *Financial Markets, Institutions and Investments*, Vol.11, 401-443.
- BASHIR, A. (2000), "Assessing the Performance of Islamic Banks: Some Evidence from the Middle East 1993-1998". [en ligne] In : *8ème Conférence de l'Economic Research Forum (ERF)*, Amman, Jordanie, novembre 2000. Disponible sur : *www.erf.org.eg* [Consulté le 27 février 2019].
- BECKMANN, R. (2007), "Profitability of Western European banking Systems: Panel evidence on structural and cyclical determinants", *Banking and Financial Studies- Deutsche Bundesbank*, Vol.17, 1-21.
- BENZAI, Y. (2016), *Mesure de l'efficience des banques commerciales Algériennes par les Méthodes Paramétriques et Non Paramétriques*. Thèse de doctorat : Finance Internationale. - Tlemcen : Université Abou Bak BELKAID.

- BERGER, A.N. et MESTER, L.J. (1997), "Inside the Black Box: What explains differences in the efficiencies of financial institutions", *Journal of Banking & Finance*, Vol. 21, 895-947.
- BERG,ER A.N. (1995), "The Profit-structure relationship in banking-Tests of Market-Power and Efficient-Structure Hypotheses ", *Journal of Money, Credit and Banking*, Vol. 27, 404-431.
- BEN NACEUR, S. (2003), "The determinants of the Tunisian banking industry profitability: Panel evidence 1980-2000". [en ligne] In : *11ème Conférence de l'Economic Research Forum (ERF)*, Marrakech, novembre 2003. Disponible sur : *www.erf.org.eg* [Consulté le 27 février 2019].
- BOURBONNAIS, R. (2015), *Econométrie : Manuel et exercices corrigés*, 7èmeéd. Edition Dunod, Paris.
- BOURKE, P. (1989), "Concentration and other determinants of bank profitability in Europe, North America and Australia", *Journal of Banking and Finance*, Vol.13, 65-79.
- COUSIN, S. (2011), *Quels sont les facteurs qui permettent d'expliquer les différences de performance entre les banques de détail françaises, pendant la crise, de 2006 à 2009*. Mémoire de Master : Finance. Paris : HEC Paris.
- DEISTING, F., MAKHLOUF, F. et NAAMANE, A. (2012) ,« Développement financier, flux financiers et croissance économique », *Centre d'Analyse Théorique et de Traitement des données économiques*, [en ligne] Vol.10. Disponible sur : https://hal.archives-ouvertes.fr [Consulté le 25 février 2019].
- DELOITTE RDC (2018), *Etude sur le secteur bancaire en République Démocratique du Congo (2017)*, Kinshasa.
- DEMIRGUC-KUNT, A., & HUIZINGA, H. (1999), "Determinants of commercial bank interest margins and profitability: Some international evidence", *The World Bank Economic Review*, Vol.13(2), 379-408.
- DIDIER, J. (1984), "Positivisme", in *Dictionnaire de la philosophie, Librairie Larousse*, Paris.
- DJIMASRA, N., DJAL-GADOM, G., DANNA, A. & LUDE, D. A. (2013), *Crédit bancaire et performance des Petites et Moyennes Entreprises tchadiennes à l'ère pétrolière*. Fonds de Recherche sur le Climat d'Investissement et l'Environnement des Affaires (FR-CIEA), Novembre.

- DJIMASRA, N. (2009), *Efficacité Technique, productivité et compétitivité des principaux pays producteurs de coton*. Thèse de doctorat : Sciences économiques. Orléans : Université d'Orleans.

- DOUCOURE, F.B. (2008), *Méthodes économétriques* : Cours et travaux pratiques, Faculté des Sciences Economiques et de Gestion, Université Cheik Anta Diop de Dakar, Inédit.

- DOURSIA, F. (2005), *L'impact du système financier sur la croissance économique : Analyse et application à la CEMAC*. Mémoire de Troisième Cycle-DEA : Economie internationale. Dakar : Université Cheikh Anta Diop de Dakar.

- ECHAUDEMAISON, C. et Al. (1993) *Dictionnaire d'Economie*, 2ème éd. Edition Nathan, Paris.

- EL KHARTI, L. (2014), "The determinants of financial performance of Microfinance Institutions in Morocco: A Panel data analysis", *Savings and Development*, Vol.38, 27-44.

- EL MOSTAFA, A. (2006), *La Performance financière et opérationnelle des banques Canadiennes acquéreuses lors de la fusion et acquisition : 1994-2004.* Mémoire de la Maîtrise : Administration des Affaires. Montréal : Université du Québec.

- FONDS MONETAIRE INTERNATIONAL (2014), *Rapport d'Evaluation de la Stabilité du Système Financier de la République Démocratique du Congo*, n° 14/315, Washington.

- HERRERO, A.G., GAVILÀ, S., SANTABARBARA, D. (2009), "What explains the low profitability of chinese banks", *Journal of Banking and Finance*, Vol.33 (11), 2080-2092.

- HSIAO, C. (1986) *Analysis of Panel Data, Econometric Society Monographs*, Edition Cambridge University Press, Cambridge.

- GODDARD, J., MOLYNEUX, PH., WILSON, J.O.S. (2004), "The profitability of European banks: a cross-sectional and dynamic Panel analysis", *Manchester School*, Vol.72 (3), 363–381.

- GOUJON, M. (2009) *Les indicateurs de politique économique révélée : une présentation générale de la méthode*. Ferdi, Juin.

- GURU, B., STAUNTON, J. ET BALASHANMUGAM, B. (2002), "Determinants of Commercial Bank Profitability in Malaysia". In: 12th *Annual Australian Finance and Banking Conference*, Sydney-Australia, 16-17 December 2002.

- *Journal officiel de la République Démocratique du Congo* (2002) Loi n°003/2002 du 02 février 2002 relative à l'activité et au contrôle des établissements de crédit, Février.
- KABLAN, S. (2007), « Mesure de la performance des banques dans les pays en développement : le cas de l'Union Economique et Monétaire Ouest Africaine (UEMOA) », In *Africa Economic Conference, Opportunities and Challenges of Development for Africa in the Global.* Addis-Abeba – Ethiopia, 16-17 Novembre 2007.
- KANE E.J. et TARA R. (2001), "Bank Runs and Banking Policies: Lessons for African Policy Makers", *Journal of African Economies, Centre for the Study of African Economies (CSAE),* Vol.10(1), 36-71.
- KASMAN, A. (2010), "Consolidation and Commercial bank net interest margins: evidence from the old and new European union members and candidate countries", *Economic Modeling*, 27, 648–655.
- LEVINE, R. (1997), "Financial Development and Economic Growth: Views and Agenda", *Journal of Economic Literature*, Vol. 35, 688–726.
- LAUBET, JL. (2000), *Initiation aux méthodes de recherche en sociales*, Edition L'harmattan, Paris.
- LONZO, G. et MPIANA, C. (2017), « Régulation prudentielle & Efficacité des banques commerciales en Rép.Dém. du Congo », *Munich Personal RePEc Archive*, [en ligne] Vol. No. 79268, Disponible sur : (*https://mpra.ub.uni-muenchen.de/79268/)* [Consulté le 27 mars 2019].
- MANSOURI, B. et AFROUKH, S. (2009), *Rentabilité des banques et ses déterminants : Cas du Maroc.* Groupe de Recherches Economiques et Financières (GREF) de la Faculté de droit et Sciences Economiques de Université Cadi Ayyad.
- MASOOD, O., SHAHID, M. and BORA, A. (2016), "Predicting Islamic banks performance through CAMELS rating model", *Banks and Bank Systems,* Vol.11 (3), 37–43.
- MATHIS, J. (1992), *Monnaie et banques en Afrique francophone*, Edition Edicef, Paris.
- MISHKIN, F. (2007), *Monnaie, Banque et Marchés financiers*, 8ème éd. Edition Nouveaux horizons, Paris.

- MOEZ, O. (2011) *Etude empirique de la relation entre le système monétaire et financier et croissance économique*. Thèse de doctorat : Sciences économiques, Neuchâtel : Université de Neuchâtel.
- MOLYNEUX, P. et THORNTON, J. (1992), "Determinants of European bank profitability 1986- 1989: A note", *Journal of Banking and Finance*, Vol. 16 (6), 1173-1178.
- MUKUNDI, N. (2013), *Politique monétaire et intermédiation financière en République Démocratique du Congo.* Thèse de doctorat : Sciences économiques. Kinshasa : Université de Kinshasa.
- NEMBOT, L. et NINGAYE, P. (2007), « Réformes financières et rentabilité du système bancaire des États de la CEMAC », *Mondes en développement*, Vol. 2011/3 (155), 111-124.
- NZOIMBENGENE, B. (2017), *Restructuration, prolifération des banques et performance du système bancaire congolais*. Mémoire de Troisième Cycle-DEA : Comptabilité et Finances. Kinshasa : Université Protestante au Congo.
- OGIEN, D. (2009), *Comptabilité et audit bancaires*, 2ème éd. Edition Dunod, Paris.
- RÉPUBLIQUE DÉMOCRATIQUE DU CONGO (2014) *Rapport de la troïka stratégique.* Gouvernement central.
- SALWA, B. (2017), « Les déterminants idiosyncratiques de la performance bancaire au Maroc : analyse sur données de Panel », *European Scientific Journal*, Vol.13(13), 57-77.
- SANDRETTO, R. et TIANI, F. (1993), *La faillite du système bancaire africain, autopsie et implication d'un désastre : l'exemple camerounais, informations et Commentaires*, Vol. 83, 21-28.
- SARDI, A. (2012), *Pratique de la comptabilité bancaire*, Edition Afges, Paris.
- SHOMBA, S. (2006), *Méthodologie de la recherche scientifique*, Edition M.E.S., Kinshasa.
- SIRINE, T. (2016), *L'impact des mécanismes de gouvernance dans la gestion des risques bancaires et la performance des banques : Cas de la France, l'Allemagne et le Japon*. Thèse de doctorat : Sciences Economiques. Tunis : Université de Tunis.
- STIROH, K.J.et RUMBLE, A. (2006). "The dark side of diversification: The case of US financial holding companies", *Journal of Banking and Finance*, Vol. 30, 2131–2161.

- TANIMOUNE, N. *(2003), «* Les déterminants de la profitabilité des banques dans l'UEMOA : Une analyse sur données de Panel », *Notes d'Information et Statistiques de la BCEAO,* Vol. 539, 3-15.
- TARAWNEH M. (2006), "A comparison of financial performance in the Banking sector: Some evidence from omani commercial Banks", *International Research Journal of Finance and Economics*, Vol. 3, 101-112.
- VAZQUEZ, F., TABAK, B.M. and SOUTO, M., (2012), "A macro stress test model of credit risk for the Brazilian banking sector", *Journal of financial stability*, Vol. 8, 69-83.
- YOMNA, D. (2017), « Les déterminants de la performance des banques islamiques », *Institut Supérieur d'Administration des Affaires de Sfax. International Journal of Business & Economic Strategy (IJBES)*, Vol.5 (2), 22-26.

Annexes

Annexe I : Tests de specification

a) Toutes les banques

❖ Test d'homogénéité

- Analyse avec ROA (comme variable dépendante

```
. xtreg ROA AB PD CDCB CD CEPNB CPTB PF OC TB, fe
note: PD omitted because of collinearity

Fixed-effects (within) regression               Number of obs      =       144
Group variable: ID                              Number of groups   =        18

R-sq:                                           Obs per group:
     within  = 0.5674                                         min =         3
     between = 0.0688                                         avg =       8.0
     overall = 0.1357                                         max =        10

                                                F(8,118)           =     19.34
corr(u_i, Xb)  = -0.8948                        Prob > F           =    0.0000
```

ROA	Coef.	Std. Err.	t	P>|t|	[95% Conf.	Interval]
AB	.0027376	.0020462	1.34	0.184	-.0013144	.0067896
PD	0	(omitted)				
CDCB	-.0770802	.0404844	-1.90	0.059	-.1572503	.0030899
CD	-.0015055	.0052747	-0.29	0.776	-.0119508	.0089398
CEPNB	-.0214643	.003583	-5.99	0.000	-.0285596	-.0143691
CPTB	-.1193854	.0312246	-3.82	0.000	-.1812187	-.0575521
PF	-.025849	.0076823	-3.36	0.001	-.0410621	-.0106359
OC	-.0044483	.0092098	-0.48	0.630	-.0226862	.0137896
TB	-.0113379	.0095346	-1.19	0.237	-.030219	.0075433
_cons	.331083	.213806	1.55	0.124	-.0923111	.7544771
sigma_u	.07076038					
sigma_e	.024037					
rho	.89654483	(fraction of variance due to u_i)				

```
F test that all u_i=0: F(17, 118) = 3.39                     Prob > F = 0.0000
```

Analyse avec ROE (comme variable dépendante)

```
. xtreg ROE AB PD CDCB CD CEPNB CPTB PF OC TB, fe
note: PD omitted because of collinearity

Fixed-effects (within) regression               Number of obs      =       144
Group variable: ID                              Number of groups   =        18

R-sq:                                           Obs per group:
     within  = 0.3266                                         min =          3
     between = 0.0035                                         avg =        8.0
     overall = 0.0051                                         max =         10

                                                F(8,118)           =      7.15
corr(u_i, Xb)  = -0.9642                        Prob > F           =    0.0000
```

ROE	Coef.	Std. Err.	t	P>|t|	[95% Conf.	Interval]
AB	-.0373763	.0236641	-1.58	0.117	-.0842378	.0094851
PD	0	(omitted)				
CDCB	-.4935237	.4682027	-1.05	0.294	-1.420693	.4336451
CD	.0533732	.0610015	0.87	0.383	-.0674264	.1741727
CEPNB	-.0938972	.0414371	-2.27	0.025	-.175954	-.0118405
CPTB	1.091352	.3611136	3.02	0.003	.3762484	1.806455
PF	-.4387232	.0888463	-4.94	0.000	-.614663	-.2627833
OC	-.2803172	.1065115	-2.63	0.010	-.4912391	-.0693954
TB	.1578163	.110268	1.43	0.155	-.0605443	.376177
_cons	-3.219901	2.47267	-1.30	0.195	-8.116461	1.676658
sigma_u	.95635177					
sigma_e	.27798828					
rho	.92209037	(fraction of variance due to u_i)				

```
F test that all u_i=0: F(17, 118) = 1.32                     Prob > F = 0.1891
```

.

Test de Multiplicateur-Lagrange

- Analyse avec ROA (comme variable dépendante)

```
Breusch and Pagan Lagrangian multiplier test for random effects

        ROA[ID,t] = Xb + u[ID] + e[ID,t]

        Estimated results:
                    |       Var     sd = sqrt(Var)
            --------+-----------------------------
                ROA |   .0017596       .0419475
                  e |   .0005778        .024037
                  u |   .0003161       .0177801

        Test:   Var(u) = 0
                             chibar2(01) =     5.04
                          Prob > chibar2 =   0.0124
```

b) Banques locales

❖ Test d'homogénéité

- Analyse avec ROA (comme variable dépendante

```
. xtreg ROA AB CDCB CD CEPNB CPTB PF OC TB, fe

Fixed-effects (within) regression               Number of obs      =        40
Group variable: ID                              Number of groups   =         5

R-sq:                                           Obs per group:
     within  = 0.5270                                         min =          5
     between = 0.0558                                         avg =        8.0
     overall = 0.0026                                         max =         10

                                                F(8,27)            =      3.76
corr(u_i, Xb)  = -0.9781                        Prob > F           =    0.0045

------------------------------------------------------------------------------
         ROA |      Coef.   Std. Err.      t    P>|t|     [95% Conf. Interval]
-------------+----------------------------------------------------------------
          AB |  -.0033314    .003499    -0.95   0.349    -.0105107     .003848
        CDCB |  -.0409342   .0522554    -0.78   0.440    -.1481533     .066285
          CD |  -.0142376   .0263617    -0.54   0.594    -.0683273    .0398521
       CEPNB |  -.0519077   .0187846    -2.76   0.010    -.0904506   -.0133649
        CPTB |   .2678358   .0842265     3.18   0.004     .0950173    .4406542
          PF |   .0210517   .0125178     1.68   0.104    -.0046327     .046736
          OC |  -.0102822   .0145355    -0.71   0.485    -.0401066    .0195422
          TB |   .0078168   .0124114     0.63   0.534    -.0176492    .0332828
       _cons |  -.0303021   .2166732    -0.14   0.890    -.4748787    .4142746
-------------+----------------------------------------------------------------
     sigma_u |   .1467452
     sigma_e |  .01161125
         rho |  .99377814   (fraction of variance due to u_i)
------------------------------------------------------------------------------
F test that all u_i=0: F(4, 27) = 0.90                       Prob > F = 0.4777

.

   -

   -
```

- Analyse avec ROE (comme variable dépendante)

```
. xtreg ROE AB CDCB CD CEPNB CPTB PF OC TB, fe

Fixed-effects (within) regression               Number of obs      =        40
Group variable: ID                              Number of groups   =         5

R-sq:                                           Obs per group:
     within  = 0.3270                                         min =         5
     between = 0.0244                                         avg =       8.0
     overall = 0.0014                                         max =        10

                                                F(8,27)            =      1.64
corr(u_i, Xb)  = -0.9993                        Prob > F           =    0.1600
```

ROE	Coef.	Std. Err.	t	P>|t|	[95% Conf.	Interval]
AB	-.2184312	.1315001	-1.66	0.108	-.4882471	.0513848
CDCB	.8456161	1.963874	0.43	0.670	-3.183921	4.875153
CD	.4730917	.9907314	0.48	0.637	-1.559721	2.505905
CEPNB	-1.125951	.7059687	-1.59	0.122	-2.574479	.3225772
CPTB	5.802855	3.16542	1.83	0.078	-.6920507	12.29776
PF	-.4882007	.4704456	-1.04	0.309	-1.453475	.4770738
OC	-.8548685	.5462773	-1.56	0.129	-1.975737	.2659999
TB	.7498556	.4664469	1.61	0.120	-.2072144	1.706926
_cons	-11.38849	8.143066	-1.40	0.173	-28.09668	5.3197
sigma_u	9.2076245					
sigma_e	.43637708					
rho	.99775894	(fraction of variance due to u_i)				

```
F test that all u_i=0: F(4, 27) = 1.53                       Prob > F = 0.2227

.
```

c) Banques panafricaines

❖ Test d'homogénéité

- Analyse avec ROA (comme variable dépendante)

```
. xtreg ROA AB CDCB CD CEPNB CPTB PF OC TB, fe

Fixed-effects (within) regression               Number of obs      =        76
Group variable: ID                              Number of groups   =        10

R-sq:                                           Obs per group:
     within  = 0.5654                                         min =         3
     between = 0.5802                                         avg =       7.6
     overall = 0.5791                                         max =        10

                                                F(8,58)            =      9.43
corr(u_i, Xb)  = -0.3314                        Prob > F           =    0.0000
```

ROA	Coef.	Std. Err.	t	P>|t|	[95% Conf.	Interval]
AB	.0032116	.0033719	0.95	0.345	-.0035381	.0099612
CDCB	.0235466	.0622182	0.38	0.706	-.1009967	.1480899
CD	.0117548	.0071534	1.64	0.106	-.0025642	.0260738
CEPNB	-.0239035	.0044078	-5.42	0.000	-.0327267	-.0150802
CPTB	.0007745	.0639154	0.01	0.990	-.127166	.1287151
PF	-.0372416	.0107818	-3.45	0.001	-.0588237	-.0156595
OC	.0094403	.0130911	0.72	0.474	-.0167645	.0356451
TB	-.0115778	.016504	-0.70	0.486	-.0446142	.0214585
_cons	.3231876	.4061049	0.80	0.429	-.4897196	1.136095
sigma_u	.01832027					
sigma_e	.02670794					
rho	.31997088	(fraction of variance due to u_i)				

```
F test that all u_i=0: F(9, 58) = 0.65                       Prob > F = 0.7534

.
```

- Analyse avec ROE (comme variable dépendante)

```
. xtreg ROE AB CDCB CD CEPNB CPTB PF OC TB, fe

Fixed-effects (within) regression               Number of obs     =         76
Group variable: ID                              Number of groups  =         10

R-sq:                                           Obs per group:
     within  = 0.5953                                         min =          3
     between = 0.2556                                         avg =        7.6
     overall = 0.2645                                         max =         10

                                                F(8,58)           =      10.66
corr(u_i, Xb)  = -0.6304                        Prob > F          =     0.0000

------------------------------------------------------------------------------
         ROE |      Coef.   Std. Err.      t    P>|t|     [95% Conf. Interval]
-------------+----------------------------------------------------------------
          AB |  -.0530055   .0240451    -2.20   0.031     -.101137   -.0048739
        CDCB |  -.1227266   .4436772    -0.28   0.783    -1.010843    .7653899
          CD |   .0809669   .0510105     1.59   0.118    -.0211417    .1830756
       CEPNB |  -.0644087   .0314322    -2.05   0.045    -.1273271   -.0014902
        CPTB |   1.725604   .4557797     3.79   0.000     .8132624    2.637947
          PF |  -.5202733   .0768848    -6.77   0.000    -.6741749   -.3663717
          OC |  -.2075754   .0933528    -2.22   0.030    -.3944413   -.0207095
          TB |    .280757   .1176897     2.39   0.020     .0451754    .5163386
       _cons |  -6.849752   2.895928    -2.37   0.021    -12.64658   -1.052922
-------------+----------------------------------------------------------------
     sigma_u |  .31015541
     sigma_e |  .19045396
         rho |  .72617982   (fraction of variance due to u_i)
------------------------------------------------------------------------------
F test that all u_i=0: F(9, 58) = 3.38                       Prob > F = 0.0022
```

Test de Multiplicateur-Lagrange

- Analyse avec ROE (comme variable dépendante)

```
Breusch and Pagan Lagrangian multiplier test for random effects

        ROE[ID,t] = Xb + u[ID] + e[ID,t]

        Estimated results:
                     |       Var     sd = sqrt(Var)
             --------+-----------------------------
                 ROE |    .113619       .3370741
                   e |   .0362727        .190454
                   u |          0              0

        Test:   Var(u) = 0
                             chibar2(01) =     0.00
                          Prob > chibar2 =   1.0000
```

d) Banques internationales

❖ Test d'homogénéité

- Analyse avec ROA (comme variable dépendante)

```
. xtreg ROA AB CDCB CD CEPNB CPTB PF OC TB, fe

Fixed-effects (within) regression               Number of obs      =        28
Group variable: ID                              Number of groups   =         3

R-sq:                                           Obs per group:
     within  = 0.8807                                          min =         9
     between = 0.5254                                          avg =       9.3
     overall = 0.4580                                          max =        10

                                                F(8,17)            =     15.68
corr(u_i, Xb)  = -0.7638                        Prob > F           =    0.0000
```

ROA	Coef.	Std. Err.	t	P>|t|	[95% Conf.	Interval]
AB	-.0011446	.00399	-0.29	0.778	-.0095628	.0072736
CDCB	-.1165009	.1313952	-0.89	0.388	-.3937206	.1607188
CD	-.0129531	.0196459	-0.66	0.519	-.0544023	.0284961
CEPNB	-.0104311	.0170387	-0.61	0.549	-.0463797	.0255175
CPTB	-.2244539	.0824535	-2.72	0.014	-.3984155	-.0504923
PF	-.0255111	.0157022	-1.62	0.123	-.0586399	.0076176
OC	-.0031334	.0208594	-0.15	0.882	-.047143	.0408761
TB	.0019727	.0268004	0.07	0.942	-.0545713	.0585167
_cons	.0861105	.6103003	0.14	0.889	-1.201511	1.373732
sigma_u	.05626561					
sigma_e	.01959416					
rho	.8918428	(fraction of variance due to u_i)				

```
F test that all u_i=0: F(2, 17) = 6.23                     Prob > F = 0.0094
```

- Analyse avec ROE (comme variable dépendante)

```
. xtreg ROE AB CDCB CD CEPNB CPTB PF OC TB, fe

Fixed-effects (within) regression               Number of obs      =        28
Group variable: ID                              Number of groups   =         3

R-sq:                                           Obs per group:
     within  = 0.7715                                         min =          9
     between = 0.0648                                         avg =        9.3
     overall = 0.3398                                         max =         10

                                                F(8,17)            =      7.17
corr(u_i, Xb)  = -0.5492                        Prob > F           =    0.0003
```

ROE	Coef.	Std. Err.	t	P>|t|	[95% Conf.	Interval]
AB	-.0033563	.0197912	-0.17	0.867	-.0451121	.0383994
CDCB	-1.129625	.6517454	-1.73	0.101	-2.504688	.2454375
CD	-.010773	.0974474	-0.11	0.913	-.2163689	.194823
CEPNB	-.1824223	.0845154	-2.16	0.045	-.3607342	-.0041104
CPTB	.931932	.4089849	2.28	0.036	.0690492	1.794815
PF	-.1963417	.077886	-2.52	0.022	-.3606668	-.0320167
OC	-.261572	.1034668	-2.53	0.022	-.4798679	-.0432762
TB	.0004333	.1329353	0.00	0.997	-.2800356	.2809023
_cons	.2215587	3.027206	0.07	0.943	-6.165287	6.608404
sigma_u	.17272562					
sigma_e	.09719076					
rho	.75952141	(fraction of variance due to u_i)				

```
F test that all u_i=0: F(2, 17) = 1.54                 Prob > F = 0.2431

        Breusch and Pagan Lagrangian multiplier test for random effects

            ROA[ID,t] = Xb + u[ID] + e[ID,t]

            Estimated results:
```

	Var	sd = sqrt(Var)
ROA	.0020713	.0455117
e	.0003839	.0195942
u	0	0

```
            Test:   Var(u) = 0
                              chibar2(01) =     0.00
                           Prob > chibar2 =   1.0000
```

Annexe II : Résultats des estimations

a) Toutes les banques

- Estimation avec ROA (comme variable dépendante)

```
. xtreg ROA AB PD CDCB CD CEPNB CPTB PF OC TB, re

Random-effects GLS regression                   Number of obs     =        144
Group variable: ID                              Number of groups  =         18

R-sq:                                           Obs per group:
     within  = 0.5442                                         min =          3
     between = 0.6086                                         avg =        8.0
     overall = 0.5724                                         max =         10

                                                Wald chi2(9)      =     163.95
corr(u_i, X)   = 0 (assumed)                    Prob > chi2       =     0.0000
```

ROA	Coef.	Std. Err.	z	P>|z|	[95% Conf.	Interval]
AB	.0000403	.0002101	0.19	0.848	-.0003714	.000452
PD	-.0045829	.0077723	-0.59	0.555	-.0198164	.0106505
CDCB	-.0169082	.0332579	-0.51	0.611	-.0820925	.0482761
CD	.0048897	.0043081	1.14	0.256	-.0035539	.0133334
CEPNB	-.0243558	.0033942	-7.18	0.000	-.0310083	-.0177032
CPTB	-.0703223	.0258963	-2.72	0.007	-.121078	-.0195665
PF	-.0296404	.0074501	-3.98	0.000	-.0442423	-.0150384
OC	-.0077821	.008096	-0.96	0.336	-.02365	.0080859
TB	-.0023346	.0042004	-0.56	0.578	-.0105673	.0058981
_cons	.1457458	.114073	1.28	0.201	-.0778331	.3693248
sigma_u	.01778008					
sigma_e	.024037					
rho	.35365049	(fraction of variance due to u_i)				

- Estimation avec ROE (comme variable dépendante)

```
. reg ROE AB PD CDCB CD CEPNB CPTB PF OC TB
```

Source	SS	df	MS			
				Number of obs	=	144
				F(9, 134)	=	11.81
Model	8.52050113	9	.946722347	Prob > F	=	0.0000
Residual	10.7408671	134	.080155724	R-squared	=	0.4424
				Adj R-squared	=	0.4049
Total	19.2613682	143	.134694882	Root MSE	=	.28312

ROE	Coef.	Std. Err.	t	P>|t|	[95% Conf.	Interval]
AB	.0012216	.001001	1.22	0.224	-.0007582	.0032014
PD	.0535883	.0440984	1.22	0.226	-.0336306	.1408072
CDCB	-.697811	.2892768	-2.41	0.017	-1.26995	-.125672
CD	.0087839	.0375007	0.23	0.815	-.065386	.0829538
CEPNB	-.0593657	.0349601	-1.70	0.092	-.1285107	.0097792
CPTB	.4302336	.2498648	1.72	0.087	-.0639554	.9244226
PF	-.46114	.0783833	-5.88	0.000	-.6161685	-.3061115
OC	-.3559933	.0741156	-4.80	0.000	-.5025811	-.2094056
TB	.0571166	.039221	1.46	0.148	-.0204557	.1346888
_cons	-1.298037	1.081852	-1.20	0.232	-3.43775	.8416773

b) Les banques locales

- Estimation avec ROA (comme variable dépendante)

```
. reg ROA AB CDCB CD CEPNB CPTB PF OC TB
```

Source	SS	df	MS
Model	.034284881	8	.00428561
Residual	.004125515	31	.000133081
Total	.038410396	39	.000984882

Number of obs	=	40
F(8, 31)	=	32.20
Prob > F	=	0.0000
R-squared	=	0.8926
Adj R-squared	=	0.8649
Root MSE	=	.01154

ROA	Coef.	Std. Err.	t	P>|t|	[95% Conf.	Interval]
AB	.0003201	.000063	5.08	0.000	.0001915	.0004486
CDCB	-.0524117	.0301494	-1.74	0.092	-.1139018	.0090784
CD	-.0214139	.0211036	-1.01	0.318	-.064455	.0216272
CEPNB	-.0445115	.0158377	-2.81	0.008	-.0768126	-.0122104
CPTB	.292043	.0625847	4.67	0.000	.1644006	.4196854
PF	.0133769	.0094399	1.42	0.166	-.0058759	.0326298
OC	-.0221886	.0077846	-2.85	0.008	-.0380654	-.0063117
TB	-.0051035	.0035678	-1.43	0.163	-.0123801	.002173
_cons	.175647	.1005906	1.75	0.091	-.0295089	.3808029

.

- Estimation avec ROE (comme variable dépendante)

```
. reg ROE AB CDCB CD CEPNB CPTB PF OC TB

      Source |       SS       df       MS              Number of obs =      40
-------------+------------------------------           F(8, 31)      =    2.02
       Model |  3.27885073     8  .409856341           Prob > F      =  0.0776
    Residual |  6.30400315    31  .20335494            R-squared     =  0.3422
-------------+------------------------------           Adj R-squared =  0.1724
       Total |  9.58285388    39  .245714202           Root MSE      =  .45095

------------------------------------------------------------------------------
         ROE |      Coef.   Std. Err.      t    P>|t|     [95% Conf. Interval]
-------------+----------------------------------------------------------------
          AB |   .0033466   .0024635     1.36   0.184    -.0016777     .008371
        CDCB |  -.9523027   1.178549    -0.81   0.425     -3.35597    1.451364
          CD |  -.8735434   .8249469    -1.06   0.298    -2.556034    .8089469
       CEPNB |  -.3752356   .6190989    -0.61   0.549    -1.637896     .887425
        CPTB |   1.735193   2.446457     0.71   0.483    -3.254388    6.724775
          PF |  -.4288404   .3690098    -1.16   0.254    -1.181441    .3237601
          OC |  -.3209593    .304303    -1.05   0.300    -.9415894    .2996708
          TB |   .0160803   .1394661     0.12   0.909    -.2683627    .3005234
       _cons |   .3520823   3.932119     0.09   0.929    -7.667526    8.371691
------------------------------------------------------------------------------
```

c) Les Banques panafricaines

- Estimation avec ROA (comme variable dépendante)

```
. reg ROA AB CDCB CD CEPNB CPTB PF OC TB
```

Source	SS	df	MS			
				Number of obs	=	76
				F(8, 67)	=	17.70
Model	.096195812	8	.012024476	Prob > F	=	0.0000
Residual	.045517468	67	.000679365	R-squared	=	0.6788
				Adj R-squared	=	0.6405
Total	.14171328	75	.00188951	Root MSE	=	.02606

ROA	Coef.	Std. Err.	t	P>|t|	[95% Conf.	Interval]
AB	.0016629	.0007815	2.13	0.037	.000103	.0032228
CDCB	.009235	.0399197	0.23	0.818	-.0704452	.0889151
CD	.007292	.0040875	1.78	0.079	-.0008666	.0154506
CEPNB	-.0214987	.003593	-5.98	0.000	-.0286703	-.0143271
CPTB	-.0322958	.0334004	-0.97	0.337	-.0989632	.0343715
PF	-.0418458	.0092027	-4.55	0.000	-.0602145	-.0234772
OC	.0079546	.0095237	0.84	0.407	-.0110548	.0269639
TB	-.0009115	.006253	-0.15	0.885	-.0133925	.0115694
_cons	.0785341	.163058	0.48	0.632	-.246931	.4039993

- Estimation avec ROE (comme variable dépendante)

```
. xtreg ROE AB CDCB CD CEPNB CPTB PF OC TB, fe

Fixed-effects (within) regression               Number of obs      =        76
Group variable: ID                              Number of groups   =        10

R-sq:                                           Obs per group:
     within  = 0.5953                                         min =         3
     between = 0.2556                                         avg =       7.6
     overall = 0.2645                                         max =        10

                                                F(8,58)            =     10.66
corr(u_i, Xb)  = -0.6304                        Prob > F           =    0.0000

------------------------------------------------------------------------------
         ROE |      Coef.   Std. Err.      t    P>|t|     [95% Conf. Interval]
-------------+----------------------------------------------------------------
          AB |  -.0530055   .0240451    -2.20   0.031     -.101137   -.0048739
        CDCB |  -.1227266   .4436772    -0.28   0.783    -1.010843    .7653899
          CD |   .0809669   .0510105     1.59   0.118    -.0211417    .1830756
       CEPNB |  -.0644087   .0314322    -2.05   0.045    -.1273271   -.0014902
        CPTB |   1.725604   .4557797     3.79   0.000     .8132624    2.637947
          PF |  -.5202733   .0768848    -6.77   0.000    -.6741749   -.3663717
          OC |  -.2075754   .0933528    -2.22   0.030    -.3944413   -.0207095
          TB |    .280757   .1176897     2.39   0.020     .0451754    .5163386
       _cons |  -6.849752   2.895928    -2.37   0.021    -12.64658   -1.052922
-------------+----------------------------------------------------------------
     sigma_u |  .31015541
     sigma_e |  .19045396
         rho |  .72617982   (fraction of variance due to u_i)
------------------------------------------------------------------------------
F test that all u_i=0: F(9, 58) = 3.38                       Prob > F = 0.0022

.
```

d) Les Banques internationales

- Estimation avec ROA (comme variable dépendante)

```
. xtreg ROA AB CDCB CD CEPNB CPTB PF OC TB, fe

Fixed-effects (within) regression               Number of obs      =        28
Group variable: ID                              Number of groups   =         3

R-sq:                                           Obs per group:
     within  = 0.8807                                         min =          9
     between = 0.5254                                         avg =        9.3
     overall = 0.4580                                         max =         10

                                                F(8,17)            =     15.68
corr(u_i, Xb)  = -0.7638                        Prob > F           =    0.0000
```

ROA	Coef.	Std. Err.	t	P>|t|	[95% Conf.	Interval]
AB	-.0011446	.00399	-0.29	0.778	-.0095628	.0072736
CDCB	-.1165009	.1313952	-0.89	0.388	-.3937206	.1607188
CD	-.0129531	.0196459	-0.66	0.519	-.0544023	.0284961
CEPNB	-.0104311	.0170387	-0.61	0.549	-.0463797	.0255175
CPTB	-.2244539	.0824535	-2.72	0.014	-.3984155	-.0504923
PF	-.0255111	.0157022	-1.62	0.123	-.0586399	.0076176
OC	-.0031334	.0208594	-0.15	0.882	-.047143	.0408761
TB	.0019727	.0268004	0.07	0.942	-.0545713	.0585167
_cons	.0861105	.6103003	0.14	0.889	-1.201511	1.373732
sigma_u	.05626561					
sigma_e	.01959416					
rho	.8918428	(fraction of variance due to u_i)				

F test that all u_i=0: F(2, 17) = 6.23   Prob > F = 0.0094

- Estimation avec ROE (comme variable dépendante)

```
. reg ROE AB CDCB CD CEPNB CPTB PF OC TB
```

Source	SS	df	MS			
				Number of obs	=	28
				F(8, 19)	=	7.90
Model	.630850793	8	.078856349	Prob > F	=	0.0001
Residual	.18965529	19	.009981857	R-squared	=	0.7689
				Adj R-squared	=	0.6715
Total	.820506083	27	.030389114	Root MSE	=	.09991

ROE	Coef.	Std. Err.	t	P>|t|	[95% Conf.	Interval]
AB	-.001664	.0020834	-0.80	0.434	-.0060246	.0026967
CDCB	-1.23324	.6655035	-1.85	0.079	-2.626155	.1596745
CD	-.1454231	.0617202	-2.36	0.029	-.274605	-.0162411
CEPNB	-.2650398	.0697802	-3.80	0.001	-.4110914	-.1189881
CPTB	1.176109	.3527273	3.33	0.003	.4378428	1.914376
PF	-.1539421	.0731642	-2.10	0.049	-.3070765	-.0008076
OC	-.2369308	.1051921	-2.25	0.036	-.4571004	-.0167611
TB	-.0099056	.0686697	-0.14	0.887	-.1536329	.1338218
_cons	.5931417	1.793641	0.33	0.744	-3.160993	4.347276

Annexes III : Données Quantitatives

I. Ratio de la qualité du portefeuille

Rubriques	2008	2009	2010	2011	2012	2013	2014	2 015	2 016	2 017
ACCESS BANK	0,06	0,00071	0,10	0,05	0,27	0,21	0,19	0,24	0,16	0,05
ADVANS BANK	-	0,00	0,12	0,06	0,06	0,03	0,09	0,05	0,11	0,13
AFRILAND BANK	0,03	0,12	0,19	0,15	0,15	0,27	0,26	0,27	0,23	0,22
BANK OF AFRIKA	-	-	0,00001	0,03	0,04	0,04	0,03	0,03	0,07	0,10
BCDC en Milliers	0,01	0,02	0,14	0,11	0,10	0,09	0,14	0,32	0,31	0,20
BGFI BANK	-	-	0,81	0,10	0,15	0,15	0,25	0,06	0,06	0,18
BIAC	0,01	0,00	0,00	0,00	0,01	0,04	0,05	-	-	-
FBN BANK	0,07	0,13	0,07	0,11	0,07	0,06	0,05	0,08	0,17	0,27
BYBLOS BANK	0,10	0,00	0,12	0,05	0,00	0,02	0,14	0,15	0,00	-
CITIGROUP	0,00	0,00	0,00	0,00	0,00	0,00	0,00	0,00	0,00	0,00
ECOBANK	-	0,03	0,01	0,00	0,00	0,01	0,04	0,05	0,05	0,19
FIBANK	-	0,03	0,01	0,07	0,12	0,34	-	-	-	-
PROCREDIT	0,16	0,14	0,18	0,21	0,16	0,15	0,11	0,07	0,12	0,13
RAW BANK	0,00	0,02	0,02	0,01	0,02	0,02	0,03	0,02	0,04	0,03
SOFI BANQUE	-	-	-	-	0,01	0,00	0,02	0,01	0,04	0,01
STANDARD BANK	-	0,00	0,00	0,01	0,00	0,13	0,00	0,03	0,02	0,01
TMB	0,42	0,31	0,14	0,14	0,10	0,08	0,10	0,13	0,18	0,25
UBA	-	-	-	0,00	0,03	0,01	0,06	0,12	0,24	0,22

II. Rentabilité économique

Rubriques	2008	2009	2010	2011	2012	2013	2014	2015	2016	2017
ACCESS BANK	0,05	- 0,03	- 0,18	0,01	- 0,01	- 0,04	0,04	0,03	0,03	0,02
ADVANS BANK	-	- 0,08	- 0,14	- 0,08	- 0,01	0,01	0,06	0,07	0,09	0,05
AFRILAND BANK	0,04	0,08	0,09	0,11	0,08	0,05	0,08	0,05	0,03	0,05
BANK OF AFRIKA	-	-	- 0,09	- 0,07	- 0,04	0,01	0,02	0,03	0,03	0,01
BCDC en Milliers	0,08	0,07	0,06	0,05	0,05	0,04	0,04	0,04	0,05	0,03
BGFI BANK	-	-	- 0,02	- 0,00	0,00	- 0,02	0,02	0,04	0,05	0,02
BIAC	- 0,00	0,00	- 0,01	0,00	0,00	0,02	0,02	-	-	-
FBN BANK	0,09	0,07	0,06	0,07	0,02	0,04	0,04	0,04	0,02	0,01
BYBLOS BANK	- 0,01	0,11	- 0,02	- 0,02	0,00	0,04	0,04	0,05	0,04	-
CITIGROUP	0,01	0,01	0,00	- 0,00	0,02	0,03	0,03	0,02	- 0,00	0,01
ECOBANK	- 0,14	- 0,08	0,03	0,03	0,03	0,05	0,05	0,04	0,01	0,00
FIBANK	-	- 0,13	0,04	0,07	- 0,00	-	-	-	-	-
PROCREDIT	0,03	0,01	0,02	0,03	0,04	0,04	0,05	0,04	0,03	0,03
RAW BANK en milliers	0,03	0,02	0,03	0,03	0,04	0,03	0,02	0,02	0,02	0,02
SOFI BANQUE	-	-	- 0,03	- 0,04	- 0,01	0,13	0,09	0,06	0,08	0,13
STANDARD BANK	0,00	0,01	0,00	0,02	0,02	0,01	0,00	- 0,01	- 0,01	- 0,01
TMB	0,03	0,03	0,01	0,02	0,01	0,03	0,04	0,02	0,02	0,03
UBA	-	-	-	- 0,09	- 0,08	0,00	0,02	0,03	0,04	0,07

III. Rentabilité financière

IV. Ration d'intermédiation bancaire

Rubriques	**2008**	**2009**	**2010**	**2011**	**2012**	**2013**	**2014**	**2015**	**2016**	**2017**
ACCESS BANK	1,09	0,82	0,27	0,71	0,24	0,52	0,85	0,71	1,12	0,57
ADVANS BANK	-	1,24	2,75	3,14	2,96	2,79	2,89	2,16	2,59	1,52
AFRILAND BANK	2,24	2,87	2,96	2,58	3,12	2,59	2,38	1,98	1,97	1,46
BANK OF AFRIKA	-	-	1,74	1,88	1,47	1,60	1,33	1,41	1,44	1,11
BCDC	0,60	0,54	0,47	0,56	0,58	0,54	0,61	0,52	0,71	0,63
BGFI BANK	-	-	0,34	0,94	0,77	0,70	0,79	0,84	0,72	0,70
BIAC	0,74	0,52	0,58	0,63	0,70	0,54	0,70	-	-	-
FBN BANK	0,72	0,60	0,54	0,62	0,57	0,59	0,67	0,73	0,61	0,43
BYBLOS BANK	0,03	1,00	2,13	2,01	2,40	1,97	2,30	2,27	3,22	-
CITIGROUP	0,64	0,65	0,60	0,68	0,74	0,61	0,42	0,32	0,52	0,28
ECOBANK	0,31	0,49	0,69	0,87	0,77	0,69	0,56	0,59	0,55	0,43
FIBANK	-	0,56	0,55	0,62	0,74	0,75	0,99	-	-	-
PROCREDIT	0,23	0,32	0,31	0,34	0,40	0,47	0,58	0,75	0,76	0,67
RAW BANK	0,47	0,41	0,32	0,38	0,47	0,53	0,50	0,62	0,67	0,47
SOFI BANQUE	-	-	0,62	1,03	0,61	0,83	0,62	1,01	0,86	0,83
STANDARD BANK	0,50	0,34	0,21	0,20	0,15	0,23	0,23	0,17	0,24	0,26
TMB	0,82	0,63	0,42	0,50	0,40	0,49	0,39	0,40	0,47	0,42
UBA	-	-	-	0,00	0,54	4,89	2,57	1,04	0,62	0,56

V. Coefficient d'exploitation

Rubriques	2008	2009	2010	2011	2012	2013	2014	2015	2016	2017
ACCESS BANK	0,62	1,20	3,87	1,04	1,41	1,43	0,77	0,87	0,86	0,94
ADVANS BANK	-	4,70	3,31	1,74	1,19	1,05	0,81	0,76	1,07	1,10
AFRILAND BANK	0,50	0,43	0,46	0,46	0,51	0,74	0,49	0,66	0,76	0,64
BANK OF AFRIKA	-	-	8,39	2,44	1,98	1,14	0,89	0,77	0,78	0,97
BCDC en Milliers	0,88	0,88	0,76	0,81	0,79	0,82	0,83	0,87	0,71	0,79
BGFI BANK	-	-	10,67	1,38	1,28	1,55	0,77	0,61	0,48	0,77
BIAC	0,92	0,87	0,92	0,91	0,88	0,89	1,00	-	-	-
FBN BANK	0,57	0,63	0,70	0,64	0,93	0,84	0,84	0,82	1,07	1,45
BYBLOS BANK	3,93	1,38	1,39	1,34	1,13	0,80	0,79	0,78	0,73	-
CITIGROUP	0,86	0,80	1,02	1,03	0,87	0,81	0,77	0,84	0,99	0,87
ECOBANK	11,99	2,82	0,86	0,82	0,82	0,74	0,76	0,82	0,98	1,10
FIBANK	-	3,07	0,85	0,75	1,14	1,35	-	-	-	-
PROCREDIT	0,73	0,79	0,88	0,89	0,87	0,81	0,76	0,79	0,78	0,73
RAW BANK en milliers	0,68	0,66	0,89	0,82	0,71	0,79	0,82	0,77	0,81	0,85
SOFI BANQUE	-	-	33,79	3,47	2,55	0,26	0,43	0,48	0,35	0,34
STANDARD BANK	0,92	0,87	1,04	0,79	0,76	0,93	1,00	1,20	1,14	1,16
TMB	0,86	0,78	1,29	1,03	1,08	0,76	0,71	0,81	0,89	0,71
UBA	-	-	-	2,41	2,02	1,15	0,96	0,96	0,94	0,69

VI. Ratio de capitalisation

Rubriques	2008	2009	2010	2011	2012	2013	2014	2015	2016	2017
ACCESS BANK	0,39	0,51	0,27	0,35	0,10	0,09	0,27	0,26	0,25	0,15
ADVANS BANK	-	0,90	0,84	0,80	0,54	0,37	0,32	0,29	0,24	0,16
AFRILAND BANK	0,13	0,20	0,26	0,27	0,27	0,25	0,26	0,26	0,26	0,27
BANK OF AFRIKA	-	-	0,53	0,36	0,22	0,13	0,14	0,12	0,10	0,05
BCDC	0,08	0,10	0,10	0,10	0,10	0,09	0,09	0,09	0,11	0,11
BGFI BANK	-	-	0,55	0,26	0,09	0,04	0,08	0,09	0,08	0,08
BIAC	0,08	0,06	0,07	0,07	0,06	0,05	0,01	-	-	-
FBN BANK	0,12	0,14	0,10	0,13	0,10	0,10	0,11	0,10	0,05	0,04
BYBLOS BANK	0,24	0,56	0,62	0,74	0,68	0,59	0,54	0,60	0,45	-
CITIGROUP	0,11	0,20	0,15	0,13	0,14	0,15	0,15	0,15	0,16	0,11
ECOBANK	0,26	0,21	0,19	0,11	0,09	0,07	0,16	0,13	0,11	0,08
FIBANK	-!	0,45	0,28	0,20	0,07	0,07	0,01	-	-	-
PROCREDIT	0,09	0,09	0,12	0,12	0,12	0,11	0,12	0,10	0,15	0,12
RAW BANK	0,09	0,07	0,09	0,09	0,11	0,12	0,11	0,10	0,09	0,08
SOFI BANQUE	-	-	0,66	0,79	0,38	0,36	0,27	0,23	0,22	0,33
STANDARD BANK	0,07	0,07	0,10	0,09	0,08	0,09	0,07	0,06	0,07	0,14
TMB	0,11	0,16	0,14	0,12	0,10	0,09	0,10	0,10	0,11	0,12
UBA	-	-	-	0,71	0,66	0,14	0,21	0,30	0,30	0,19

VII. Pression fiscale

Rubriques	2008	2009	2010	2011	2012	2013	2014	2015	2016	2017
ACCESS BANK	1,00	1,00	1,00	1,00	1,00	1,00	0,12	0,17	1,00	1,00
ADVANS BANK	-	1,00	1,00	1,00	1,00	1,00	0,39	0,36	1,00	1,00
AFRILAND BANK	0,00	0,25	0,18	0,19	0,22	0,10	0,05	0,06	0,06	0,13
BANK OF AFRIKA	-	-	1,00	1,00	1,00	1,00	0,46	0,15	0,27	1,00
BCDC en Milliers	0,55	0,45	0,50	0,42	0,42	0,42	0,67	0,43	0,37	0,33
BGFI BANK	-	-	0,00	1,00	1,00	1,00	0,72	0,30	0,44	1,00
BIAC	0,30	0,37	0,47	0,56	1,31	1,22	1,00	-	-	-
FBN BANK	0,35	0,22	0,29	0,57	0,66	0,58	0,59	0,57	1,00	1,00
BYBLOS BANK	0,00	0,00	1,00	0,00	1,00	0,06	0,26	0,39	0,00	-
CITIGROUP	1,00	0,20	1,00	1,00	0,35	0,58	0,46	0,60	1,00	0,21
ECOBANK	0,00	0,00	0,00	0,01	0,01	0,10	0,41	1,00	1,00	1,00
FIBANK	-	0,00	0,00	0,40	1,00	1,00	1,00	-	-	-
PROCREDIT	0,18	1,00	1,00	0,66	0,28	0,52	0,71	0,61	0,56	0,60
RAW BANK en milliers	0,17	0,16	0,21	0,27	0,32	0,44	0,43	0,35	0,72	0,40
SOFI BANQUE	-	-	0,00	0,00	0,00	0,12	0,27	0,31	0,24	0,27
STANDARD BANK	1,00	1,00	1,00	0,32	0,35	1,00	1,00	1,00	1,00	1,00
TMB	0,00	0,00	0,13	0,04	0,03	0,30	0,36	0,34	0,59	0,24
UBA	-	-	-	1,00	1,00	1,00	0,25	0,39	0,32	0,42

Table des matières

Structures éditoriales du groupe L'Harmattan

L'Harmattan Italie
Via degli Artisti, 15
10124 Torino
harmattan.italia@gmail.com

L'Harmattan Hongrie
Kossuth l. u. 14-16.
1053 Budapest
harmattan@harmattan.hu

L'Harmattan Sénégal
10 VDN en face Mermoz
BP 45034 Dakar-Fann
senharmattan@gmail.com

L'Harmattan Cameroun
TSINGA/FECAFOOT
BP 11486 Yaoundé
inkoukam@gmail.com

L'Harmattan Burkina Faso
Achille Somé – tengnule@hotmail.fr

L'Harmattan Guinée
Almamya, rue KA 028 OKB Agency
BP 3470 Conakry
harmattanguinee@yahoo.fr

L'Harmattan RDC
185, avenue Nyangwe
Commune de Lingwala – Kinshasa
matangilamusadila@yahoo.fr

L'Harmattan Congo
219, avenue Nelson Mandela
BP 2874 Brazzaville
harmattan.congo@yahoo.fr

L'Harmattan Mali
ACI 2000 - Immeuble Mgr Jean Marie Cisse
Bureau 10
BP 145 Bamako-Mali
mali@harmattan.fr

L'Harmattan Togo
Djidjole – Lomé
Maison Amela
face EPP BATOME
ddamela@aol.com

L'Harmattan Côte d'Ivoire
Résidence Karl – Cité des Arts
Abidjan-Cocody
03 BP 1588 Abidjan
espace_harmattan.ci@hotmail.fr

Nos librairies en France

Librairie internationale
16, rue des Écoles
75005 Paris
librairie.internationale@harmattan.fr
01 40 46 79 11
www.librairieharmattan.com

Librairie des savoirs
21, rue des Écoles
75005 Paris
librairie.sh@harmattan.fr
01 46 34 13 71
www.librairieharmattansh.com

Librairie Le Lucernaire
53, rue Notre-Dame-des-Champs
75006 Paris
librairie@lucernaire.fr
01 42 22 67 13

www.ingramcontent.com/pod-product-compliance
Lightning Source LLC
LaVergne TN
LVHW010949061026
849535LV00006B/1632
* 9 7 8 2 3 3 6 4 5 1 9 2 3 *